教 育

师生共同追寻生命的真谛

王 俭 主编

Education
Teachers and Students
Search forthe Essence of
the Life Together

华东师范大学出版社

·上海·

图书在版编目(CIP)数据

教育:师生共同追寻生命的真谛/王俭主编. —上海:华东师范大学出版社,2024

ISBN 978 - 7 - 5760 - 4756 - 1

Ⅰ.①教… Ⅱ.①王… Ⅲ.①中学—校长—学校管理—研究 Ⅳ.①G637.1

中国国家版本馆 CIP 数据核字(2024)第 055596 号

教育:师生共同追寻生命的真谛

主　　编　王　俭
责任编辑　彭呈军
特约审读　李　鑫　薛　莹
责任校对　王丽平
装帧设计　刘怡霖

出版发行　华东师范大学出版社
社　　址　上海市中山北路 3663 号　邮编 200062
网　　址　www.ecnupress.com.cn
电　　话　021 - 60821666　行政传真 021 - 62572105
客服电话　021 - 62865537　门市(邮购)电话 021 - 62869887
地　　址　上海市中山北路 3663 号华东师范大学校内先锋路口
网　　店　http://hdsdcbs.tmall.com

印 刷 者　上海商务联西印刷有限公司
开　　本　787 毫米×1092 毫米　1/16
印　　张　19
字　　数　326 千字
版　　次　2024 年 5 月第 1 版
印　　次　2024 年 5 月第 1 次
书　　号　ISBN 978 - 7 - 5760 - 4756 - 1
定　　价　88.00 元

出 版 人　王　焰

(如发现本版图书有印订质量问题,请寄回本社客服中心调换或电话 021 - 62865537 联系)

教育理念的凝炼与个性化办学思想的生成(代序)

王 俭

　　建设中国特色社会主义事业迫切需要造就一大批教育家型校长。提倡教育家办学,是教育改革发展的必然要求,是呼唤教育体系改革的内在规定。党和国家领导人对教育家办学的关注,不仅反映了他们对培养教育家的高度关注,也反映了他们对提升各级各类教育质量的殷切期望,同时也代表了人民群众对提供优质教育的强烈愿望。全国各地都在积极探索着早出教育家并出好教育家的路径,例如浙江省的"浙派教育家共同体"、江苏省的"人民教育家工程"、吉林省的"杰出校长培训工程",等等。笔者有幸参加了上述造就教育家型校长培训的部分工作,近四年来也主要参与教育部中学校长培训中心的"全国优秀中学校长高级研究班"的培训工作。从这些探索的共同点来看,培训主要是为他们"凝炼理念与思想体系的生成"提供支持与服务。苏霍姆林斯基说:"校长对一所学校的领导首先是教育思想的领导,其次才是行政上的领导。"

　　然而,凝炼理念与形成思想并不是一件简单的事,有一些关键的问题是应当理清的。这些问题主要包括:凝炼教育理念的重要性、教育理念的内涵、如何凝炼以及如何理解校长的思想与如何生成其思想等方面。

一、凝炼教育理念的重要性

　　"为什么要凝炼教育理念"是一个前提性的问题,校长们只有深刻认识到凝炼的必要性与重要性之后,才有可能静下心来思考自己的理念问题。凝炼理念的必要性与重要性,至少体现在三个方面:

　　1. 世界的不确定性

　　杜威说:"人生活在危险的世界之中,便不得不寻求安全。人寻求安全有两种途径:一种途径是在开始时试图同他四周决定着他的命运的各种力量进行和解……另一种途径就是发明许多艺术,通过它们来利用自然的力量,人就从威胁着他的那些条件和力量本身中构成了一座堡垒。"①正因为世界充满着不确定性,所以人一直在寻求确定性。这种确定性从本质上说就是理念。即寻求这种确定性的一种途径是"人通过自己心灵的、内心的一种祈祷和虔诚去获得内心的确定性"。而另一种是"劳动与艺术,即人通过自己的劳动,在实践中提升自己的智慧,以更好地把握充满不确定性中的确定性"。在充满不确定性的世界中要把握确定性,就需要凝炼理念,而凝炼理念恰恰就是"内在的敬畏"与"外在的实践"两种途径的辩证统一。

2. 人性的复杂性

孔子的性善论、荀子的性恶论以及马克思的人性论:"人的本质并不是单个人固有的抽象物,在其现实性上,它是一切社会关系的总和"②,不禁会让人思考:人性究竟是善的还是恶的,人是否是一切关系的总和? 当然校长们都是在马克思主义思想指导下的党的教育方针的坚定践行者,但是,现实中的人又是多样的。就如沙哈尔在《幸福的方法》中所指出的:人追求幸福有四种类型,忙碌奔波型、享乐主义型、消极主义型(虚无主义型)、感悟幸福型。③ 人性的复杂性以及人类追求幸福的多样性,不仅时常会影响着校长们的办学思想,同时,这种复杂性与多样性使得校长自身的人性观与幸福观的确认变得更为重要。办学背后所蕴含的人性假设与确认比办学的思路与方法更为重要。

3. 教育的矛盾性

教育本身是一个充满矛盾的事业,所以教育需要智慧。这种矛盾体现在:

空间维度上,教育事业的无限性与学校教育的有限性的矛盾:教育事业是无限的,而学校教育的功能是有限的。

时间维度上,昨天的知识、今天的教育、明天的人才之间的矛盾:课程是昨天的知识累积,而教育的对象是今天的孩子,目的是为明天培养人才。

价值维度上,价值理性与工具理性的矛盾:教育是道德的事业,甚至有人认为道德是教育的最高目的。而在现实的教育中,教育目的的伦理性与教育手段的功利性之间往往矛盾重重。

面对世界的不确定性、人性的复杂性以及教育的矛盾性,如果没有信念、没有

---

① [美]约翰·杜威. 确定性的寻求:关于知行关系的研究[M]. 傅统先,译. 上海:上海人民出版社,2004,9:1.

② 马克思恩格斯选集第2版1卷[M]. 北京:人民出版社,1995:60.

③ [以]本-沙哈尔. 幸福的方法[M]. 汪冰,刘骏杰,译. 北京:当代中国出版社,2007,10:16.

坚定自身的理念,就很可能会在实践中迷失自己,从而导致学校的发展迷失方向。正如习近平总书记反复强调的,"理想信念就是共产党人精神上的'钙',没有理想信念,理想信念不坚定,精神上就会'缺钙',就会得'软骨病'"。

二、理念与教育理念的内涵

"凝炼教育理念,生成教育思想"基于这样的假定:校长们思想的形成,即一个完备的逻辑体系或者说是思想体系的建构是从一个逻辑起点开始的。而对于校长的教育思想形成基础而言,这个逻辑起点就是校长们要凝炼的理念。

1. 理念的本义

"理念"这个词最早应是古希腊先贤柏拉图的客观唯心主义的一个词。它的本义是指:理念是独立存在于事物与人心之外的实在,是指永恒不变而为现实世界之根源的独立存在的、非物质的实体。"理念世界更有价值:理念是理想……认为对这些理想的渴望是植根于我们内心的,这就是柏拉图的爱(Eros):对真、善、美不断的渴望。"①

2. 教育理念的内涵

对校长所需要凝炼的理念来说,它更多的是指理性的观念或理想与信念的统称。在很大程度上,凝炼教育的理念就是寻找教育的原点、立足点,寻求办学过程中的确定性。这是校长们形成自己个性化的办学思想的逻辑前提。著名管理学家吉姆·柯林斯在《从优秀到卓越》中指出:从优秀走向卓越的关键就是"刺猬理念":"你想知道是什么对那些产生重要影响的人和其他那些和他们同样聪明的人区别开来的吗?是刺猬。弗洛伊德之于潜意识,达尔文之于自然选择,马克思之于阶级斗争,爱因斯坦之于相对论,亚当·斯密之于劳动分工——他们都是刺猬,他们把复杂的世界简化了。"②坚定自己的信念,是从优秀走向卓越的重要保证。

校长凝炼教育理念时有两个基本点必须把握:对教育规律的不断探寻与对教育价值的不断追求。也即培养什么样的人与怎样培养人的问题,实质上就是要做到合目的性和合规律性的统一。规律是求真的结果,道德是求善的追求,而艺术则

---

① [挪]G·希尔贝克,N·伊耶.西方哲学史——从古希腊到二十世纪[M].童世骏,等,译.上海:上海译文出版.2004,1:55.
② 吉姆·柯林斯.从优秀到卓越[M].俞利军,译.北京:中信出版社,2009,11:105.

是求美的境界。我们的教育应该是求真、求善与求美的统一。

3. 教育理念的发展性理解

尽管理念的本质是不变的,但我们的认识能力是有限的。因此,对凝炼的理念而言,不同的人对其理解往往由于经历、个性、环境不同而不同。例如就"格致"一词而言,其表达方式简洁而精炼,但是对它的理解与诠释却常因为地处不同的学校而变得多样。全国多地的"格致中学",其"格物致知"的内核是确定的,然而不同格致中学的校长对"格致"的理解往往是多样的。正是理解的多样性,从而在具体的实践中形成办学的多样性。

三、凝炼教育理念的关键

凝炼教育理念,是一个技术问题,更是一个价值问题。抓住关键十分必要:

1. "向下的追问"与"向上的追求"

"向下的追问"就是对事物本质的探求,"向上的追求"就是我们的志向所在。没有向下的不断追问,就不可能有向上的崇高追求。正如不少校长所认识到的那样:"每一所学校都需要有自己的教育哲学。"美国著名教育哲学家奈勒曾说过:"个人的哲学信念是认清自己的生活方向的唯一有效手段,如果我是一个教师或教育领导人,而没有系统的教育哲学,并且没有理智上的信念的话,那么我们就会茫茫然无所适从。"因此,哲学思考的方式对凝炼理念而言是十分重要的。

首先,哲学思考是不断地追问。不断追问,是逼近事物本质的思维方式。凝炼理念需要我们不断思索教育为什么、教育是什么、我是谁、我从哪里来、要到哪里去等最本质的问题。

其次,哲学思考是不断地批判。哲学精神就是一种批判精神,批判就需要找到并找准问题。教育理念的提炼,往往是针对时代的弊端而体现其价值的。如果思想没有对时弊的批判,它就显得不深刻。时代精神实质上是对时代问题的把握,问题是对时代最直接的呼唤。

同时,哲学思考也是一种不断发现与深入的理解。价值与意义是需要我们发现与理解的。教育中许多问题是永恒的问题,不少教育的原则具有相对的独立性。如《国家中长期教育改革和发展规划纲要(2010—2020 年)》在创新人才培养模式中提出三大原则,即注重知行统一、注重学思结合、注重因材施教。这是中国教育一直强调和坚持的原则,关键是如何理解这些原则的当下内涵,从而更好地在当下有创造性地实施。

2. "立足自我"与"超越自我"

"认识你自己",这是许多哲学家经常提到的一个命题。事实上,我们每个老师都是按照"我是谁"来施教,我们每一个校长也是按照"自己是谁"来办学的。"一个好校长,就是一所好学校"就是在这个意义上讲的。对于我们来说,你不了解自己是谁就不可能了解学生是谁,也不能了解你教的学科;校长不了解自己是谁就不可能了解老师是谁,就不可能深入理解"为谁培养人"与"如何培养人"的问题。

我们通常说要认识自我、挑战自我并超越自我。"认识自我",是人为之努力一生的目的。当人不知道自己是谁时,当然首先要认识自我;但是现实中也往往会出现自己太以为自己是谁的情况,这时就必须清晰地认识到自己的局限性。所以要挑战自我,否定再否定自己。当然这种挑战是站在超越自己的高度上的。

3. "尊重历史"与"面向未来"

对历史的把握和尊重对我们来说非常重要。恩格斯曾指出:"逻辑的分析就是排除偶然性的历史分析";柏拉图也说过:"辩证法就是灵魂回忆理念的方法"。从初步形成的优秀校长教育思想中,我们看到中国教育的根在于中华优秀文化传统。在尊重中,不断掌握与解读历史发展的内在规律;把握学校发展历史中的问题所在;同时,在解读历史的过程中更好地把握与解读自己。

教育是面向未来的事业,是为了培养明天的人才。我们要敢于不断反思、不断质疑,进行大胆的假设。"杰出的教育家、优秀的教师在教育活动中,永远是一个怀疑论者——当然是蒙田、休谟式的怀疑。具体表现在,这些人不但怀疑陈旧的知识、根深蒂固的思维模式、习以为常的各种管理体制,而且,还会怀疑各种教育思想的可靠性,以及自身作为一个教育者的行为。没有怀疑这一出发点,教育者就难免受谬误的驱使;遇到具体的事件发生时,就缺乏思考和判断能力。"[1]

4. "把握当下"与"用心实践"

"大胆假设,小心求证"是胡适先生告诫我们的做学问之道。校长的教育理念,往往影响着办学的方向。理念需要尊重历史,也要面向未来,同时也要把握当下。活在当下,实践在当下,人一生的幸福是一天天幸福的累积。教育要面向未来,也

---

[1] 吴松.大学正义[M].北京:人民出版社,2006:39.

要把握今天,同时要用心实践,在实践中求证。"教育家对高于单个人的思维范式的真理充满渴望。但他很明白,他的努力只能是在亲近真理的过程中获得真理性。所以,教育家的心灵永远保持着谦卑,永远是一个倾听者,而不是一个发号施令的人。"①

真正的教育家一定是以敬畏的态度面对教育的,除了倾听就是更多的实践,这样才能谛听天籁,才能真正地"潜下心来教书,静下心来育人"。

四、校长思想的特点及其生成过程

理念是我们思考教育、探索办学的立足点。要践行我们的理念还必须在理念的指导下,形成自身独特的思想体系。

1. 何谓思想

对思想的认识有很多种,《辞海》对思想的解释有:一是"思考,思虑"之义;二是"想念,思念"之义;三是在另一个含义上,思想与"观念"又是同意,即思维活动的结果,属于理性认识。人们的社会存在决定他们的思想,具有相对独立性,对社会存在起反作用。正确的思想一旦为群众掌握,就会变成巨大的物质力量。

哈佛大学的王德威教授说过:"我们学者诉说他人的意见,倾听自己的心声,更交代不由自主的杂音,这一切的升华或者沉淀,就是思想。""知识分子的责任应该是化简为繁,让问题复杂,这是我们的能量所在。当然,这个'繁',不是人事上的,而是指学问的深度。换句话说,就是更深入。"确实,校长与理论工作者相比,更多是要将"复杂问题简单化",而学者更多的是将"简单问题复杂化"。但是,真正的教育家型校长的成长,是在"复杂与简单的辩证思索中"成长起来的。

2. 思想的特点

从已经在全国召开过教育思想研讨会的校长的思想特征而言,其思想大体具有如下特点:

第一,深刻性。即其思想带有对时弊的批判揭露。一种思想,如果没有批判性,这种思想注定是没有生命力的。

第二,逻辑性。即思想的由来与发展的轨迹是合乎逻辑的。思想从什么地方

---

① 吴松著. 大学正义[M]. 北京:人民出版社,2006:39.

而来,思想发展轨迹怎么样,都有着清晰的论述。这种思维的逻辑往往决定着行动的逻辑。思想能不能在现实中化为人们行动的现实,与其本身是否合乎逻辑有着重要的关系。

第三,稳定性。即思想是一时的流行还是经典的积淀?真正的思想除了具备深刻性和逻辑性外,还需要有一定的稳定性。苏联哲学家普列汉诺夫说:"社会意识的两个层次:较低层次的叫社会心理,较高层次的就是思想体系。"①教育家型校长的思想体系,应该是用来引领和影响社会心理的思想体系。

第四,"草根"性。即校长的思想,应该是扎根于学校实践的,其言语方式应该是日常式的,易在广大师生中传播的。

3. 思想生成的过程

思想生成的过程是怎样的,杜威的"思维五步说"或者说"思想的五步说"②给了我们极大的启示。第一是感觉到疑难;第二是找到疑难所在并加以明确的理解;第三是提出解决各种疑难的假设;第四是对这些假设进行推理的选择,排除不适当的,选出适当的;第五是通过观察与实验决定有效与否。这五步正是生成校长教育思想体系的思维逻辑。

五、生成思想需要的素质准备

作为高于"社会心理"的校长思想体系,其生成的过程虽然类似于杜威的"思想的五步说",但是,要真正生成具有生命力的教育思想也绝非易事。有一些素质是必需的。

1. 思想的生成需要校长自身素质结构的不断完善

校长与教师的发展从本质上说是专业发展,而不是一般的发展。发展的主要含义大概可从两方面来理解:一是外在的发展,通常是指数量与规模上的增加或扩大;二是内在的发展,通常是指质上的提升与内涵的丰富。当然,两者之间还是有一定联系的,外在的量不发展到一定的程度,也很难有内在发展的提升。就如不在校长岗位上工作一定的年限,要想对教育与办学有深刻的理解,往往是不可能的。

---

① 辞海(第六版)[M].上海:上海辞书出版社,2009,10:2130.
② 辞海(第六版)[M].上海:上海辞书出版社,2009,10:2130.

专业发展是内涵的不断丰富,而内涵的丰富则体现为校长自身素质结构的不断完善。正如中国的经济目前主要依靠结构的调整与增长方式的转型,校长与教师内涵的丰富,也要依靠自身结构的完善,依靠反思、学习、行动、研究等专业的方式来发展自己。

2. 思想的生成需要校长自身道德智慧的不断提升

教育本来就是充满智慧的事业,但不幸的是,由于过度追求功利,本当充满智慧的教育,在目前已经沦落为"劳动密集的产业"。美国伦理学家麦金太尔在《德性之后》中指出:"真正的实践理智是需要善的知识的,智慧本身需要有某种善在它的拥有者里。"

智慧中的道德力量是至关重要的,就如英国哲学家洛克所认为的那样:智慧是善良的天性、心灵的努力与经验结合的产物。其中"善良"是必不可少的。只有具有道德智慧的校长,形成的教育思想才是具有道德影响力的。具有校长思想的领导,在很大程度上说,就是道德的领导。周国平先生说得好:"热爱生命是幸福之源;同情生命是道德之本;敬畏生命是信仰之端。人生的意义,在世俗层次上即幸福,在社会层次上即道德,在超越层次上即信仰,皆取决于对生命的态度。"①没有对生命的敬畏,没有感恩的心态,即使通过"感悟"会有所得,但得到的结果也仅仅是"技术",甚至是"伎俩"。

3. 思想的生成需要校长责任担当的不断强化

造就一批教育家型校长,是党和政府的期望,也是人民对优质教育的渴望。因此,教育家型校长一定是贯彻党的教育方针、全面实施素质教育的楷模。他们应当自觉地承担起"以生为本,为国育才"的历史使命;没有对国家、对民族未来担当与负责的大情怀、大豪情,是不可能对教育有真正感悟的。

4. 思想的生成需要校长思维品质的不断优化

"存在"决定"思维",而思维方式往往决定着行为方式。教育家型校长除了其道德智慧要求外,也必须具有专家的思维品质。所谓"像专家一样思维,就是专家"是有一定道理的。思维"圆通",才能保证工作"圆满"。培训在很大程度上说就是思维方式的改进。

我们应该根据马克思在《〈政治经济学批判〉导言》中所指出的"思维的两条道

---

① 周国平. 周国平论教育[M]. 上海:华东师范大学出版社,2009,7:130.

路"不断地螺旋上升。"在第一条道路上,完整的表象蒸发为抽象的规定;在第二条道路上,抽象的规定在思维行程中导致具体的再现。"笔者以为第一条路就是提炼核心概念,就是要透过现象抓住事物的本质,抽象的规定就是概念,就是主题。第二条路就是通过思维把提炼的主题展开并具体化。列宁在《哲学笔记》中也有论述:"由生动的直观到抽象的思维,再由抽象的思维到实践,这是认识真理,认识客观实在的辩证的途径。"

5. 思想的生成需要校长不断走向自觉

近三年的培训实践中,教育部中学校长培训中心在陈玉琨教授的引领下,已经初步把校长思想的形成归纳为如下"四化":

第一,隐性知识显性化。即要将校长的默会知识彰显出来,尽可能地把隐性知识不断外显,把默会知识明确化,使其可以言传。

第二,感性认识理性化。即要把校长们平时凭感觉的思考,通过自身的思维与感悟上升到理性的高度。正如毛主席所说:"感觉的东西并不一定理解它,只有理解的东西才能深刻地感觉它。"

第三,零碎知识系统化。即要把校长们在日常工作中所迸发的智慧火花"系统化",让其成为照亮自身与师生的"火炬"。

第四,教育理念体系化。凝炼理念是重要的,但是理念如果不能体系化为具体的思想,尤其是转化为师生所接受与认同的思想,很难在实践中发挥现实的力量。

当然,校长办学理念的提炼与教育思想体系的生成,并不是短短的一年或者三年培训所能完成的。但是上述培训中提到的做法,有助于校长们加速理念的凝炼与思想的生成。

笔者谨以在《教师教育研究》(2014年第5期)已发表的文章代序(稍有修改)。一方面是为了说明,本书收录的是2012年校长们的研修成果。虽然思想文稿成于2012年,但所收录校长的教育思想及这些学校的实践对新时代教育的改革与年轻校长的成长还是极具参考价值。另一方面,也在一定程度上表明我们当时对培训教育家型校长的一点理解。

目录

（江苏省东庐中学　陈康金）

学校：师生执着求索的乐园

天津市耀华中学　任奕奕

任奕奕，天津市耀华中学原校长。曾任中国数学学会理事、高中教育专业委员会常务理事、全国教育专业学位研究生教育指导委员会委员、天津市第十三届政协委员。现任全国首届基础教育专委会委员、全国拔尖创新人才基础培养专委会理事、第五届天津市人民政府学位委员会专业学位指导委员会委员、中小学国家级培训专家库首批专家、天津师范大学兼职教授、天津师范大学"国家教师发展协同创新实验基地"优质卓越教师培养"师范导师"、华东师范大学"影子校长"培养计划项目导师、第七届天津市督学。

教育是充满理想的事业,是需要不断求索的志业。作为一名数学教师,我时常在思考一个问题,充满青春活力的学生,每天在学校法定性和制度性的课程中学习那么多的公式,掌握那么多的知识,对他的人格健全究竟起多少作用?作为校长,我时常感到困惑,我们的教育在忙于"教什么""怎么教"的时候,是否因为走得太远,而忘了为什么出发?大众生活的功利化和情绪化,使学校教育不知不觉间失去了一些美好的东西。

一、学校应当是师生执着求索的乐园

从古时的庠序私塾,到近代的新式学堂,再到今日的现代学校,教育"让人成为人"的性质从未改变,改变的只是"让人成为人"的内涵与方式。我认为学校应该是一个"师生执着求索的乐园",这样的乐园彰显生命与活力,使教育者和受教育者都能受以荫泽,得以伸展。

耀华中学地处天津市寸土寸金的市中心。29 年来,我始终与耀华在一起。每当穿越高楼大厦走进闹市中的"文化重镇",看到座座院士铜像感受着前辈们的风华时,我的心就会安静下来,澄澈起来;每当走进教室,看到课堂上师生间的热情互动、理性探讨时,我的心就会有一种求索的冲动和责任;每当暂离繁杂的行政工作走在耀华路上,看到耀华园中学生们的勃勃生机和老师们的孜孜以求时,我的心就会找到依托和归属。我和耀华,生命相依,意念相随,心灵相映,精神相托。

回溯耀华学校的历史,为培养"光耀中华"的国之栋梁,耀华先辈执着求索的事例如在眼前:提出"盖今日之校风,即他年之民德",重视教师学生共同发展的耀华创办人庄乐峰先生;确立"勤朴忠诚"校训,在民族危亡的关头不畏强暴,壮烈捐躯的赵天麟校长;坚守"真正的教育公平是给每一个人适合的教育"的信念,创办超常儿童早期智力开发实验班的阎治身校长;将世界文化作为学生的教科书,致力于拓展国际交流,让耀华的师生具备国际视野的曲丽敏校长……他们用行动,甚至用生命诠释了耀华校训"勤朴忠诚"的真谛——"勤于学、朴于事、忠于国、诚于心"。他们以知识分子的纯正气节和信仰,在上下求索中获得了真正的发现和力量,捍卫着教育的尊严和主张。

(一) 耀华学校的历练

1983 年,我来到耀华,在初为人师的学习、思考阶段,我站在耀华前辈的肩膀上,探求着学生乐学、教师悦教的课堂教学文化。1991年至1993年我被公派到日本广岛大学教育学部留学,走进一个与我们民族有"特殊关系"的国家学习教育理论,关注于"创设理想教育情境,实施有效教育方法"。东渡日本之后,通过中日教育的对照比较,我思考着中国传统教育思想的深刻内涵,开始了创设情境教育模式的教学实践。

1998年,我开始担任副校长,主抓教学工作。在第十三任阎治身校长、第十四任曲丽敏校长的言传身教下,工作中我倡导"**以德为首,以业为本,以研为导,以质为重**"的学科组建设方针,在年复一年的生源变化中提出了"**应景而生、应机而变、因时而动、因材施教**"的理念。2000年,在华东师大第20期高中校长班的学习中,我和同学们对"构建学校自培体系,促进教师自主发展"进行了深入研究。2001年,我赴美国密西根大学教育学院参加校长培训,中西方教育思想的融合,让我在学习中反思,关注于"中美学校教育中教学模式的比较与思考"。2007年,我又一次成为华东师大课改样本校培训学员,提出了"深化课堂改革,促进有效教学"的行动纲领。2008年,我担任了耀华中学的第十五任校长。转年,我成为天津市首批"未来教育家奠基工程"学员,在学习的过程中,我一直思索着学校如何更好地"以人为本,师生共进"。

在29年的耀华工作中,从教师到校长,我时常感到超越一己之私的幸福感、跨越时空的愉悦感和桃李天下的成就感。

(二) 执着求索的解读

求索是人的重要特征。苏霍姆林斯基曾说过:在人的心灵深处,都有一种根深蒂固的需要,这就是希望自己是一个发现者、研究者、探索者。在这种倾向的驱动之下,人"从不满足周围现实,始终渴望打破他之此时——此地——如此存在的界限,不断追求超越环绕他的现实——其中包括他自己的当下的现实"。人的精神的超越性说明人有自我发展的动力,他能够以人特有的能动性、主体性创造和满足自己的物质需要与精神需要,并用以发展自己的身心。人只要活着就会有各种需要。需要是一个人感到某种欠缺并力图获得满足时的一种心理状态。当人有了不足之感和求足之心的时候,内心处于一种不平衡的状态,就会产生某种需要,力图实现心理平衡。因此,需要是激发人心理活动和行为的原始动力。马斯洛需要层次理论告诉我们,人的需要是多层次的,既有低层次的机体性或生理性需要,又有高层次的社会性需要,一种需要的满足又会催生新的需要。从需要的产生到需要的满足,再到新需要的螺旋上升,就是执着求索的过程。而教育者的一生,不但是自我实现的一生,还应该是超越自我、奉献教育的一生,更应该是与受教育者一起执着求索、共同成长的一生。

执着地求索,是办学的本质特点。学校是为教育而存在的,而教育是为社会和人服务的。学校教育是一个系统工程,需要把脉社会发展趋势,研究人才培养模式;需要探究教师在重压下的成长之路,并要在社会需求、高考压力、家长期望和教育理想间找到最佳结合点,这必定是一个执着求索的过程。同时,学校需要研究学生身心发展规律,需要探索学生当下的各种需求及变化,需要摸索各种有效的教育教学方法,把育人为本融入课程之中,使学校成为乐园,这离不开执着地求索。

马克思曾经说过,**"时间实际上是人的积极存在,它不仅是人的生命尺度,还是人的发展空间。"**我们的学校不是"卖场"也不是"游乐场",而应该成为师生生存和发展的最佳空间,假如生命有刻度——把心和身的存在状态,从低到高排列成刻度,那么"教育"就是把它标识到最高刻度的唯一途径。而教育的不可逆性又很难量化,同一个学生、同一个教师在不同学校,其生命意义所达到的不同刻度,本身就能看出一所学校所独有的教育魅力。

打开中外教育史,可以这样说,任何一所成功学校的历史都是师生求索共进的历史。无论是柏拉图的阿卡德米学园,还是美国的杜威学校、苏联的帕夫雷什中学、芬兰的罗素高中;无论是陶行知先生创办的南京晓庄学校,还是朱自清、丰子恺等诸多名师云集的浙江春晖中学,以及培养了两任总理的天津南开中学,都给我们勾勒了一幅师生执着求索的图景。中国古代"教育"和西方的"educate"的共同点都是强调内在教化,现代教育也强调激发潜能,培养一个健全的全面发展的社会个体。因此,实施教化、传递知识、培育身心、完善个体,必然要求学校执着求索。

执着求索的学校,应该是一个乐园。85年的耀华历史告诉我,学校应与教育的本源目标相一致,应与地域文化的发展脉络相契合,她的实践行走应与学校的历史和文化相融通。这样的一致、契合、融通,就会形成一个场,创造一种势,产生一种能,她就以这种场、势和能给学校里的每一个人打上了烙印,铭刻在师生的精神世界、人格修养以及学力品质和终身发展上。曾在耀华学校求学的杰出美籍华裔科学家、被称为"计算机先驱"的朱传榘先生回校时,真诚地写下:"作为中国生人,耀华学生是我一生的荣耀。"耀华的文化场不仅为朱先生奠定了严谨的治学基调，也为他成为世界上第一台计算机的六位发明者之一打下基础，而且将"光耀中华"的神圣使命深植于心，使他成为促进中国改革开放的积极建言者和实践者。耀华的历史让我明晰，学校是教师和学生共生共长的场所，是教师和学生修身养性、修己善群、修正人生、修德泽人的沃土，是教师和学生互相包容成全的精神高地。这样的学校平实中有温暖，平淡中有坚持，平和中有智慧，平易中有奋进。她以自己独有的文化洗涤那些浮躁、倦怠、困顿和偏激，实现睿智而达观，真诚而宽容。学校是一个自由表达人的情感、休养安顿人的精神、健全完善人的心智、获得美德与提升智慧的场所。师生在学校教育的互爱、互育中彼此逐渐认识自我和他人，完善教与学的过程，以隐性课程和显性课程实现双方个体意义上的主动发展。这样的学校就是一个纳德于情、纳智于情、纳美于情的师生执着求索的乐园。师生执着求索的乐园，体现在四个方面，即主体的互动性（师生），治学的内在性（执着），教育的正向性（求索），目标的开放性（乐园）。

二、构建教师执着求索的乐园

百年来，陶行知、蔡元培、张伯苓等正直爱国的中国知识分子从未停止过"教育智民强国"的求索。以"捧着一颗心来，不带半根草去"的大爱，终身致力于乡村教育改造，提倡"教、学、做合一"的陶行知；秉持"思想自由、兼容并包"办学理念，推行"五育共举"教育思想，将北大建成群贤毕至学术圣殿的蔡元培；历尽艰辛创办系列南开，推行"公""能"教育，为国家培育众多杰出人才的张伯苓，这些令后人景仰的知识分子亲身经历了中国的变革和惨痛，却总能俯视所处的时代，他们用自己的求索和行动来努力捍卫一个时代的合理和公正，竭力保护一个民族的生存质量和健康发展。

1937 年，钱伟长先生来到耀华学校担任物理教师。1931 年，18 岁的他以中文和历史两门满分的成绩，考取清华大学。旋即"九一八事变"爆发，国难当头，马上要进入清华历史系学习的钱伟长毅然决定：弃文从理，科学救国。放弃双百的文史转学物理，他不顾个人的风险得失，每天早起晚归，来往于宿舍、教室和图书馆之间，废寝忘食，四年后以优异的成绩成为 8 名顺利毕业的学生之一。钱伟长先生的赤子情怀，成为耀华教师永远的楷模。从耀华先后走出的 15 位院士，研究领域不同,但几乎都从事过教学工作,他们有着共同的坚守:为了民族复兴和国家强盛,不懈不休,执着求索。

(一)执着求索:教师实现人生价值和职业理想的必然选择

在耀华中学,每年都有一个庄重的仪式,全体教师在教师节那天面向国旗,在全体学生面前宣誓——

> 国运所系,命运相托,当我成为耀华中学教师的时刻,谨庄严宣誓:
> 我志愿献身于人民的教育事业,敬业爱岗,恪守师德;勤朴忠诚,完善人格;倾心教学,追求突破;视生胜子,关爱负责。我要用心血铺就学生成长之路;我要用赤诚感化学生热爱祖国;懂得生命的价值,勇于超越自我;为成功的人生奠基,不负人民的重托。为了伟大祖国的繁荣昌盛,我将终生奋斗、不懈求索、树人立德!

当我们选择了教师这个职业之后,其实也就选择了一条终身求索的道路,这不仅仅是受过高等教育的人的本能需求,也是国家赋予承担育人大任教师的职业精神。选择教师这个职业,不仅是从学生时代走向工作岗位的谋职生存需要,更决定着他应承载"担当国运、不负重托"的教育责任,标志着他承接了"视生胜子,关爱负责"的人生使命和选择了"终生奋斗、不懈求索、树人立德"的工作追求。

在科学技术迅猛发展,知识激增已成常态的情况下,教师的职业特点要求教师必须着眼于每一个学生,对每个学生的健康发展负责,还要为他一生的幸福奠基,这是一种职业道德,也是一种职业底线。古希腊哲学家德谟克利特说:人生的真正幸福在于有一种积极向上的思想和无限的力量。教师要不断向自身的人格、智慧和能力发出挑战,这一求索过程又会成为推动教师学习、思考、探索和创造的不息动力,从而在生命中增添发现、增添成长、增添快乐。在极具个性的诸多名师团队里,如果思想始终活跃,学术氛围始终浓厚,那么教师团队就是同侪相济、教教相长的集体。面对复杂的教育现状,作为教师来说,仅凭教师在入职前接受的教育已经远远不能适应社会对教师素养的要求,教师只有在教育职场——学校中沿着教师专业发展阶梯拾级而上,执着求索,才能更好地自主、能动、创造性地发掘自身潜能,更好地实现人生价值和职业理想。

(二) 执着求索:以校本学习型共同体实现学校提升的能量建构

在耀华中学,有这样一面独特的墙板,名为"耀华教师风采墙"。凡教龄满 20 年者,都会以最灿烂的照片、发自内心的教育体悟荣登其上,没有级别之分,也无须华美装饰。这面墙从她出现的那一天起,就成为耀华园最具人气的地方。学生们留影要以此为背景,毕业生回校也要先来此拍照,领导们视察工作也聚集在此体味耀华老师们的教育心声。"阅读、省思、正德、分寸""做人做事的原则,对得起良心;对人对事的态度,理智包容""做真人,说真话""用爱创造奇迹""把简单的事做彻底,把平凡的事做经典""只有孜孜不倦的努力,才得循序渐进的提高""德行至上,学品为真"……句句箴言,彰显着教师们对教育的赤诚热爱,书写着耀华人对教育的执着求索。

现实中的每一所学校,都渴望取得每项工作的持久动力和能量补充,都希望实现教育教学水平的提升和社会赞誉的步步上扬。怎样建构学校的内部能量,才能实现学校的持续提升? 这是我经常思考的一个问题。传统的学校是封闭的垂直结构,组织中从上到下有明确的指挥链,领导作出决策,教职员工执行决策。这种基于工业革命的企业化管理模式,虽然可以高效实施标准化的运作,但却极大地削弱了师生群体的主动性和个性,陷入管理中"人不见了"的尴尬境地,更无法形成共同的教育愿景。多年的学校管理和反思学习,让我形成了这样的认识,即建立"构建师生执着求索的乐园"的共同愿景,建成能够促进教师共同学习和反思性对话的学习型团队。这样,在工作过程中和实现愿景的研磨实践中,教师就会产生对学校的高度认同和强烈责任感,从而极大提升教师的工作绩效,学校内部能量建构也得以实现。

学校改进的能量建构是学校提升的重要途径。能量建构是为学校改进创造内部能量,也是创造学校改进所需的一系列条件。多位专业人员在一项对世界成功学校领导的研究中发现,学校领导的核心包括**确定方向**(建立学校愿景,具体的发展目标和优先排序,对成就持有期望);**发展人**(提供知识方面的支持,提供个人支援,提供理想的专业养成和价值观的示范);**组织重构**(发展合作的学校文化,创造一种能够增强决策参与的结构,创造高产出的社群关系);**管理教学计划**(提供教学的支持,监控学校的活动,以及使教师不受其他事情干扰而专心工作)。而学校改进的能量建构的要素可大致分为五类:

（1）**分享的目标**：包括学校的发展愿景、发展目标和对学生的期待；

（2）**人的发展**：包括教师个体发展（态度上的发展和功能上的发展）和教师社群发展；

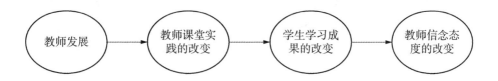

（3）**组织能量**：包括学校结构和学校文化；

（4）**课程与教学**：课程的一致性，支持教学的技术资源；

（5）**学校领导**。

回想多年的教育实践，耀华学校已建设了若干校本学习型共同体，例如：以第三任校长赵丕麟的字"君达"命名的耀华教师培训学校；由主管校长、主任领衔，由特级教师、学科组长、年级组长挂帅，特聘教育、教学骨干中坚力量组成的"教育教学督导组"；资深班主任、功勋班主任团队；早期智力开发实验班教师团队；初、高三毕业班团队；职员工勤团队，等等。每一个校本学习型共同体，我们都极力做到：

（1）有共同的愿景、价值观和目标，指向其工作意义；

（2）有数据指导决策和全样本问卷调查，跟随其主旨内容；

（3）有预防与干预系统，反观和调整其工作状态。

在这些校本学习型共同体之下又形成了若干子共同体，推动耀华教师群体中各种教育背景、各种工作社群、各种团队的健康成长。

近两年，在耀华教师中间流传着一个与中央电视台"我要上春晚"节目相仿的说法——我要上全体会。全体会作为教职工全员参与的活动，在学校文化建设中发挥着重要作用，但如果全体会始终都是"领导一人讲，教师全体听"的灌输模式，便难以成为将教师愿景与学校目标相统一的载体。几年来，我们力图将全体会的话语权交给教师，让它成为教师们凝心聚力、分享智慧、提升理念的舞台。三年间，耀华的全体会已经汇集成了一本厚重的"书"："2011，惟诚记忆""年度最喜爱教师感言""卅载春秋桃李意／心系杏坛耀华情""在体验中成长／在感悟中升华""初为人师／一展风采""砥砺共勉，任重道远""学校文化在我心中"以及学期末的"向全体耀华人致敬"……作为校长,我每年也仅是在学期开学初向大家汇报自己的想法,最近几次全体会我的发言是:**"让耀华学校做得更好""学校应当成为育人的学习共同体""给问题解决更多方法,给学生发展更多机会,给学校教育更多可能""弘扬正气,凝聚团队,专心致志,注重效果"**。每一位耀华人都以**"我要上全体会""我要成为全体会论坛坛主"**的心情,期待每一次全体会的召开;而每一次会议的精心策划,认真准备,完美体现,又加深了教师们对"执着求索,追求卓越"学校文化的理解。每一次全体会,发言、主持和宣讲的人都来自同一个校本学习型组织,而台下的全体员工则在这种高品质的学习活动中进行着深度互动和反思性对话,从而又形成了一个更紧密的校本学习型共同体。在这个过程中,新的能量建构产生出来,这样就形成了新的能量积累和补充,在不断积累和补充中,学校的能量建构日复一日、年复一年地不停轮回,学校势必走上朝气蓬勃的质量提升之路。

(三) 执着求索:让课程文化成为创新人才成长的沃土

课程作为实现学校教育目的的主要手段,在学校教育中始终处于核心地位,最先进的教育观念、教育目标往往会因为较差的课程而落空。课程文化的理念是将课程自身视为一种文化,使课程不再是单纯的、无自为性文化品质的社会文化传承工具。在这一理念下,"课程"与"文化"不再是工具与实体的关系,而是部分与整体的关系。当今,我国的课程正面临着一场深刻的变革,那种旨在一劳永逸地传授某种文化的教育,那种完全受现实文化驱控与锁定的毫无批判与创新的课程必将被超越。学校课程乃至整个学校教育必须从历史上文化的边缘步入当代文化的中心,彻底摒弃工具意识与机制,肯定自我,重塑自我,回归自我,以一种崭新的课程文化主体形态与面貌,以及强烈的责任意识和使命感融入学校的课程发展与建设中。这也是我们耀华教师的责任。

许多学校开发了门类众多的校本课程,但面对林林总总、热热闹闹的课程,我们是否思考过开设这些课程的目的?课程的开发是否指向学校的育人目标?这些课程是否只是教师学识和兴趣爱好的单方面展示?课程的开发是否考虑了学生的课程需求?带着这些问题,我们开展了卓越课程建设方案的行动研究,开始构建具有耀华中学特色、有利于创新人才培养的卓越课程体系。本着**基础性、实践性、均衡性、开放性、弹性和发展性**原则,我们构建起了包括**校本化的基础型课程、多选择性的拓展型课程、探究性的研究型课程和体验性的活动型课程**四大类的课程体系。

学生创造能力的孱弱一直被视为我国教育的顽疾，像耀华这样的学校，每年在天津市乃至全国拿几个科技创新大赛的奖项并不困难，难的是如何提高整个学生群体的创新素养和创新能力。是单品还是全席？是范例还是常态？是只乐于培养状元还是致力于培养优秀毕业生群体？这是衡量一所学校的标尺。拓展型课程——"技术与创新"就是我们回答这一问题的尝试。

技术与创新课将工程教育、技术教育融入科学与数学的课程研发，将学生学到的零碎知识与机械过程统整为探究世界相互联系的不同侧面，让学生在一定的学习情境中提高设计能力与问题解决能力。课程内容需要四个学期完成，前两个学期学习技术，后两个学期学习发明创造。在技术学习的两个学期中，我们将精益求精的精神品质培养贯穿于有限的具体技术形式的学习过程中，从而让学生体会技术不断进步的本质。极其精准，成为每节课不同技术形式学习的共同要求。后两个学期学习发明创造，我们的目的是帮助学生建立一种信心，一种"我也能够发明创造"的信心。从目前首届学习这门课的学生60％成功地申请了国家发明专利这一阶段性成果来看，我们当初的设想成功了。这门课的开设让我们明白了教育制度里最本质的东西，不是制约而是解放，每个学生都有与生俱来的创造力，而师生的创造力，才是教育改革的持续生命力。在我看来，求索是创造的前提，创造是求索的伸展。

像这样的精品校本课程我们还有一批，应该说它们的开设倾注了教师大量的教育智慧。这些课程的开发实例让我们看到，学校里课程文化的建构有从过程到理解性、从协商到互动性的两个特点。这样的文化课程与工具化课程不同，它更为关注文化实施的过程和学生的理解，使学生在理解的基础上自觉地建构文化、生成文化。它关注灵魂与精神意义，强调对学生的陶冶、解放与生成。另外，它坚持知识的解释性、理解性和建构性，视学生的学习过程为一个主动参与和探究的过程，而不是直线式的、被动接受与掌握的过程，师生在协商、互动的方式中共同进行对文化的理解与建构。

（四）执着求索：让耀华课堂成为师生思维奔跑的场地

在研讨"以教师的有效教学达成学生的有效学习"的主题教研中，大家一致认为：我们每天都在上课，每天都在课堂。一间教室能给孩子们带来什么，取决于教室之外的空白处流动着什么。相同面积的教室,有的显得很小,让人感到局促和狭隘;有的显得很大,让人觉得有无限伸展的可能。教师的德行学养、气度教艺决定了教室的内涵和外延。提高教师教学的有效性,对学生来说意义重大,那些误人子弟到退休也教不好课的教员是存在着的。

当今的教育改革不是在教育思想的废墟上重建,而是在人类文明的积淀中不断发展。回归教育本源将使我们永远有一种不竭的动力,教师们和我共同研究"中国古代的十大教育方法",将其凝练成十个短语:**温故知新、循序渐进、启发引导、因材施教、学以致用、教学相长、相观而善、长善救失、藏息相辅、互磋互学**。在这些教育方法的领会中,我们发现它暗合了新课程改革的很多理念,也暗合了后现代教育的很多观点。我们在不同的学科背景、不同的教育对象的教学实践中,运用这些教育方法产生了许多好的教学案例,同时也取得了优秀的教育教学成果。

在众多的教学模式中,我们关注两种模式,即"PUZZLE 模式"与"GAMES 模式"。PUZZLE 是拼图,每个拼图的最后结果是唯一的,而且拼图中各个图块的连接是固定的。而 GAMES 是结果有多种可能的游戏,而且游戏过程中会出现许多难以预料的情况,有些游戏可能根本就不存在答案,其结局本身就充满神秘色彩。在课堂教学中,我们不难发现,有时教师像引导学生摆拼图那样,去寻找那个唯一正确有时又十分美妙的答案。而有时学生又像是与教师一起做游戏,游戏中结果往往不是那么重要,重要的是每个身在其中的人的参与、在游戏规则下的创造精神和学习能力的培养。在不同教学模式中,教学控制理论起着非常重大的指导性作用。"PUZZLE 模式"中,奥秘揭示得越多,学生对下一个图块的寻找也就越发渴求。而"GAMES 模式"的开放式的过程,让学生更高兴参与下一个游戏。我们通过对这两种教学模式的研讨比较得出,不论是怎样的教学模式,都要给学生表现自我、自主学习、科学探究的机会,同时创设一个提升学习能力、培养创新思维的良好教育环境,在适合的时段,针对不同的班级学习风格、认知结构、内容要求,选用适合的教学模式。

教师的有效教学,彰显在学生的有效学习之中。每一堂课"学"的有效都应着眼于:

一是"短效",即课内即时可测的教学成效,可以理解为朱永新先生提出的"理想课堂的六个度"——参与度、亲和度、自由度、整合度、练习度、延展度;

二是"长效",即致力于单位时间内教师与学生正向的学力提升,包括情理的积淀、方法的建构、素养的提升、文化的传承。

实施有效教学，教师就不能只关注学力的显性部分——知识、技能，而忽略学力的隐性部分——思考力、思考方式、情感、态度和价值观。我们强调让教师在不断学习、研磨有效教学相关理论的前提下，结合本学科的知识脉络和学习特点把握所任教年级学生的认知结构和年龄特征，进行望、闻、问、切，形成一套自成特色的有效教学的行动要领；致力于让每一个课堂成为师生思维奔跑的场地，使得教师和学生在共同的思维建构中体味和发现乐趣，获得探究之后的质疑和收获。这样，把每一个教师的有效教学形成合力，把每一个快乐的课堂聚集起来，学校就能成为师生的乐园。这也正是陈玉琨主任倡导的"有道德的教育"所追求的**"以课堂之美怡学生之情，以教师之行养学生之性，以科学之理明学生之心"**。

三、拓展学生执着求索的空间

在学校教育中，学生是主体。在我看来，学生首先是一个"人"，其次是一个正处在成长过程中的"孩子"，最后才是学校老师眼中的"学生"。是"人"，则一定具有自然人的特性，不仅具有进行新陈代谢的自然生命，更具有社会融入和精神建构的价值生命。是"孩子"，则说明他们是正处在成长过程中的人，具有蓬勃的生命力，充满着天然的求索本性，对一切都充满着好奇，渴盼成功的体验，成长道路上需要成人持续的鼓励。是"学生"，则意味着他们正处在求知的阶段，需要学校为他们的发展提供广阔的空间和充分的条件。教育，就是要创造条件去促进学生个体生命在作为"人"，拥有完善的"人性"的目标下，充分考虑"孩子"求索的自然天性，通过创造不同的实践平台，激励、引领、巩固、促进，拓展学生执着求索的空间，最终使"孩子"的本能要求与"学生"的生命过程相契合，让学生在执着求索中成长、发展和完善。

耀华中学拥有厚重耀目的历史、德艺双馨的教师、独特丰富的文化，所有的这一切都让我的内心升腾起一份责任：耀华要为学生的发展画无数个同心圆，这无数个同心圆的圆心指向正确的教育目标，不同的半径标识着学生不同的需求、不同的心理、不同认知基础下的生存状态，而这不同的圆周又是学生在学习生活中的不同路径。学校如果是平面的，这组同心圆可多可少，可大可小，但终归是若干个圆；学校如果是立体的，这原本无数个同心圆就可能变成了圆心在一条直线上的圆柱、圆锥、圆台……在变换中传承着人类文明，感受着科学力量，浸润着学校文化。

（一）以德育魂，学生执着求索的基础

一个人的德性、德行等不妨认定为心理人格的一个重要表征、侧面和组成部分，教育要通过德性的培养来提升人的精神世界。精神成长的核心在于求索生活的意义。精神的提升，需要个体赋予生活正确的意义，而生活意义的正确性取决于个体德性的完善程度。学校里的教师和学生都需要德，都需要育，都需要个体稳定的道德面貌，即道德人格。师生不断发掘自身的潜能，实现自我价值的过程就是人格不断提升的过程，所以说以德育魂其实也是一个以德立魂的过程。以德育魂就是要改变固化的思维灌输，就是要改变盲目空洞的说教，就是要形成潜移默化、浸润心灵的养育养成。在以德育魂中"教师是一本行走着的书"，"学校是一本立体的教科书"，真正的教育应时时闪烁着德性的光辉，它与人的灵魂相通，因为"教育是人的灵魂的教育，而非理智知识和认知的堆集"。学生的道德发展很大程度上基于个人经验，经验培植信念，因此学校教育在育魂的各个环节都应为学生探测情感、考察态度、明确价值观、学习有效交往以及发展处理人际关系的技能提供指导和机会，创设有助于丰富和提升学生道德体验的情景和氛围。

任何一个曾经对社会有贡献的人，都有一种精神力量，那是来自追求更远大目标而唤醒的内心深处的强大力量——责任感和使命感。于敏，耀华1944届毕业生，两弹元勋，中国氢弹之父，献身共和国国防科技事业，殚精竭虑，功勋卓著。40年间他必须隐姓埋名，没有鲜花，没有掌声，不能公开发表学术文章，甚至连名字都是绝密，我们难以体味其中的寂寞和艰辛。68年前，耀华学校走出的学生，肩负了民族的重托和强国的责任，他们的血脉中已经深刻地灌入了对学习工作孜孜以求的"勤"，对功名利禄宁静淡泊的"朴"，对国家拳拳报国的"忠"，对事业精益求精的"诚"，实践着"奋发有为、光耀中华"的人生信仰。

今天，我们的教育受到了前所未有的挑战和考验。对学生的理想信念教育面临两难，第一是载体难，第二是内化难。如何摆脱运动式、空中楼阁式的说教，如何让我们的德育工作者不陶醉于这种谙识的模式和虚假之中，如何使德育工作贴近学生的生活，安抚学生浮躁的心灵？我们常常好似竭尽了德育力量时却忽视了德育的主体——学生心灵的内化和行为的自律。我总在想，是否能找到一个真实的"人"，他的人格具备教化的力量，他的成长经历能够激励学生树立将个人前途与祖

国命运紧密相连的远大志向。我们的目光锁定了这样两个人:一个是人民的好总理——周恩来,一个是感动中国的老人——白方礼。周恩来是所有中国人的精神财富,是中华民族几代人的榜样,他的一生与中国共产党党史、中国革命史、中华民族的奋斗史紧密相关。白方礼用破旧的三轮车踏出了中国人的善良与无私,用嶙峋的瘦骨扛起了贫困学子的希望,演绎了一个二十年捐资助学的神话,他生前的最后一笔捐款捐给了耀华的贫困学生。我们希望耀华的学生能够具有周总理那样的赤子情怀和远大志向,"为中华之崛起而读书",能够像白方礼老人那样用爱与责任照亮心灵成长的道路。

2010年7月,耀华开始创建周恩来班。学生在礼堂聆听总理秘书赵炜奶奶的深情回忆;在周邓纪念馆细细端详每一张照片;在图书馆认真阅读《周恩来传》;他们为纪念周总理而创作诗歌;他们发起"爱心奉献耀华园,公益彰显学子情"的爱心公益活动;他们到儿童福利院看望患有先天性心脏病和自闭症的儿童……学生们自发地组织起来,追寻白方礼老人的脚步,为"白方礼小学"捐款捐书、到敬老院为老人洗脚、到社区街道进行义务清扫、为外来务工人员子女辅导功课。转移安置到耀华滨海学校就读的玉树学生在家乡从未进行过体检,我校积极联系了相关单位为孩子们体检,在这次体检中,扎西同学被检查出患有严重的先天性心脏病。得知这一情况后,学生们自发为他捐款,在很短的时间内筹集了十几万元,为他的后续治疗筹齐了所有费用……潜移默化中,德行的建树,成为了同学们执着求索的理想基石。

(二) 以文化人,学生执着求索的支撑

每一所学校都承担着"以文化人"的责任和使命,但是"化"的过程,在各个学校的方式不同,方法不同,策略不同,结果也不同。"化"有正向的教化、感化,有中性的同化,甚至有负向的奴化。以文化人,就是要用千百年来人类文明的总和去吸引人、熏陶人、化育人。文化有着一种力量,它能够在潜移默化中决定人的价值观,左右人的言行举止。一所优秀的学校,就要以突出的文化特质,包括环境、制度、管理、课程等多方面浸润人,教化人,春雨润物、静流无声,达到让学生学习、提升、成长的目的。作为学校,如何让学生在这个"化"的过程中,心甘情愿地为获取知识与技能付出辛苦,无怨无悔地砥砺品行、完善人格,并最终获得全面发展、终身发展的快乐,会是一个永恒的课题。

耀华中学85年厚重的历史文化,其本身就是师生心灵成长的奠基石。在耀华的校歌中有很多"以文化人"的答案:

　　环球人类文明日炽昌,教育神圣业,普及万邦;勖哉耀华为我学界光,宗旨纯且正,教导优良。斐然学子,济济聚一堂,日新复月异,进步无疆。

　　勤朴忠诚服膺我校训,智德体三育,策励维勤;淡泊宁静守朴率本真,仔肩社会业,忠以宅心。诚能动物,蔼然自可亲,敬业复乐群,淑世淑身。

耀华特有的文化,濡染滋养了很多人。建校80周年校庆晚会上,校友蒋大为与"大为合唱班"的同学们高歌《骏马奔驰保边疆》,并当场挥毫泼墨,遒劲的书法令学生们赞叹不已。蒋大为曾在1964年天津市中小学生运动会上以11.4秒的成绩获百米冠军,创造了耀华男子百米新纪录,此纪录保持了17年之久。他说,我为报恩而来,是耀华学校成就了我,从这里我得到了太多受益终身的教育,是耀华让我的心广阔而充实。

我们一直在关注学生对学校"化"的方式的认可,每个学期我们都会进行"学生最喜欢的十大校园活动"评选。耀华杯文化大赛、校园诗会、读书节、艺术节、科技节、体育节等这些一直被学生推崇的校园活动在潜移默化中浸润着他们,化育着他们,直至他们走出校园,升入大学还念念不忘。

回头想来,教育虽然存在一种外部施加影响的过程,如我们刚刚谈的育,说到的化都有这样的成分,但是其主旨却应是促进、改善受教育者主体自我建构、自我改造。这种内在生成和自我创造就是执着求索的结果。此时,外塑论和教师中心论就显得苍白乏力了。

2004届毕业生张硕在《惜别耀华园》一文中写道:"六年的耀华时光,三年的高中生活,让我有太多太多的难以忘记。难忘那登上升旗演讲台上追忆母校75年的光辉足迹;难忘那礼堂中央展示自我,竞选学生会主席的场景;难忘图书馆中走进耀华名人——与10位两院院士座谈;难忘科教馆里26场辩论,至今还映在脑中的学子风采;难忘庄严党旗下,在耀华园中自己完成了政治生命的开端;难忘一年工作中校领导的谆谆告诫,深深期许。

有着太多的依恋和不舍了,所以近日每当离开校园之时,总要'默默伫足三回首,历历眼畔昨日情',耀华与我以知识之积累,方法之形成,能力之完备,实力之周全,人格之臻善,素质之养成。

耀华草木之中,我最爱那些历久而卓然、斑驳而苍翠的梧桐,在我眼中,那便是耀华神韵之凝集,精神之写照,气质之诠释。古书说,凤凰非梧桐而不栖。自己从不敢用'凤凰之才'自况,但却执着地认为'万木之中,唯梧桐最可比拟耀华'。"

(三)以学养志,学生执着求索的载体

学,是学习。志,是志向,抱负,是一切富于智慧和理想的人生存发展的重要基石,也是一种生命意义的追寻,是自我潜能最大化的求索。"以学养志",便是指通过学习唤起并强化个体自身的理想追求和坚定信念。孔子说:"学而时习之,不亦乐乎",朱熹讲"学之不已,如鸟数飞也"。飞翔是小鸟的生命本能活动,而这种本能活动就是成长,完成它的生命历程。在物种预设的大目的实现的过程中,通过学习开拓视野,舒展本能,认准目标,厘清方向,所以学习的本意乃是个体基于物种的生命本能所展开的成长探索过程。

不得不承认,目前"以学取分""以学转运"的现象大量存在,有时学校里的学习成了负担,看似"学富五车""才高八斗",翅膀镀上了"金子",却越来越失去了飞翔的能力。我们的学校应负担起恢复学习全面特性的任务和使命,"人的学习是一种全面的活动,是人的感性与理性,身体与心灵交融汇聚的过程"。学校中人的学习不仅仅是读书,也不仅仅是认知活动,它还需要身心的全部功能参与;学习不仅仅是掌握知识,它要在掌握对象的同时发展主体的一切特性,而且这种发展是全面和加速的。在学习忽视了对成长过程的直接经历和体验的时候,养志也就无从谈起了。

以满分成绩蝉联第46届、47届国际中学生数学奥林匹克金牌的耀华学生任庆春,有幸聆听了当代数学家丘成桐的一个报告。丘先生说起自己花了二三十年工夫去解决的"庞加莱猜想"时,不住口地称赞,说它"太优美、太重要了,我们没办法来抵抗它的魅力。就像我们年轻时,喜欢漂亮的女孩子一样"。任庆春在笔记中写道:"对于丘教授来说'庞加莱猜想'不是冷冰冰的知识,而是一直拨动他情感之弦的有生命的东西。我虽没有丘教授的成就,但在数学王国里遨游时也有过类似的感受,数学很美,所以研究它时不觉得累和枯燥,而是有趣,非常有趣。"数学教员出身的我在看了任庆春的这段话之后感悟到当一个人在学习和研究中,面临一个接一个的困难和挫折时,兴趣和爱好会逐渐湮灭,唯有一个人对学问和世界的真爱才

能让追求持久。这种爱,是对科学的无限向往,是矢志不渝地求真求善求美的高远志向。

每周三的下午,耀华都会邀请名家大师走进学校,与学生们面对面,或介绍学术前沿,或讲述成长经历,或诠释人生哲学,我们称之为"耀华讲堂"。这里邀请的名家大师,大多是在耀华浸润下走出来的毕业生,有以院士为代表的科学巨匠,此外还有艺术名家、文苑大师、政界精英、军中将帅、体坛健将……耀华讲堂在丰富师生学养的同时,也悄然点亮了耀华学生拼搏进取的生命历程。

当学习在审美中变成身心自我建构的时候,教育使受教育者获得了一种本身的自觉,把人类总体的博大爱心、宏伟力量、深沉智慧的普遍之美,展现并传达于个体的心灵,它就必然是愉快的、怡情的、养志的。

(四) 以体健身,学生执着求索的保障

高尚的德行、远大的志向、深厚的学力需要一个坚实的载体,那就是身心健康的躯体。身心健康、体魄强健、意志坚强,全面发展既是个体追求幸福人生的保障,也是社会衡量创新人才的必要指标。耀华建校伊始就十分注重学生的全面发展,致力于培养身心健全的社会栋梁。14 年来,学校发挥自身设施和师资优势,将体育课调整为普修课与专项课共生的形式,学生在完成普修课的基础之上,可以根据自己的兴趣爱好自主选择专项课程。我们的特色专项课程有篮球、足球、排球、羽毛球、乒乓球、艺术体操、健美操、柔道、武术、跆拳道、游泳等十余门,在开阔学生眼界、增加趣味性的同时,最大程度地发挥课程功能,增强学生体质,更重要的是培植体育精神,培养学生终身锻炼的习惯和坚忍不拔的意志品质。

有些学校的体育锻炼的性质与功能发生了不少偏移与弱化,体育仅仅满足于传授技艺与增进体能,体育的精神意义和体育的崇高境界被淡化和遗忘了。体育的魅力之一,就在于它体现了人类意志力的能量。无论是课堂上的训练还是在竞技场上的比赛,它都要求学生或运动员挑战自己的体能,挑战自己的极限,要求学生或运动员咬紧牙关,抗衡对手,坚持到最后一刻。这也是一种执着,一种求索。在我校高三,有这样一个女孩,当你看到她柔弱的外表时不一定会想到,她是一名体育特长生,更不会想到,这个孩子在中考前夕体育特长生的测试中,不慎严重摔伤,在床上整整躺了 3 个月,她的学业水平考查、中考,都是在天津市教委的特批下,在病床上躺着完成的。当时派去给她监考的老师说:"孩子的胳膊架空着,写不

到10分钟就累得一身汗,看着真心疼,我几乎是含着眼泪在看孩子答卷子,她太坚强了。"接下来的康复治疗,她用惊人的毅力把应该3个月才能完全恢复的疗程缩短为1个半月。当她以优异的成绩考入耀华高中的那个9月,我和她在耀华路相遇,她用最灿烂的笑容告诉我,她真正践行了坚毅和执着的体育精神!现在这位学生被评为天津市十佳中学生,光荣地加入了中国共产党。

世界卫生组织认为:"健康乃是一种在身体上、精神上的完满状态以及良好的适应力,而不仅仅是没有疾病和衰弱的状态。"也就是说,一个人在躯体健康、心理健康、社会适应能力和道德健康四方面都健全,才是完全健康的人。为了帮助学生建立和保持一个健康的心理状态,学校建立了"三级培养机制"的"校园心理支持系统模式":必修课、专题讲座的全覆盖;选修课、团体辅导的专项辅导和"耀华心理健康使者团"。1998年,一个以"自助,我心成长;互助,播撒阳光"为宗旨的学生社团——心理健康使者团在我校诞生了。10多年间,他们的团刊《闪耀年华》已成功发行了30期;他们与天津人民广播电台合作,推出"青苹果"节目;发起创建了天津市未成年人心理自助互助协会;举办天津市中学生心理剧大赛……

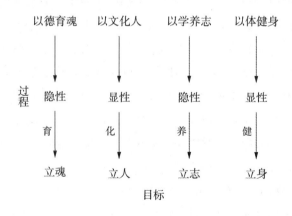

"德""文""学""体",相辅相成。在学生发展的过程中,没有德行护航,就会偏离方向;没有志向引路,就会走向卑微;没有学养积淀,就会滑向浅薄;没有身心健康,就会失去保障。"育魂、化人、养志、健身"重在过程。我们立足受教育者主体,强调浸润、柔性、主动;而非站在教育者的立场,以强制、刚性、外力为要。德育为魂,文化为径,学养为本,体健为基。

四、教师与学生在共同的执着求索中成长

学校作为学习的场所是促进学生心智开发、教师成长成熟的地方,学校应当是大海,而非养鱼池,师生是空中的鹰而非笼中的鸟。学校在若干应达到的目标中,有一项应该是让所有装满了一杯水、一壶水以及一桶水的教师,去掉"教师"的自居,重新变成学生;而让所有紧张地等待标准答案和分数的学生,去掉嗷嗷待哺的心态,都变成自己的老师。在如此的学校里,师与生相互转化,学养在增加,智慧在增长,志向、气度也随之清晰和宏大起来,师生在共同的执着求索中成长。

(一) 建立教育信任和群体聚力,师生共同追求真善美

在教师引领学生求索的过程中,特别要求教师与学生之间具有充分的教育信任。教育信任是从自我到他人范围逐步扩展的教育激励的弥散过程。正向的学校文化本身就充满着校内人和人之间的信任,而这种信任也同时产生学校教师团队、学生团队不同集团的群体聚力。在每一个集团中,被信任者期望的信任获得满足后就又产生了对团队的责任,把师生的负责行为转化为群体的负责,然后又转化为信任,这样群体中的信任越多,责任心就越强,在这种富有群体凝聚力的环境中学习就会富有激情,敢于探险,勇于质疑,在群体规范中课程也会显得愉快宽松,富有探索欲,师生在行动透明中风险愈发的小,关系自然密切,师生的相互信任也随之增强,相互付出信任时毫不犹豫,教学活动中师生的内心阳光普照,充满活力,自然就趋向一种高信任高团结、多激励少风险的教育情境。当信任成为一种激励,信任生成为勇气,激励就化作了被信任者(师与生)无穷无尽的动力。

教师育人工作的核心在于引领学生的精神成长,不仅在课堂上,更在丰富多彩的校园文化中,让学生快乐地执着求索真、善、美。

引领学生求索世间的真相。学生社团这种自组织使学生更加接近真实生活,体验人际交往的重要形式;走出校门,走进社会,与社区居委会合作开展"做一天居委会小主任"的实践活动,与交警泰安道大队合作开展"做一日小交警"活动,看望耀华老教师活动,以及每个假期以团支部为单位的主题社会实践活动,都能使学生体验生活的实际内容。

引领学生求索灵魂的真意。灵魂的真意应该包括感恩和责任,耀华爱心志愿

者社团组织慈善捐款,引导全体学生开展社会义工等活动。此外,学年伊始的军训、学农活动,春秋两季运动会,18岁成人仪式,校园公益岗,每周的"国旗下讲话",都使学生在体验中成长,在感悟中升华。

引领学生求索举止的真淳。大气真淳的举止需要艺术的润泽,也需要广阔舞台的历练。我们举办艺术节、组织校园歌手大赛、邀请专业艺术团体专场演出和作艺术专题讲座,举办包括讲故事、课本剧、经典诵读、演讲、辩论赛五项赛事的"耀华杯"文化大赛和"耀华杯"英语风采大赛、"耀华杯"文化创意大赛等多种活动。今年耀华杯辩论赛决赛的题目是"知识积累与人格塑造,哪一个更重要?"我们还组织全校学生开展耀华学生应有的形象大讨论,得出"耀华学生形象标准",已经成为与《中小学生守则》《中学生日常行为规范》并列的耀华学生必须遵守的行为准则。

(二) 在倾听中激发深层次互动,形成师生求索的良性循环

教育是一个灵魂对另一个灵魂的唤醒,其实这种唤醒是相互的。教师执着求索的最终目的是唤醒学生不断求真、求善、求美的内驱力,而学生执着求索的自觉行为也必然会促进教师对职业价值的探求和自我超越。教学相长,说的就是这个道理。今天的学生,在很多方面的能力和素养已经超越了教师。其实,"青出于蓝而胜于蓝"是教师的一种幸福。当我们为学生的才华和发展喝彩时,我们也体验了自我实现的快乐,从而获得了继续求索的动力。

在耀华,有一本特殊的校本教材——《数学拓展培训讲义》,编写者是近年来投身于数学竞赛的学生。4年前,几个因竞赛获奖而提前保送了的学生整理了自己的奥赛培训笔记和所做过的习题,准备把它作为礼物送给学弟学妹。我在感动之余,鼓励学生在此基础上编写一本数学奥赛培训的校本教材,并给他们一个机会,拿出数学组的一个主题教研时间,让同学们给老师们讲堂课。学生们一听来劲了,一头扎进图书馆研讨主体框架,又找相关教师探讨,并结合自身的学习体会拿出了培训内容的改进意见。他们主编的这本厚厚的讲义,里面除去常规内容之外还有他们对本学科学习方法的见解、学习经验的总结、对某些知识点的看法及某些习题的原创解法。虽然这还不是一本严格意义上的教材,但它的作用不可小觑,无论是学生抑或是教师,都能从中受益。对于教师来言,这本教材加深了教师对学生思维模式和认知特点的了解,让教师的"教"更有针对性,同时学生学力的高位发展和高水平展现又让教师感受到了一种无形的压力,激励着教师进一步提高专业水准。

在耀华有一项持续多年的学生全样本问卷调查，筛选耀华学生心目中优秀教师的素质，通告全校。在优秀教师素质"18选10"的问卷中，干部、教师、学生各个团队都将"爱学生"列为首选，而在"12选1"的问卷中，几乎每一届的学生都把"尊重课堂中的每一个人"作为优秀教师素质的首选。学生心目中优秀教师的标准，更多的与教师的教育行为尤其是职业道德有关。而在另外一项一年一度，至今已进行了十年的"学生最喜爱教师"评选活动中，得票率位居前列的，无一例外都是师生关系融洽、教学质量优秀的教师。综合分析两项调查，结果耐人寻味。被学生选出来的最喜爱教师都具备着"教学效果好""方法得当"等显性的教学能力，而学生心目中优秀教师标准的首选却是"关爱""尊重"等隐性的师德精神。这两者之间有什么联系？是什么促使那些教师具备了让学生喜爱的专业水准？我的理解是教师的人格力量远远大于专业力量，隐性的精神支撑着教师不断追求显性的专业技能；而师德又不是虚幻的，"尊重课堂里的每一名学生"最终需要落实到"讲课吸引人""批改作业认真""辅导学生耐心"这样的具体教育行为中，敬业之后还需要专业和精业。教师的发展需要精神的支撑，而精神需要不断强化。耀华坚持多年的学生评教，以及纵贯十年的全样本学生学习意愿调查，让我们在每个学年，每个班集体、每个学生都能得到关注，都能发出声音，写出意愿。进行"问卷调查"，让教师看到学生的期望，以学生推动教师的进步，这不仅是现代教育民主的弘扬，也是学校提升质量过程中的必然选择，它促使教师、学生形成共同的价值观，使教育的付出更有针对性、实效性，同时也将师生的互动拓展到课外，推向更深的层面。学生的推动也将成为师生求索的良性循环和新起点，推动双方呈螺旋上升的态势。

　　许多事例告诉我们，学校里的教师和学生都具有一种追求卓越的天性，如果能够激发和整合这种天性，在教师和学生的深层次教育互动中，每一位教师都能以树的形象，植根于学校的沃土，每一根树枝都有自己的伸展方式，那么这些树的集合就成为了学校这个乐园的一片森林，这些树的根基在地下相互攀连，汲取营养，互相补充；这些根基又在学校传统及文化的沃土中不断地向深处扎根，增长着树木的年轮，聆听着生命的拔节，并为学生的生长提供栖息地和活动场；而我们的学生又如同展翅试飞的小鸟，从低到高，从高回低，从这棵树飞到那棵树，从这片林飞到那片林，采撷着果实，品味着飞翔的快乐。这片森林就成了他们的营养源、培养基，生长点和试飞区。森林的开阔拓展了鸟儿们的视野和胸怀，森林的高低错落促进了鸟儿们飞行技巧的生成，并最终造就了他们追梦理想、丈量天空的终身技能。

有着 80 多年历史的耀华中学向来就有"国难当头、挺身而出"的大局意识和光荣传统。1937 年，南开中学惨遭日军轰炸，大批学生失学、教师失业，时任耀华学校校长的是毕业于哈佛大学的法学博士赵天麟。他曾任国立北洋大学校长，后因拒绝北洋当局处分参与五四运动的爱国学生的要求愤而辞职，1934 年起任耀华学校校长。南开被炸之后，以赵校长为代表的耀华人毅然在地处英租界的耀华学校开设特班，接受南开中学千余名师生入校就职、就读。天津沦陷后，赵天麟抵制日本的奴化教育，每逢重大活动必坚持唱中国国歌、悬挂中国国旗，积极宣传抗日。他的抗日义举和民族气节引起了日本侵略者的仇视，1938 年 6 月赵天麟惨遭日本宪兵队特务的杀害。解放后赵校长被追认为烈士，成为耀华历史上的又一座丰碑。

2010 年 4 月 14 日，青海玉树地区发生强烈地震。当国家需要耀华在重大自然灾害面前挺身而出的时候，耀华人义不容辞地肩负起这份神圣的使命，承接了灾区学生的转移安置就学工作。500 多个日日夜夜过去了，耀华以特色的管理、多元的课程和丰富的教育活动促进了玉树学生的全面发展。结束学业返回家乡之前，玉树的学生深情地写道：耀华，敬爱的母校，不仅给我们提供了舒适安逸、书香浓郁的学习生活场所，还汇集了充满爱心、责任心、敬业的老师们，不仅教给我们知识，还教会我们做人的道理……现在，他们已在 3 000 千米之外的新建家园中开始了新的生活。春节期间，玉树的孩子给我传来一段视频，雪域高原，在象征吉祥的玛尼石堆前，玉树孩子们深情地诉说"耀华玉树心连心"。那一刻，我知道，耀华文化已在玉树学生心中扎下了根。

校训是一所学校的灵魂，是学校历史文化的深厚积淀，是学校人文精神的高度凝练。在我看来，耀华"勤朴忠诚"的校训是耀华人执着求索的最深刻的表达，已内化为一代代耀华人执着求索的价值观、行为准则、气质特点和精神风貌。"勤于学""朴于事""忠于国""诚于心"，这里面蕴含着求学、做事、对待国家和做人的态度，内隐着激励师生不懈求索的动力。而今，耀华迎来了第 85 个年头，我不禁想起《耀华学校十年纪念刊》上的一段话，每每品读，都会令我警醒：

　　夫教育英才，固有至乐；而神圣事业，亦属至难。在昔闭关自守，与世无争，私塾三五从师，且恐误人子弟，矧巨量学术团体，后起中坚，未能竞胜，不其害及国家。

　　……

盖今日之校风，即他年之民德。青年之坚强意志，在沉着不在浮嚣；国民之程度提高，在充实不在虚美。欲为爱国之士，必先为有用之人。本校以"勤朴忠诚"为校训者，使人人脚踏实地，身体力行。庶几耀华学生，自有其为耀华学生者在。

　　　世界上任何一个国家都不像中国一样拥有如此众多的"重点"中学，在现有教育体制下，这些"重点"中学里聚集着大量的优秀生源，如果这些学校的眼睛只盯着高考和升学率，那就不仅仅是教育的危险，而是我们民族的危险了。

　　　当我们意识到危险时，我们就会反思，我们就会改变，我们就会寻找新的起点，每一个做校长的人，他的学校里都会呈现鲜活的教育图景，而他的脑海里还应该有无数的理想和愿景。他多么想不犯错误或少犯错误。因为校长的偏颇或者错误就像配错了药一样，毁人健康，误人生命。当我们看到学校的成绩的时候，也会不可回避地有许多问题难以作答。

　　　近来我总在想 PUZZLE 和 GAMES 两种教学模式，是否也应和着中西方人才培养模式的某些问题，比如中国学生在国际学科奥林匹克竞赛中频频获奖，但面对没有固定答案的开放式问题时却表现平平。中美教育改革的相向而行，是否也暗中弥补着两种文化脉动下教育的长久缺失？如今的学校，既需要揭开一个又一个神秘的面纱，让师生对新的神秘越发地关注，又要在师生共同的拼图或游戏中，让大家乐于再去发现新的秘密，打开更多的道路，以科学的精神、执着的态度、不懈的求索，确立更高的目标。

　　　浙江大学原校长竺可桢先生的一席话是否能让我们回味大学前的中学教育呢？"大学教育之目的，绝不仅是造就多少专家，而尤在乎养成公忠坚毅，能担大任，主持风气，转移国运的领导人才。"

　　　当下，我们每一个做校长的人，最向往的大都是要尽一个中国知识分子的责任，不媚时，不曲学阿世，留下一点对教育有益的东西。我们如果在任何环境下，都能做到不降志，不辱身，不追赶时髦，也不回避危险，那就真是一个高尚的人，纯粹的人，脱离了低级趣味的人，一个有益于人民的人。

参考文献

1. 陈玉琨. 一流学校的建设[M]. 上海：华东师范大学出版社，2008.

2. 沈玉顺. 走向优质教育[M]. 上海:华东师范大学出版社,2006.

3. 梁歆,黄显华. 学校改进:理论和实践研究[M]. 上海:华东师范大学出版社,2010.

4. 郝德永. 课程与文化:一个后现代的检视[M]. 北京:教育科学出版社,2002.

5. 沙洪泽. 教育——为了人的幸福[M]. 北京:教育科学出版社,2005.

6. 沈茂德. 教育,真的不能简单[M]. 南京:南京师范大学出版社,2010.

7. 檀传宝. 教师伦理专题:教育伦理范畴研究[M]. 北京:北京师范大学出版社,2010.

8. 檀传宝. 信仰教育与道德教育[M]. 北京:教育科学出版社,1999.

9. 夸美纽斯. 大教学论[M]. 傅任敢,译. 北京:教育科学出版社,1999.

10. 肖川. 教育的使命与责任[M]. 长沙:岳麓书社,2007.

乐园的内涵与价值

教育部中学校长培训中心/陈玉琨

尊敬的任奕奕校长,各位校长、各位同仁:

中午好!

刚才听了任校长的报告,很有感触,下面谈几点我的感受。

我认为,任校长今天的报告非常的精彩!在今天的整个报告过程中,我能体会到她内心的愉悦:脸上洋溢着微笑,内心非常的淡定、从容,娓娓道来。整个报告很好地诠释了"学校是求索的乐园"中"乐园"的意义。任校长从教近30年,她享受着做教育的愉快,也享受着办学当中不断的探索、创造和不断的改革,今天有这个机会,和我们来自全国的校长进行交流和分享,这种愉悦是发自内心的。所以,她内心流淌的是这种快乐,外显的就是笑意,写在脸上的笑意。下面,就任校长的报告,我谈四点感受。

第一点,从任校长的报告中,我在想,耀华作为"师生执着求索的乐园",怎么能称为"乐园"?"乐园"成功的奥秘在哪里?好奇是人的天性,所以,人就一定有内在与外在互动中求索的冲动与愿望。要把学生求索的愿望调动起来,整个求索的过程一定是非常愉悦的,所以,"玩在耀华"也是理所应当的。问题在于,我们的学校教育,不能只由学生的兴趣、学生的爱好所决定,教育是国家意志的反映,是国家对未来人才要求的反映,所以,尽管在学校当中,学生对这个不喜欢,对那个不喜欢,但是,我们还是要让他们喜欢,不能随着他们的不喜欢。这就是教育的困难之处。国家的要求,最终要转化成学校让我们学生能接受的课程。所以在这个意义上,我以为,你只需去贯彻学校教育,而学生顽皮并不可怕,可怕的是让学习成为"可怕的事"。学习一旦成为可怕的事情,就意味着学校教育非常可怕。如果在我们的学习过程中，学生是愉悦的，那么学生再顽皮，也还有更多的时候去享受他们自己，这一定能带来整个教育质量的提升。关键在于，如何让学生把没有兴趣的事转化为有兴趣的事，如何把他们没有求索冲动的事转化为充满着激情、继续求知、继续求索的事，这是教育的艺术所在。这就是我们把社会的要求、国家的意志和学校的发展很好地结合起来的途径。这需要教育的艺术。教育的艺术就是能让学生求索他原来不想求索的。耀华在这方面做了很多的探索，提出了一系列的举措。可能每个学校、学生各不一样，社会背景、家庭条件等都不一样，但是这样一种办教育的思路具有普适性。不管什么样的学校，不管是在天津还是在北京，不管在江南还是江北，不管在东北还是西南，没有例外。从学校教育来说，要让学生充满求知的、求索的愿望，就一定要克服、避免"让学习成为可怕的事"。要让学生关注、有激情去求索。这是第一个感受。

第二点，在真、善、美的互动中求索。就这个问题，耀华中学在这方面是非常成功的。任校长特别强调了"以文化人"，其实还有一个词，"以文划人"。如果我没记错的话，"以文化人""以文划人"都不是任校长提出来的，是我们原文化部长孙家正先生提出来的。什么是文化？文化如水，又强调了以文化来化育人，以文化来划分人。当然，这里我们要回到一个问题：什么是文化？文化有很多的定义。其实，按照我的理解，文化说到底就是文明化。因为人本来就是动物，天生带有野性，带有野蛮性、野兽性，文化的过程就是人不断摆脱野性、野蛮性、野兽性的过程。提升人的素质就是这样一个过程。文化是个过程，也是个结果。这个结果就是我们在文明化过程中达到的程度，所以有"以文划人"这一说，没文化的、不文明的就是野蛮人，有文化的是文明人；文化程度高的是高素质的人，文化程度低的是低素质人。现代人、社会人也是按照文化程度来划分的。但是千万要注意，文化不仅仅是智慧，更不只是知识，文化是人的文明、物质的文明和精神的文明。而学校当然主要是提升人的精神文明的地方。说到底就是提升我们每个人的真、善、美。我们执着于真，追求着善，向往着美。通过这三方面的相互作用，人的文明程度不断提升，所以形成了任校长强调的"育魂、育人、育智、育身"几个方面的显性划分。在这个方面，耀华中学做了非常重要的工作，取得了很高的成就。这是耀华的一个经验——并不是把学校育人的某一方面强调到一个不适当的地步，而是注重在整个互动的过程中，以这一个促那一个，以美育来带动德育，以德育来促进智育，甚至带动身体健康的发展。当然有一个建议：请任校长再对"育魂、育人、育智、育身"之间的关系做一个逻辑的分析。为什么提这个问题呢？我以为"育人"可以把其他发展全部包含进去，它们之间不是并列的关系，是不是能并列，请任校长再做一个理论的解释。我们希望把这几个方面的关系搞清楚，这四个方面，我以为好像不是很并列，可以再推敲。这是第二个感受。

第三个感受，对学生而言，是发现与再发现这样的互动过程中的求索。学校学生的求索，大多是再发现意义上的求索，对于人类来说，文明的过程就是不断有新的发现，通过不断求索新的发现，为人类文明添砖加瓦，使我们的知识更加丰富。作为学生，在学校的学习也是求索。对他来说，每一天都是不一样的，每一天都会有新的发现。当然，这种发现对于人类来说，也许没有新的发现，但是如果没有这样发现的过程，人很难有发现的能力。耀华是通过发现意义上的求索来达到发现意义上能力的提升。所以耀华可以提出独特的教育目标。当然，对于耀华这样的学校来说，一批优秀的校友、在校的学生的专利和科学发现，已经在能力发现的意义上带动着学生再发现。这个过程关系处理得好，我以为就可以破解人们所说的素质教育和应试教育之间的对立关系。因为学校是再发现意义上的求索，任何发现总是在原有意义上的发现，是在前人已经创造基础上的发现。所以，把我们学生求索的能力、求索的意志极大程度提高，在我看来并不会降低学校的升学率，不会降低平均分。学生的知识在这个过程中会夯得更实，因为这是他自己理解的，是他自己在求索过程中得到的，不是灌输的。灌输给他们的东西，他们本能地排斥，灌输的东西只能一知半解。作为校长，我们也都是从学校过来的，是受过教育的，如果对一个理论、对一个概念体系一知半解的话，要记住很难。我们理解它了，不用刻意去记忆，在很多场合都可以很从容地去应对。一张考卷到你面前时，就怕你一知半解，似是而非，甚至根本没有弄懂，那很糟糕。所以，这对关系的处理涉及我们校长所关心的重要问题。我们要培养学生求索的意识、索的能力，而我们作为耀华——天津学子所向往的学校，我相信，它的升学率的任何下降，都是天津市委市政府、天津教委和天津人民不答应的，任校长也受不了的。要处理好这样的关系，我认为，就一定要从教育最本质的教育规律这个方面落实。这是我要谈的第三个方面。升学不是坏事，升学是我们高中的重要任务，但片面追求升学率，而把素质教育扔在一边才是问题。

第四方面，是我们任校长特别关注的，求索是在师生互动中的求索。教师的求索带动学生的求索，学生的求索也促进了教师的求索。学生的发展对于教师来说，就是其人生意义,就是其专业成就的具体体现。所以,学生的发展就会带动促进教师的求索,教师能力的提升当然会带动、促进学生。这么一种教学相长,这么一种良性互动,这么一种教育教学氛围的形成,保证了我们学校质量是高的,负担是轻的。所以,"玩在耀华""成功也在耀华"。我的理解,"乐园"的奥秘就在这里。

非常感谢任奕奕校长的报告,给了我们很多的启示,也感谢各位校长聆听了任校长的报告!期待着我们在会后有更多的互动,在互动中我们共同提升!谢谢各位校长!

陈玉琨,华东师范大学首批终身教授。曾任国务院学位委员会公共管理学科评议组成员、国家督学;华东师范大学校务委员会副主任、学术伦理与法律委员会主任;教育部中学校长培训中心原主任,华东师范大学教育科学学院、教育管理学院、公共管理学院、华东师范大学考试与评价研究院原院长。

1995年国务院特殊津贴获得者,1998年被国家人社部评为"有突出贡献的中青年专家",1999年"全国模范教师",同年被教育部评为"跨世纪学科(教育学)带头人"。著作《教育评价学》获得"全国第三届优秀教育成果一等奖(2006)"。主编"研究性学习丛书(5卷本)"等著作近50部。

教育,追求自觉的境界

浙江省镇海中学　吴国平

吴国平，正高二级教师，国家督学，享受国务院政府特殊津贴专家。2000 年 8 月任镇海中学校长至今，兼任浙江大学、宁波大学、教育部中学校长培训中心等导师。曾先后担任镇海区职业技术学校校长、镇海区教育局副局长；兼任教育部国家教育考试指导委员会专家工作组成员，民进中央委员、浙江省副主委、宁波市主委，宁波市人大常委会委员、镇海区人大常委会副主任，宁波市名校长工作室首席导师、浙派名校长培养工程导师、贵州省名校长工作室导师、广州市名校长工作室导师、武汉市名校长培养项目导师等。曾获教育部首届基础教育教学成果二等奖、全国教育改革创新杰出校长、浙江省优秀教师、宁波市突出贡献专家、宁波市杰出人才、镇海区人民政府教育杰出贡献奖等荣誉，被誉为"连创奇迹的浙派名校长"。

镇海中学是众人眼里的名校,在学科竞赛、研究性学习成果评比、文艺体育竞赛和各种非学科类活动中均表现出强劲的实力;每年高考重点率、北大清华录取人数不断攀升,位居同类学校前列;每年各高校对我校毕业生在大学里的表现和发展都给予充分肯定。无论是在校学生还是毕业的校友,对自己的高中生活都感到充实而快乐;无论是在校学生的家长还是毕业校友的父母,都对镇海中学充满感激。实事求是地说,我为我校能够取得这样的成就而感到骄傲。然而更让我自豪与欣慰的是,我校这些成绩的取得并不是以消耗师生的身心健康为代价,而是在充分尊重教育教学规律和学生身心发展规律的前提下取得的"绿色成绩",是"生态校园"里结出的教育硕果。

多年来,我们充分认识到随着时代的进步和社会的发展,教育必定面临着更为艰巨的挑战,这种挑战不仅来自外部即社会对教育的诉求,更来自教育内在的再认和选择。为此我们不断梳理学校的办学历史和传统,深入思考自身和他人办学的得失,努力寻找教育内在的规律,从哲学、心理学、历史学等领域考察教育的适配性,从而把思索的目光停驻在了教育自觉上。故此,我们一直坚持不懈地追求教育高境界——教育自觉,我们以追求教育自觉为更本原的逻辑主线,重新思考诸如人的本质是什么,我们应该培养什么样的人,教育究竟应该如何进行等很多属于教育根本的问题,并且在实践层面作出了令人满意的回答。

一、教育自觉的内涵和要义

1. 自觉与教育的"伪自觉"

关于自觉,字典里有两种解释:(1)自己有所认识而觉悟;(2)自己认识到应该如此而心甘情愿(去做)。心理学对自觉也有两种解释,一是指每个人天生的感觉器官对世间事物的感知,二是指这种感知与本身存在的个性天赋、兴趣、智商等内在因素相结合后生成的一种自然活动和这些活动多次重复后形成的习惯。以上关于自觉的解释,都是无语境状态下的,如果把它放在特定的语境里,又能衍生出种种不同的内涵,诸如"文化自觉""价值自觉""教育自觉"等。如费孝通先生认为:所谓文化自觉,是指生活在一定历史文化圈子的人对其文化有自知之明,并对其发展历程和未来有充分认识[1]。换言之,是文化的自我觉醒、自我反思、自我创建。从诸

---

[1] 尹后庆. 校长文化自觉与教育创新[J]. 教育育人,2010(1).

多大师、学者对"自觉""文化自觉"等概念的解释里我们可以发现,"自觉"有以下三个含义:

（1）**自觉是一种精神。**这种精神就是懂得自己生命存在的价值和意义,能够自我觉醒、自我反思和自我建构,很多事情知道应该怎么做,知道应该怎样才能做得更好,是一种有所为有所不为的统一。这种精神是一种主体自我觉醒的主动精神,有了自觉就拥有了一种可持续的、强有力的内在力量。

（2）**自觉是一种过程。**自觉与自我反思、自我调整、自我改变、自我提升相伴随,而自我改变并不轻松,有时还很痛苦,需要长期的坚持和磨练。并且,人的自我完善、追求美好是永无止境的,没有最好、只有更好,这就决定了自觉不是句号,而是逗号,自觉是一个螺旋上升,否定之否定的过程。

（3）**自觉是一种境界。**自觉是一个不断发展的过程,它具有发展性,总是从一个状态向另一个状态发展,这决定了走向自觉是一种境界。自觉首先要认识自己,要了解他人和社会。在此基础上才能找到自己的位置,经过自己的适应,找到和他人、社会共同发展、和谐相处的共同守则。

同时我们也不难看出自觉有两个基本特征:一是充分认识事物本质,二是着眼未来,辩证看待眼前与将来的关系。因此,考察教育自觉的内涵,也必须关注教育的本质与教育的目的这两个维度。

目前很多教师不能说没有教育的自觉性,但他们的自觉往往表现为自觉地按照考试大纲的要求组织教学,自觉地追求考试的分数,自觉地追求功利的目标,自觉地要求学生按照大人的意志行事……这不是教育自觉,这是教育的"伪自觉"。因为这种自觉已经在客观上游离了教育的本质,割裂了眼前的行为与终身发展之间的关系。真正的自觉是一种在充分认识自我基础上的自我觉醒,就是说要懂得自己生命存在的价值和意义,能够自我觉醒、自我反思和自我建构,很多事情知道应该怎么做,知道应该怎样才能做得更好,是一种有所为有所不为的统一。这种精神是一种主体自我觉醒的主动精神,有了自觉就拥有了一种可持续的、强有力的内在力量。

2. 教育自觉的内涵解读

依据自觉的含义,参照"文化自觉"等概念解释,我认为,所谓教育自觉,就是遵循教育规律、合乎办学实际、以人的健康成长和为社会培养有用之才为目标的师生共同的人生价值追求。它是对教育传统、教育规律、教育问题和教育发展趋势的了解和把握,是正确驾驭教育的能力,是使学校适应当下改革和发展趋势,并获得主动发展的核心力。

具体可以从三个层面来理解:

(1) **历史层面。**

教育自觉是指善于用历史的眼光审视教育的过去、现在和未来,以主人翁的态度明辨当前教育现状与发展趋势,主动发展优势,克服自身之不足,在自身原有的基础上做出更好的发展选择。教育是面向未来的事业,如果没有长远的眼光,没有为学生终身发展奠基的追求,这样的教育注定是误人子弟的。多年来的教育实践和思考让我们对教育的认识逐渐清晰,"走向自觉"应该是教育工作者值得用一生去追求的教育理想与信仰。

(2) **哲学层面。**

恩格斯说:"人类的特征是自由自觉活动。"[①]只有人的这种本性自觉能力的提高才能使人成长,才能使人生存,才能使人有创新,当然这种能力会随着年龄的增长与知识的积累而自然提高。人生是一个发挥潜质、满足需要、寻找一条"做最好的自己"的发展通道的过程,是一个寻求自我存在价值和意义的自我实现的过程。教育的根本任务是对人的精神、情感、心灵、人格的关怀、呵护与提升。教育的本质功能是育人。正如蔡元培先生所言:"教育是帮助被教育的人给他能发展自己的能力,完成他的人格,于人类文化上能尽一分子的责任,不是把被教育的人造成一种特别器具。"在教育发展的过程中,教育的使命具体表现为让人求真、求善和求美的价值得以实现。因此,教育自觉是对功利主义的主动抵制,对教育回归本质的追求,也是一种朝着发展人、提升人的终极目标积极主动、心甘情愿地思考和行动的品质。从这个角度上理解,教育自觉的根本目的是实现人的自觉。

我校毕业的 2008 年省理科状元陈琨的一番话实质上是对我校追求教育自觉的最好写照:"无忧无虑地畅游在知识世界里的幸福,同学之间、师生之间毫无保留地给予,还有在校园里担当责任的磨砺——这些无关高考,无关成绩,但它们才是我在镇中三年的全部。"

---

① 中共中央马克思恩格斯列宁斯大林著作编译局.马克思恩格斯全集第 42 卷[M].北京:人民出版社,2006:96.

（3）**社会层面。**

自觉也是人的社会属性的发展。教育自觉是师生主动学习、主动发展、主动建构、主动创造，是学校教育中师生主体的一种积极的能动的"适应社会发展需要"的状态。作为教育者，我们需要敏锐把握时代脉搏，高度关注经济社会发展对学校教育提出的新的要求和挑战，积极调整和优化对受教育者的教育举措，在高中时代为学生奠定影响深远、适应性高、迁移性强的一些终身受用的素质基础。

过去我们提倡"教育服务于社会"，比较多地强调人的社会属性，而现在，教育理论界明显出现了矫枉过正之势，以教育的本质是促进人的发展为理论基点，不断放大人的自然属性和个体的价值诉求，而将人的社会性一面挤压到一边。其实，人最终是要走向社会的，因此，教育自觉既要关注人本属性，也要关注社会属性，追求学生个性、自然性和社会性的和谐发展。

3. 教育自觉的要义

（1）**注重精神追求。**

著名教育专家陈玉琨教授提出："要提升一所学校，首先要提升这所学校的校园精神；要提升一个教师，首先要提升他的价值追求；要提升一个学生，首先要提升其人生期望。"教育要注重精神的提升，精神是人之为人的根本，注重精神追求，就要强调教育自觉发展的可持续性与无限性。镇海中学在百年发展历程中凝练而成的镇中精神、镇中教师形象语、学生形象语等都体现了注重精神追求的教育自觉。

（2）**尊重差异选择。**

多元智能理论告诉我们，人的才能是多元的。世界的丰富性和学校的多彩性，主要来自个体的差异性。在教育实践中，我们倡导师生高水平差异发展。为了实现这个目标，我们无论在课程结构的设置上还是在校园文化的创建上，都为师生提供自主选择的平台。尤其是在管理理念和管理方式上，我们充分信任、尊重、成就师生，积极营造师生自主选择的氛围，搭建多种自我实现的平台，促进他们自主健康地发展和成长。

（3）**体验和谐幸福。**

众所周知，幸福是一种感觉，它不取决于人的物质生活条件，而取决于人的心态。有专家曾说："幸福的生活有三个不可缺少的因素：一是有希望，二是有事做，三是能爱人。"有理想，有生活的目标，做自己喜欢的事情，和自己喜欢的人在一起，这就是幸福。教育自觉能最大程度地释放师生的这种幸福感，这种幸福感在很大程度上不以外在世俗的功利目标来勉强自己,做到师生之间你敬我爱,教学相长,其乐融融。我们的老师常说,和学生在一起,永远年轻,永远快乐。

二、教育自觉的文化基石

任何一种思想的产生都有一定的外在文化基石,我追求教育自觉的思想也是基于我校独特的历史文化和区域文化而产生的。

1. 学校历史文化——自觉的渊源

在镇海中学校园中随处可见先贤精忠报国的自觉情怀。鸦片战争时,两江总督裕谦宁死不屈,在这里投水殉国;明代著名抗倭将领卢镗手书"留芳"二字,刻石立碑于大成殿泮池旁;林则徐,被处分到"镇海军营"效力,曾住在现镇海中学校园内原鲲池旁的蛟川书院33天,他的"大勇若怯大智若愚,为学日益为道日损""海纳百川有容纳大,壁立千仞无欲则刚"的大义永远激励后人;清代镇海守备吴杰,沉着应战,并亲自操炮,重创法军,刻有"威望震欧洲,丰碑留梓荫"的吴公记功碑亭立于校园梓荫山上;著名爱国抗日将领陈德法,在梓荫山石崖上题写的"日涉成趣"四字,留下了他的耿耿忠诚和元元忧患;嘉靖年间率领水师在浙江沿海痛歼倭寇的明代著名抗倭将领俞大猷生祠碑立于校园梓荫山下。1911年,伴随着辛亥革命的枪炮声,镇海县中学堂创始人盛炳纬先生,在"时老师宿儒多不喜办学"的情况下,"独开风气之先",通过自觉办学,寻求救国之道。首届毕业生中,即涌现了担任高级职务,青年时就殉职于中央苏区的中国共产党第一代革命战士。1926年大革命风暴,镇中师生成雄镇的中流砥柱,促使镇海不战而光复。抗战期间,镇中师生敌忾共仇,辗转山乡,坚持办学,历尽艰辛。在先人精忠报国、可歌可泣的事迹以及对学成报国的追求中,体现了"自觉"所蕴含的勇于担当的精神和品质。

在镇中校园东北角,坐落着一座小山,名为"梓荫山",近代书法大师沙孟海先生亲笔题写山名。"梓荫"包含着荫庇学子、源远流长的深意。镇中校园多处景观、书刊、活动等都冠以"梓荫"之名,"梓荫"已深深融进了镇中和镇中人的血脉,铺垫了镇中学校文化的独特底色,"梓荫"代表了镇中和镇中教师的精神气质和理想追求,诠释着历代镇中教师追求教育自觉的情怀。

2. 镇海区域文化——自觉的助推

镇海地理位置独特,历史文化底蕴丰厚。人杰地灵,是海外"宁波帮"的重要发源地,涌现了以包玉刚、邵逸夫和应行久等著名人士为代表的镇海籍港澳台同胞、海外侨胞、外籍华人5 000余人。镇海籍的科学家、艺术家层出不穷,生物学奠基人贝时璋、英国诺丁汉大学原校长杨福家等是26位镇海籍中国"两院"院士中的杰出代表,并涌现出了连环画家贺友直、国画家顾生岳、油画家陈逸飞等20多名著名书画家。柔石的小说《二月》(后被改编成著名影片《早春二月》)的生活背景就在镇海。近几年有多位优秀教师从外地调入镇海中学,他们在谈到选择动机时,有一个共识,就是喜欢镇海这个地方,他们说,这里也许不是经商的最佳处,但肯定是教育的一方"乐土"。

镇海区委区政府对教育相当重视和关心,近几年区领导就曾六次为镇中颁发"教育成就奖",给学校及师生以极大的鼓舞和鞭策。他们充分信任和尊重学校和教师。在这样一个历史文化与现实文化都适宜的小城教书读书,师生比较容易静下心来。深厚的地方文化底蕴和淳朴的社会氛围是镇海中学成就今日辉煌的力量源泉之一。各级政府的支持和"放手",又促进镇海中学办学水平的不断提升。

三、教育自觉的实践与探索

(一) 办学传统观照下的思想自觉

1. 镇中校训、镇中精神里的自觉内蕴

进入镇中校门,迎面可见"励志、进取、勤奋、健美"八个遒劲大字,这八字校训告诉人们,作为镇中人,不仅要有远大的志向,更要有实现远大志向的坚强意志,而坚强的意志又要在平时的实践中不断磨砺出来。作为镇中学子,既要培养勤奋学习、锐意进取的品格,更要拥有健全的体魄、健康的心理和求真求美的美好心灵。镇中的精神是"敬业奉献,博雅沉静,创新卓越,和谐自主,开放合作",其中主动进取、自觉发展、自我完善的意蕴不言而喻。镇中的教学追求是"重基础、重能力、重创新、重全面、重差异",又从日常教学的层面传达出教育自觉的内涵和要求。上述这些教育因素相互渗透,相互补充,内化为师生的思想、精神和信念,外显为师生的嘉言懿行,贯穿于学校生活的全过程,使得在这种传统文化观照下的教育自觉行为逐渐成为办学的"本能"。

2. 新世纪以来的自觉追求

只有拥有先进的思想观念和教育行为,才能不断丰富自己,超越自己,走向自

觉。2000 年暑假，我担任镇海中学校长，当时镇海中学已是浙东名校，我们面临着高位突破的严峻挑战和高位发展的巨大压力。十多年来，我们紧紧依靠全体师生，在继承学校优良传统和学习先进经验、理论的基础上，扬长避短，不断开拓名校发展新内涵、新途径、新优势。上任初期，我提出"立足现代教育，弘扬传统文化，熔铸人文精神，培养世界公民"；到 2004 年左右，我又提出"促进学生发展为本，适应社会发展需要，满足家长期望"；最近几年我大力倡导"尊重学生多元选择，促进高水平差异发展"。不同的发展阶段，有关办学理念的提法虽然发生了变化，但正是这些变化恰恰表明了我对教育自觉的追求，传递着我们不断迈向教育自觉境界的足印。这些年来，我们始终没有停止对教育自觉的追求，一心一意构建以"人文、和谐、自主"为特质的个性化校园，创新实施高中新课程，积极打造"品质教育"，引领学校始终处于高位运行的良好发展状态，不断走向教育自觉。

（二）职业情怀感召下的教师教育自觉

每个人在成长的道路上，最需要的是美的阳光。只有美好的东西，才能长久地吸引住学生，才能让整个校园充满经久不衰的人性之光。要实现它，需要一批情感细腻、洞悉人性人情、具有自觉情怀的教师，这样的教师，才能真正赢得学生的尊重。

镇海中学教师的教育自觉表现在他们对教育工作有正确、深刻的认识，从而能够做到积极主动地排除干扰、克服困难，朝自己已经认定的教育目标坚持不懈地努力奋斗。具体地说，他们首先表现为社会责任的自觉，即明确职责；其次表现为信念和意志的自觉，即确定目标并为之奋斗；第三表现为行动的自觉，即认真履行职责。正因为镇中教师勤于职守，乐于奉献，在社会上有口皆碑。他们自觉追求人生价值，在看似简单重复的日子里感受生活的美好，体验职业的美丽。这样的价值追求，我将它概括为"丰富的宁静"。

丰富：指向人的生命本质，主要是精神的充实与快乐，镇中教师的生活是简单的，但内心世界无疑是丰富多彩的。

宁静：指向人的生命意义，主要是对目标的执着追求，自觉拒绝各种外界的诱惑，简单纯粹，对理想目标执着进取。教师应该是理想主义者，没有理想的教师难以成为优秀的教师。

丰富的宁静：镇中教师是一群基于精神的充实与快乐的理想追求者。

有位教育家曾说："真正的人才，还应当是人生幸福者。不管身处什么岗位，不管职位高低，钱财多少，都会在其'位置'上快乐地工作，并在那里取得理想的成绩，这就是人才。"我赞同这样的人才观，试想，如果一个教师不能从工作岗位上体验快乐与幸福，那么他怎么能够培养出热爱生活、快乐学习的学生呢？

在镇海中学，有着非常可贵的价值认同，那就是"一切为了学生"。我们信奉"校长的价值体现在教师的发展上，教师的价值体现在学生的成长上"。多年来，教师们一直践行"以校为家""全身心服务学生""学生在，老师在""不搞有偿家教、不谋第二职业"等理念，这些理念能使教师和学生之间达成最有效的无障碍的交流、沟通，学生的困难、困惑总能从教师那里得到最及时的帮助，这种高贵、纯粹的职业精神也时时感染、熏陶着所有的学生，影响着他们的价值观、职业观和人生态度。"十大感动甬城教师"张宇红老师的500多张与学生交流的字条无声地诠释了镇中教师的价值追求，几位一直带班的学校行政领导，平时事务很杂，但再苦再累，都不会轻易让人代课。不必要开的会，他们会想方设法请假，绕不开的事，提前把课换好……这样敬业爱岗的教师在镇中还有很多。

镇中的教师常说："一个人选择了某种职业，也就是选择了某种生活方式。这辈子，既然选择了做老师，那我就得静下心来，把所有的心思放在学生身上。"

作为镇海中学的校长，我觉得自己最大的价值体现在如何为教师"静下心来教书，潜下心来育人"创造一个好环境。在我看来，一种有凝聚力、能调动每一位教师积极性的精神状态和工作氛围，有时远远比金钱和物质更能赢得人心。

2003年，学校开展了为时近一年的"镇中精神大讨论"活动，受到了全校师生和海内外校友的广泛关注和积极参与，凝练了"敬业奉献，博雅沉静，创新卓越，和谐自主，开放合作"的镇中精神。2010年，我们结合百年校庆准备活动又开展了历时近半年的"镇海中学教师形象语"征集活动，共收到教职工撰写的形象语40余条，最后确定"梓材荫泽·止于至善"为镇中教师形象语。这八个字出自校园人文遗迹和古文经典，体现了深厚的中华文化意蕴和鲜明的镇中教育特色，较好地代表了镇中教师的整体形象，也成了镇中教师的"集体无意识"，是镇中教师教育自觉的反映。镇中精神和教师形象语的确立进一步丰富、深化、提升了全体镇中人特别是镇中教师的价值取向、内隐规矩和集体无意识，成为学校教育自觉的精神源泉和强劲动力。

有位镇中的校友曾这样描述他心目中可敬可爱的教师形象："他们站在人群

中，带着小镇知识者的阳光气质。一如我记忆中永远的教师的姿态。岁月似乎改变了一切，但他们似乎什么都没有改变。他们仿佛一直站在小城的屋檐下，教书育人，迎来送往一茬茬学生。他们辛苦、尽职的样子，像家里最希望你好的长辈。他们把一代代孩子送出小城，返身又开始下一季的忙碌。他们像是永不停歇的园丁，他们在对你说，走啊，外面的世界很大，走吧，走出小城，接受人生更大的平台。而他们自己，在小城的教室里驻守到老。"

（三）多元选择引领下的学生成长自觉

"尊重多元选择，促进高水平差异发展"是镇海中学在新课程背景下，结合学校的历史与现实所提出的核心教育价值观，是教育自觉在新的历史时期的演绎与升华，是"规范与个性""共性与差异""基础与特长""社会化与个性化"以及"学业水平与综合素质"的辩证统一和同步发展，是一种生态视角下的价值选择。具体而言，镇中学生的高水平差异发展是指学生兴趣爱好和个性潜能得到充分尊重和开发，学生的学业成绩、综合素质、个性特长等各项指标能进入他（她）的最近发展区，能够实现"促进学生发展为本，适应社会发展需要，满足家长期望"三者有机统一，使每一名学生从镇中毕业的时候都能够自信地站在一个尽可能高的新起点上。

1. 学生人手一份课程表

我深信成功是多向度的，每个镇中学子在学校里都可以找到自己的坐标，都有发挥潜能的机会，学校积极倡导多元的成功，特长的成功，并为此搭建多方平台供学生挥洒才情、施展才华、体验成功。在课程建设上，学校以实施高中新课程为契机，努力优化课程结构，最大程度满足学生丰富、多元的课程需要，不断激发学生的学习热情和学习兴趣。学校不仅让学生根据自己的兴趣爱好和学习能力自主选择选修 IB 模块，而且积极创新校本选修课程建设模式。近三年结合自身的资源条件、价值取向，已成功开发 50 余门科学规范、质量较高的校本课程，并做到让学生在这些课程范畴内最大程度地实现自由选修，满足各个学生自身的课程需求。每个年级的学生在一个时间段内，实现人手一份课程表，大家往来于不同的选修教室。

2. 基于现代网络技术的班集体自主管理

镇中许多班级都拥有自己的博客，例如 2000 届高三(8)班"我们的八班"班级博客在当时的教育圈里颇有些名气，在社会上也吸引了一群博客"粉丝"，究其原因,8班的值周体制很有看点,体现了学生自主管理的特色:班级成员根据各人的个性特长和爱好组成8个团队,由8位团队长组成"评价小组",拥有"立法权"(即可以制订和修改班规),并负责评价值周小组和打分(班主任只有1/10的判分权,当值的团队成员不参与打分);当值的值周团队有"行政权",负责本周班级管理的大小事务;班规小组拥有"司法权",对班级成员的各种行为进行加分或者扣分。每周"我们的八班"班级博客把各项小结及班内大小事务挂出来,其他同学可以匿名参与。8班的网络民主管理方式是我校学生众多自觉管理模式中的一种,从一个角度体现了我校学生的成长自觉。

3. 70%以上的学生至少参加一个社团活动

各种类型的学生社团是滋润学生心灵,激活学生个性的大舞台。学校自觉扶持社团建设,近年来组建并完善了"全国十佳文学社团"梓荫文学社、义工服务队、慈善工作站等为代表的学生社团、兴趣小组近50个,全校70%以上的学生都至少参加一个社团(兴趣小组)。学校对社团建设做到"给时间、给空间、给经费、给装备、给导师",并要求社团"有阵地、有活动、有记录、有实效",在充分发挥学生主体性的同时,强化学校引导和管理。

一次,某教育报记者与我校学生举行座谈,长达两个小时的座谈会几乎成了学生社团负责人的宣传推广会,他们一个个落落大方地举手示意,然后有礼貌地介绍自己,介绍社团,介绍社团最近的活动和未来的设想。如"民间"社团——《陪唱团》杂志社的创办者小李同学幽默地说,起初只是想把一群有着文艺青年"幻想症"的人的作品汇集成一本杂志,没想到杂志在校园非常受欢迎,销路挺不错,后来我们就坚持出第二期、第三期……许同学说,校园学习生活是紧张的,但是因为有这么多的校园节日和社团活动,让他们觉得其乐无穷。虽然有一天他们终将离开校园,但这里的生活将会让他们终生眷恋。此外,由学校各部门组织的"百家讲坛""学子论坛"以及"镇中十佳学生""校园十佳歌手""镇中研究之星"等评比活动,使每个学生都有机会凭借自己的才能,自信角逐属于自己的荣耀。

4. "五维一体"的研究性自主学习活动

自2001年以来,我校即开始全面实施全校性学生研究性自主学习活动,从零敲碎打的学科小论文、小课题研究到规范的全校研究性学习活动,从个别教师参与指导到所有教师全员参与,直至目前,学校成立了研究性学习教研组,学校的研究性学习在规范化、专业化、综合化方面已经取得显著成绩,并形成了"五维一体"的独特运行机制。

所谓"五维一体"指的是:(1)学校做到研究性学习"五到位"(计划、人员、课时、内容和评价),促进研究性学习活动开展的常态化;(2)加强学科组建设,促进研究性学习活动教学专业化发展;(3)建设学生自主管理委员会,落实学生自我评价和评价多元化,保证研究的本真性;(4)建设答辩、评价与研究性学习成果展示的平台,促进有效交流,进一步提升研究性学习水平;(5)社区化、多元化、灵活化管理,丰富研究性学习活动资源。"五维一体"的研究性学习活动运行机制,大大激发学生的创新和自主学习的热情。

5. 多彩的自主阅读活动

自2002年以来,学校每年举办"读书文化节",至今已成功举办九届。每届都确定一个活动主题,围绕主题开展丰富多样的活动。这些活动包括了书目推荐、读书征文、校广播站优秀读书笔记展播、学生电视台转播央视《正午书简》和香港凤凰台《开卷八分钟》、读书主题班会、聘请著名作家来校讲学、名城名镇文化采风,等等。努力做到让教师和学生带上浓郁的书卷气,让校园充满浓浓的书香味。

曾有一位记者在采访我校一位高二学生时问:在这里已经学习两年了,对自己的学校有什么评价?学生回答:没进镇海中学之前,一直以为这里学习会很苦、很单调,老师会很严肃、很苛刻,但是进来了才发现,这里的环境很宽松,学校能给学生很多的选择去发展自己。老师们也很有个性,总能想到办法让我们喜欢上那门课,也总能帮助我们发现自己的兴趣爱好或潜质,而且对我们像朋友一样。

记者又讲:请对自己的学校说一句话。

学生说:我很喜欢这所学校,能在这里学习,很幸福,也很自豪!

我们大力倡导学生的开拓意识和创新精神,要求思维活跃、讲求效率;激励学生志存高远、敢为人先。校园内一些看起来是"不务正业"的活动,其实正是多元选择引领下的学生成长自觉。

(四)人本理念背景下的管理自觉

在办学过程中通常存在两个目标,即教育目标和管理目标,而管理目标总是为教育目标服务的。在以教育自觉为核心的办学思想下,必然要选择并构建一个与之匹配的学校管理文化,才能更好地引领学校的发展迈向更高境界。"教育就是一棵树摇动另一棵树,一朵云推动另一朵云,一个灵魂去唤醒另一个灵魂,如果一种教育未能触到人的灵魂，未能引起人的灵魂深处的变革，它就不成其为教育。"这个观点揭示了教育对于促进人的自觉的深意和价值。我们的教育是为帮助学生超越现有的状态，追求人性深处的美好，我们的管理就要最大程度地为实现这个目标而创造条件。基于这样的认识，在教育自觉的实践和探索过程中，学校坚持师生自我管理的原则。我们认为，最好的学校是自主发展的学校，最好的学生是自主发展的学生，最好的教师是自主发展的教师。而这种自主性往往是在自我管理中学会的。教育自觉重要的外显就是能够善于自己管理自己。

当然，管理自觉并不否定刚性管理的客观存在。事实上，管理自觉的外显形式，也是一个校长在对学校发展过程中一些主要关系的辩证认识与把握基础上，对学校管理制度、机制、方法上的创新。为此，我一直注重处理好继承与创新、规范与个性、理想与现实、政治与教育等关系，努力在刚性与自觉之间寻找一个平衡点。经过多年实践努力，学校创新性地推出了"弹性管理"的系列制度，让师生在规范中感受制度存在的必要性，又在弹性中获得自主选择的空间。学校设计了许多以"弹性"为修饰词的制度和机制，如"弹性坐班制""弹性课堂""弹性作业""弹性学分制"等。

"弹性坐班制"：学校根据教师工作的独特性，在强调"学生在，老师在"的同时，还提出了"在特殊情况下的机动、随己"，允许教师在完成常规的教育教学工作任务之后，可以相对机动地安排作息时间，甚至教师在一个月内请三天病假、事假，其待遇也不受影响。这使教师在工作与生活之间找到平衡点，既有利于身心的和谐，更有利于践行教育自觉。

"弹性课堂"：为激发学生潜能，镇海中学打开了课堂之门，学生并不限制在自己的教室里，若某学科成绩名列班级前茅，就可以不听这门课，自主学习其他内容或到图书馆阅读。也有学生根据自己的学业水平和实际需要，经学校同意后转班上课。

"弹性作业"：教师布置作业分为两大类，一类是基本作业，要求每个学生必做；一类是自选作业，可以做也可以不做。这样可以根据学生不同情况，让其有所选择，合理安排自身学习计划，既减轻了负担，又增加了效益。

"弹性学分制"：在新课程背景下，学校实施了学分申请制度，学生可以根据自己的学习能力与特长，提前申请某些模块学分，这样让更多的学生有了自由支配学习内容和发展自己兴趣特长的机会。

其他诸如对学生的奖惩、对学习的要求、对班级的管理考核等,学校也都充分体现了弹性思想。一系列"弹性制度"为学生差异发展创造了条件。

当然,自主、弹性并不意味着随意涣散。因为我们有对教育自觉的追求,所以在宽与严之间能够恰到好处地做到既充分给师生发展"留余地",又能及时修剪长歪的枝叶。在这个过程中我们正确处理好了下面三组关系:

一是"弹性管理"和"精神追求"。

镇中管理自觉注重精神追求,在教师队伍建设和管理上,学校实施弹性制度,同时也强调精神追求的领导方式,强调教师个体对自身职业意识、职业精神的认同和追求,提倡"人人自强,镇中自强;人人发展,镇中发展"。镇中精神和镇中教师形象语,已成为全体师生的核心精神追求和内隐规矩,也是学校可持续发展的精神源泉;并且通过师徒结对、集体备课、小组研修、项目攻关、权责共享共担等一系列方式,营造教师"团队合作、整体作战"的平台与载体。正是因为已经形成了共同的精神追求标杆和合作探究、抱团作战的发展平台,"弹性管理"才真正发挥了它的功能,引领学校迈向自主自觉的更高境界。

二是"弹性管理"与"秩序规范"。

"弹性管理"中实施"弹性课堂""弹性学分制",以满足不同学生个性发展的需求,这会不会冲击学校正常的教育秩序?其实,我们追求教育自觉境界,并不可能一蹴而就,其中从"不自觉"到"自觉"、从"管"到"少管""不管"的过程是不可或缺的。我们追求教育自觉,但并不排斥一定的制度、秩序和规范的约束,否则就会沦落到过于教育理想化的泥坑。

首先,我们充分重视学生各种规范的养成教育。学校通过"国旗下讲话""班级值周制""班队活动课""法治教育""班级文化建设""高效学习讲座""心理健康教育周""学生奖罚分明"等教育方式和途径,形成强有力的规范约束和行为导引,及时矫正学生在日常学习生活中的不良举止。

其次,在课堂管理规范的建设上,镇中教师以学科指导意见为依据,从学生的实际接受水平出发,认真备课讲课,强化教学计划的规范性和严肃性,这些自不待言。我们还对学生课前预习、积极参与课堂讨论、质疑反思与及时完成作业等方面提出明确要求。学校有关部门自觉履行自己的责任,对申请享受"弹性资格"的学生仔细审查,严格把关,根据他们的需要安排学习场所和提供学习资源,并且对这部分学生的自主学习情况以及成效进行跟踪了解,发现问题,及时纠正,从而确保这些学生健康成长。

三是"弹性管理"与"竞争机制"。

我校实施系列"弹性制度",讲求宽容与人性,同时也提倡和谐竞争,强调"抱团作战",强调"资源共享",实施团队评价,以此推进和谐竞争机制,不断激发教师的工作热情。我们老师的教案很有特色,老师们将一个学期所有教学内容"分而治之"。在同一个教研组内,同一年级任教的老师将教材的不同单元进行分配,每个老师负责写几个单元的教案,然后将教案提供给其他老师,经过大家充分讨论后,形成统一教案。每个老师在统一教案的基础上,又会根据自己班级学生的实际和课堂上的具体情形,有的放矢地进行修正和完善。这种融集体智慧和教师个人智慧于一体的做法,既强调预设性教学目标的实现,又注重非预设性教学目标和教师课堂生成能力,极大地提升了教学工作的效益。

在追求管理自觉的过程中,镇中已经形成了"放而不乱、抓而不死、新而不浮、张弛有度"的管理风格,有力促进了教育自觉的追求。

四、当前教育自觉面临的三个主要矛盾

1. 政府管理与学校自主之间的矛盾

1985年,中央召开全国教育工作会议,通过了《中共中央关于教育体制改革的决定》,明确提出要改革学校管理体制,扩大学校的办学自主权,逐步推进校长负责制;1993年,中共中央和国务院颁发的《中国教育改革和发展纲要》进一步规定,完善普通中小学和中等职业学校校长负责制。2010年颁布实施的《国家中长期教育改革和发展规划纲要(2010—2020年)》更明确指出:建设现代学校制度,落实和扩大学校办学自主权。《纲要》指出,要扩大普通高中及中等职业学校在办学模式、育人方式、资源配置、人事管理、合作办学、社区服务等方面的自主权。这一系列纲领性文件,明确划分了教育管理权责,有力地推动了教育管理体制机制的改革。

但是,由于种种原因,我国的教育体制仍然存在诸如集权与分级办学、分级管理之间的矛盾,教育投入不足、人事管理僵化、学校自主权不够等问题。有些管理部门习惯于文件的上传下达,不注重调查研究,服务意识不强、服务质量不高,非人格化的条文要求和标准很容易挫伤教师的工作热情,这在一定程度上妨碍了学校走向教育自觉的实践步履。

2. 社会急功近利与教育终极目标之间的矛盾

社会的急功近利在基础教育领域表现为:"唯分数论",教育过早被"技术化"和"工具化"。但教育的终极目标是"育人",培养自觉自律的人,培养能够在未来社会生存和发展的人。教育固然应该培养学生获取知识、探究未知世界的能力,而更重要的是关注心灵的健康成长,只有内心世界足够强大,感情丰富饱满,学生才可能在智性的学习活动中拥有不竭的动力,他的人生才可能获得长远发展,光彩多姿。但反观当下,社会急功近利的价值取向和一味追求"分数"的教育评判行为,无视学生内心世界和人生未来,显然已经严重干扰教育自觉的追求。

3. 追求教育自觉与社会"本位主义"之间的矛盾

众所周知,教育不仅仅是学校的事,家庭和社会都承担着不可推卸的责任,无论哪一方面的欠缺,都有可能贻误学生的健康成长。当前我国社会非教育部门受"本位主义"思想影响,缺乏自觉培养下一代的社会担当精神,把教育的责任完全推给学校,更有甚者为了一己私利,做出有害学生身心健康的非法之举。如目前新课程改革要求学生必须参加社会实践活动、参加研究性学习,这本来是培养学生自觉意识的有效举措,可是在实践中却常常遭遇尴尬,有不少企事业单位不予配合,更谈不上帮助,有不少家长也认为这是孩子不务正业之举,致使学生自主发展的热情被冷水浇灭。我们热切希望教育自觉的追求能够得到社会的广泛支持和积极参与。

五、对践行教育自觉的几点感悟

1. 发展和变化是永恒的,追求教育自觉的境界也必然是永恒的

有人说,教师不要做蜡烛,要做火柴;不要做园丁,要做农民;不要做纤夫,要做牧羊人;不要做法官,要做律师。我觉得这几句话形象地从另一个角度阐释了教师职业的特征:教师要不断点燃学生心灵的火炬,要不断播撒学生心中希望的种子,要引导"羊群"寻找鲜美的草地,要不断帮助学生辨析事理而不仅仅是判断是非。

在教育价值观上,我们不能只盯着少数"状元、榜眼、探花"而不见大多数学生,不能只关心学生的"数理化"而漠视学生其他兴趣爱好,不能只关心学生的现在而不管学生的将来。教育者必须用发展的眼光来看待所有的学生,真正做到面向现代化、面向世界、面向未来。教育只有促进人的"自觉"才能培养出适应社会不断变

化的人才。

2. 真诚求实是教育工作者追求教育自觉的基石

教育是科学,科学最讲究真诚,来不得半点虚伪。这样,我们才能真正认识教育的本质,才能虔诚地把教育奉为"上帝"。

作为校长,我始终奉行"多一分理性、少一些感性,多一分务实、少一些虚荣,多一分淡定、少一些浮躁"的观念。我们在提出办学理念、制定发展规划、凝练办学特色时,都应从"真"字出发,既充分考虑国情、省情、市情,更要认真研究"校情";从校情出发想问题、做事情,切忌盲目攀比,好高骛远。我经常提醒学校班子成员和全体教师,镇海中学最大的校情就是我们的发展空间小,镇海区地理环境、城市化水平、生源质量、对优秀人才的吸引力等都不能与大城市或规模较大的县(市)的同类学校相提并论,我们唯有正视并珍惜自己的优势与长处,扬长避短,锻造自己,才能赢得发展,也才能到达教育自觉的彼岸。

3. 自觉融入教育,是一种感情更是一种工作态度

从走上镇中校长的岗位起,我就主动融入学校,视校为家,视学生为己出,视同事为手足,不断勤奋学习、扎实工作、开拓创新,想把学校办好,想对得起国家和时代赋予我的重任,想不辜负广大家长和学生的期望,所以,十余年来,我的工作不是停留在计划上,不是满足在口号上,而是把自己的教育理念自觉融入教材,融入课堂,融入学生,融入管理,融入育人。感情的融入带动了工作的融入,工作的融入浸透了感情的融入,分不清彼此,也无需分清彼此,所以,我们的工作是高效的。

新的百年,新的高度。今后我们将不断追求教育自觉境界,充分遵循教育教学规律和学生身心发展规律,为社会培养更多的优秀人才。我始终相信,人生的过程是一个发挥潜质、满足需要、寻找一条"做最好的自己"的发展通道的过程,是一个寻求自我存在价值和意义的自我实现的过程。这是我对人性的理解,也是我们走向管理自觉、追求教育自觉的根本原因。

教育自觉：一项重要课题

教育部中学校长培训中心/陈玉琨

吴国平校长所作的"教育，追求自觉的境界"报告阐述了一个非常重要的课题——教育的自觉。去年，东北师大附中李桢校长曾经在"从自发走向自觉"报告中对教育自觉作了一个理论的诠释，特别谈到了如何让校长的教育自觉经过两次的迁移最终内化为教师的教育自觉和学生的教育自觉，对我们是很有启示的。这次，吴国平校长结合他自己的教育经历和镇海中学的办学实践从一个新的视野、新的视角对这个问题谈了一些颇有创见的体会和认识，和李桢校长的思想形成了相互补充的关系，使我们对教育自觉这一课题的认识更为全面和深刻。

吴国平校长教育思想给我们的启示，我把它概括为三个问题：第一个是教育的自觉与不自觉，第二个是教育的自觉与反自觉，第三个是教育的自觉与伪自觉。简单来说，教育的不自觉是不懂，不懂教育，不知道教育是什么，不知道教育的规律是什么，不知道教育应该怎么办，不知道教育应该培养什么人，所以不可能有教育自觉。教育的反自觉是不愿，当教育本质与个人利益发生冲突的时候，他不愿意去做对学生健康发展更有利的事情，比如实施素质教育会有很大的可能影响学生考分，影响学校的一本率，很多校长就不愿意真正实施素质教育，而是搞题海战术、加班加点，学生由此背负了沉重的课业负担。教育的伪自觉带有欺骗性，看上去好像很自觉，但其实是不自觉，是不真实，是用一些素质教育的口号在粉饰自己，给人一种好像是在全面实施素质教育，是在高水平地实现党的教育方针的虚幻表象，但事实上却在做着大量违背教育规律、远离教育本质的事情。接下来我对这三个问题再作深入的阐述。

一、教育的自觉与不自觉

这其实是一个对教育本质的理解程度高低、对教育规律的把握水平强弱的问题。可以看到,现在外行当校长的并不多,这是我们社会的进步。但即便我们的校长当过教师,是否真正理解教育的本质,也是存疑的。

根据我的观察,学校办学,校长治校,大概有三种情况:第一种情况是用"权"治校。权力成为管理者的一个资源,在他们心目中,因为组织任命我当这个学校的校长,所以我能调配这个学校的资源,所以你教师必须要听从我的指派。用权治校的两种典型表现是"不懂装懂"和"无知无畏",他们认为教育就是这么回事,不就两个教师上上课而已,他不知道教育不同于其他行业,是培养人的事业,人的发展有它自己独到的规律,他对这个领域什么都不懂,但是因为他有最后拍板权,他就是真理的化身,就是知识的化身,就是教育规则的化身,所以他什么都敢拍板,他可以为所欲为、忘乎所以地去办教育。这是教育不自觉的非常重要的表现。

校长办学,或者我们教育部门办学最起码应该是第二种情况——用"脑"办学,用脑办教育,积极开动自己的脑筋。因为担心自己不懂教育规律,担心对学生成长规律把握得还很肤浅,担心对教师的发展还了解得不多,所以要学习、要研究,所以要有着一种对教育的敬畏之心,有着一种对自己办学失败的担忧。无论是校长还是普通的教育工作者,只有认真地学习,认真地开动自己脑筋,关注学校可能出现的各种问题,创造性地去办学,学校才会得到不断发展和提升,才有可能办好一所学校。

第三种情况是用"心"办学。所谓用心办学是指校长把全部的心思、全部的心灵、全部的身心贡献给了这个学校。因为我是这个学校的校长,我就是这个学校,这个学校就是我的全部,当然"我就是这个学校"不是说这个学校就是我的,而是我把自己献给了这个学校,是我献给它,而不是学校是我的。因为我们用心,所以一定会用脑。一个用脑的校长可以把制度、机制建得非常完善,但是他感动不了我们教师。因为教师非常的敏感,学生非常的聪明,校长的一举一动、所思所言,他内心的奥秘都会充分地暴露出来,人们会感受到他的所思所想,感受到他有没有爱心,是不是献身。用心办学的自觉是一种把自己奉献给事业的自觉,是首位的,用心的校长一定是用脑的,一定会尽自己所能把工作做到最好。

二、教育的自觉与反自觉

不自觉是不懂,反自觉是不愿。很多教育官员、很多校长知道素质教育应该怎么做,人的发展应该朝哪里走,但他不愿这样做,这样走。他知道如何做却不想做,当然有他的思考,有他自身的考量,这种自身的考量说到底无非是学生的发展和校长自身的利益之间的矛盾和冲突。不可否认,在我们整个教育活动过程当中确实存在着一些很尖锐的诸如当前的和长远的、可见的和隐性的之类的矛盾。很多校长其实知道学生综合素质的全面发展无论对学生、对社会都有着重要的意义和价值,学校应当为祖国的明天、为民族的振兴、为学生的发展做出我们的努力,做出我们的贡献。但是这种综合素质在现有高考制度等评价体系下,很难得到社会的广泛认可,很难以量化的、各种可视的形式短期内得到表现并获得政府肯定,所以校长们不愿。不愿的本质,是把自己个人的私利放在学校利益之上,把自己的升官晋爵放在学生发展之上,有了这样的利益权衡,他的价值往往是选择眼前,选择可测,选择政府尤其是政府领导部门的认可。他追求的是家长的一种口碑,这种口碑大多是学校今年有多少人进了北大、清华。所以这种反自觉不是不懂,而是不愿,他在自己个人的利益和学校的利益、今天的利益和长远的利益之间的矛盾和冲突中选择了前者,这不是一个教育家应有的选择,所以我们把它称之为反自觉。反自觉说到底还是不自觉,只是原因不同而已。

至于什么是自觉,吴国平校长报告中用了一句话:自觉一定是自由的,自由自觉。就是人把自己所从事的工作当做自己的第一需要,不用再考虑其他外在的强加的那些东西的时候,他才是自由的。当然在现代社会,说哪一个人达到了自由境界,心灵的自由,很难,不多,只能讲自由程度的差异,就是你把这种外在功利的东西放弃得越多,那么你的自由程度越大。而反自觉就是他能放弃的东西不多,他想得到的东西太多,而且把想得到的东西寄托在我们学校,寄托在我们从事的教育上,那真是教育的悲哀。在这方面我们吴国平校长作了一个很深刻的阐述,对我们是非常有启示意义的。

三、教育的自觉与伪自觉

伪自觉就是不真的自觉,这个命题是由吴国平校长在追求教育自觉的过程中发现了教育中存在的各种伪自觉的现象后提出来的。我记得浙江省教育厅张绪培同志曾经撰文针砭我们教育当中存在着的种种"反教育"和"假教育"的现象,其实这种"反教育"、"假教育"以及吴校长提出的"伪教育"都是对教育的一种反动。

从教育自觉的角度来说,有自觉必然有伪自觉,伪自觉作为一种不真实的自觉,它的最重要的表现是轻视学生的发展、忽视人的价值、无视教师的存在,诸如此类。作为一种不真的自觉,在我看来,最重要的原因在于作为一个校长既不懂、又不愿真正去理解教育,真正去把握教育的规律和教育本质,在某种程度上"不懂"

"不愿"就结合而成一种假扮自己、伪饰自己的状况。所以在这样的状况下,我们要大声疾呼,要大力宣传、传播什么是教育的自觉,教育自觉应该达到什么境界。吴国平校长在报告中谈到了要注重精神的追求、尊重差异的选择,等等,并提出这应作为现代教育的一个最基本的价值追求。我以为这是反映了我们当代整个教育的一个走向和趋势,把握这个走向和趋势对我们发展教育具有非常重要的指导意义和引领价值。

镇海中学之所以能成为浙江的名校、全国的名校,不是偶然的,因为她有百年以上的积淀,因为有历史赋予她的厚重的传承,当然还有历届校长,特别是以吴国平校长为首的领导班子锐意进取,与时俱进地体会、把握教育的真谛,在这个基础上不断推进学校在新时期的发展。我曾实地考察过镇海中学,这所学校的确有一条非常重要的经验,就是多元发展,尊重差异,追求人格和智慧的完美统一,这是对教育本质的一个深刻把握,是教育自觉的一个主动实践,而正因为有这些方面,所以镇海中学才会人才辈出。这个我想就是教育的真自觉。

伪自觉往往会打着素质教育的旗号,打着提升教育质量的旗号,但在私底下贩卖自己的一些假货,这样的情况应该说并不鲜见。有些学校号称双休日没有加班、没有补课,但是它会有校外的一个什么培训,学生在双休日依然要经历无数试题的魔鬼训练。我们国内有一所非常知名的中学,教育质量也被社会认为是非常高的,一年国庆节7天假期,学生收到56张考卷,就算学生一个小时做1张试卷,每天也要做8张考卷,这是非常折磨人的。在这样的环境中,我们的学生有何幸福可言?学生能真正得到身心全面和谐的发展?那是不敢指望的。但从这个学校来说,它又会以多种形式标榜自己的所谓"素质教育",你说要看体育,它马上可以拉出几个体操明星,你说要看艺术,它马上又拉出小画家、小歌唱家,它的全面发展是在3 000人基础上,每个人是一方面的发展,最后加起来有3 000方面的发展,最后叫全面发展,这就是伪自觉的一个典型。所谓你需要什么,我可以给你制造什么,而至于对学生发展有没有利,对民族发展是不是有利,那不是他考虑的,也不想考虑。他给你提供的是一个虚假的教育画面,一个虚假的教育场景,这种教育提供给你的是虚假的人才,由此我们中国的发展便建立在一个虚假的基础之上,民族的发展最终是建立在沙滩之上。所以从这个意义来说,吴国平校长提出教育自觉和教育伪自觉这样一个命题我认为是有着非常重要的现实意义的,它警示着我们作为一个教育工作者应从自己的教育良知也就是从自己的教育自觉出发,不受任何功利的束缚,追求自己的教育理想。我们讲,教育要放飞学生的心灵,首先要放飞我们教师的心灵,教师的心灵要放飞,校长要有自己的追求。如果我们作为校长没有自己的追求,让教师有追求是没有希望的,教师没有追求,学生的追求也只是空中楼阁。

总之,吴国平校长给我们做了一个非常好的报告,给我们很多有益的启示,我们期待着在吴国平校长的领导下,镇海中学创造出更多的教育经验,他们的一些理念也会给我们启示和帮助,通过人民教育家论坛这种方式的传播,我们相信,教育从自发走向自觉,一定会成为一个历史潮流。

陈玉琨,华东师范大学首批终身教授。曾任国务院学位委员会公共管理学科评议组成员、国家督学;华东师范大学校务委员会副主任、学术伦理与法律委员会主任;教育部中学校长培训中心原主任,华东师范大学教育科学学院、教育管理学院、公共管理学院、华东师范大学考试与评价研究院原院长。

1995 年国务院特殊津贴获得者,1998 年被国家人社部评为"有突出贡献的中青年专家",1999 年"全国模范教师"同年被教育部评为"跨世纪学科(教育学)带头人"。著作《教育评价学》获得"全国第三届优秀教育成果一等奖(2006)"。主编"研究性学习丛书(5 卷本)"等著作近 50 部。

教育，给学生一个强大的精神世界

黑龙江省佳木斯市第一中学　付晓秋

付晓秋,中共十七大、十八大代表。特级教师,硕士研究生导师,省级"专家型"校长,佳木斯市教育局党委书记、局长。现任新英才教育集团总裁、厦门英才学校执行校长,中国民办教育协会副理事长、厦门市教育学会常务理事。

先后获全国劳动模范、全国五一劳动奖章、国务院特殊津贴专家。主持的成果"以美融通五育:一体化育人体系的实践探索"获得2022年度基础教育国家级教学成果一等奖;主持的课题"五育融合视域下小初高一体化美育课程体系建构及实施策略研究"被列为全国教育科学"十四五"规划2021年度教育部重点课题;另主持并参与国家级课题3项,省部级重点课题5项;出版专著1部,在包括CSSCI、核心期刊在内的期刊发表论文20余篇。

一、教育的真正意义在于丰富人的精神世界

我是一个喜欢把事情弄明白的人。在三十二年的教育生涯中，我在多所学校、多个教育岗位任职，包括一所初中、三所高中和市教育局，从初中到高中再到教育局（分管职业教育和特殊教育），从教师到校长，从校长到局长再到校长，从初登讲台的教师到合格的教育工作者再到教育管理者，我的注意力始终在教育、在学生身上。这期间接触了各种不同的学生，触发我对教育本质和意义的思考，多岗位的经历使我习惯站在多个角度来审视教育，我一直想弄清楚，教育对学生最本质的意义与影响到底是什么，校长领导一所学校最关键的东西是什么。

（一）教育的最大影响发生在人的精神世界

2002 年，清华学子刘海洋用硫酸泼熊令人震惊；2004 年，云南大学学生马加爵杀人案令人发指；2010 年，西安音乐学院大三学生药家鑫交通肇事后杀人灭口案更让我深思。这些所谓的"高材生"做出如此令人难以理解的事情的根源究竟是什么？

在主管特殊教育期间，我曾结识一名叫张爱华的学生，这名学生自幼双目失明。特殊教育的基本定位是让学生具有自食其力的能力。而这位盲童自己的追求则是要对社会做出更多贡献。虽然她的世界从没有过色彩，但她拥有阳光的心态、良好的道德素养和坚定的意志品质。经过不懈努力，目前她在天津市开了一家按摩院，实践着自己的价值追求，人生充实而丰富。

我们的教育确实也曾培养出这样一些学生：他们分数考得很高，算是有知识有学问，但他们缺乏健朗充实的精神内涵，缺乏正确、积极的价值取向，缺乏对人的关怀和对自然的尊重，崇尚个人主义，唯我独尊，一旦遇到挫折就报复他人、报复社会。他们作为人的很重要的一部分缺失了，他们并不能拥有真正意义上幸福快乐的人生。而另外一些因为成绩不突出而经常被我们忽视的普通学生，用自己的爱心、执着、勤奋，认认真真工作、老老实实做人、踏踏实实生活，同样拥有幸福美满的成功人生。这样的现实让我思考：**我们的教育除了教给学生知识，还需要教给学生什么；学校教育的真谛到底是什么；又是什么，会对学生的一生产生最强大而又持久的影响。**

教育专家的论述似乎帮我找到了答案，即"教育的功利化使其成了人类精神危机的催化剂。如何使异化的教育返璞归真，让其在人类精神家园的重建中做出应有的贡献，这是我们面临的一个重大课题"（王坤庆，2009）。从某种意义上说，没有理想也就没有教育。人类教育思想的精华，是对人终身发展的探寻。教育最首要的功能是促进个体发展，包括个体的社会化和个性化。"教育的最深远功能是影响文化的发展。"（黄济，1991）因此，**教育的关键在于指向人的精神和灵魂，在于引导人认识自己的价值，就是要把学生培育成真正的人——人的宝贵禀赋都得到发展的人，而不是仅仅能够满足社会上、市场上某种需要的人。**而教育本身作为一种精神活动方式，其属性与活动过程皆充满精神性。

我认为学校精神的缺失必然导致教师与学生价值取向的混乱，而缺乏核心价值引导的学校，会强化学生的生物属性，导致教育低效甚至负效。因此，"**改变一个学校首先要改变这个学校的精神；改变一个教师首先要改变他的价值追求；改变一个学生首先要改变他的人生目标**"（陈玉琨，2006b）。

在梳理了自己三十多年的教育实践后，我逐步清晰：**一所学校发展的关键是凝聚学校精神，形成共同的价值追求；一个人成长的关键是精神世界的强健。**教育应该关注学生的心灵世界，学校教育必须帮助学生解决心理失衡、幸福感匮乏、动机错位、信仰缺失等一系列精神世界的问题，帮助学生建构强大的精神世界。这是今天教育的使命与追求，对我们这些优质高中而言更是如此！

（二）卓越人才需要智慧与精神的"双强"

1. 精神生活：现代化后的最大挑战

人类精神生活是随着物质条件的改善逐步发展的，通常物质生活的进步会带来精神生活更多的要求。经济社会越发达，人类面临的精神方面的问题越突出，对精神世界的关注也就越强烈。社会发展到今天，物质文明高度发达，物质欲求得到前所未有的满足，生存和发展条件得到极大的改善，同时刺激了社会对物质生活的过分追求，甚至遮蔽了对生命本身意义的关注（张云霞，2011）。但人的精神生活问题并没有随着物质文明的发展而解决：物欲膨胀、功利主义泛滥、社会道德水平下降。人和人的联系越来越方便，但人和人的心灵距离却越来越远，现代的高楼大厦难以给灵魂找到宁静的家园。

中国正在迅速走向现代化，社会处于全面的转型发展中，由此带来的变动和碰撞,衍生出更加突出的心理问题。经济全球化和信息社会的到来改变着人的生存方式、社会交往方式,挑战着传统的价值观念。

这些变化迫切要求我们去关注人的精神世界和精神生活,认真有效地解决人精神世界中的问题,为人们提供一种能代表和体现他们共同心声的精神理念和精神支柱。关注人的精神世界已经成为这个时代最为迫切的需要。教育作为一种唤醒人的生命意识、启迪人的精神世界的特殊活动,也必须从关注学生知识与技能的掌握转向更多地关注学生精神世界的发展,人的精神世界的丰富和发展是人全面发展的核心内容和本质特征。我们只有充分关注精神世界的发展,才可能在社会主义现代化进程中建设一个更加美好的世界。

2. 未来社会的领袖人才是精神世界丰富和强大的人

人的物质世界与精神世界在现实社会中通过实践相互作用,共同发展。精神世界作为人独有的生存方式,是人全面发展的重要组成部分。所谓人的全面发展,指的是人的身体机能和精神世界的充分、自由、和谐地发展。人的身体机能的发展终归是有局限的,人与人之间最本质、最核心的差异不在于身体机能的不同,关键在于精神世界的丰富和发展,这才是人的全面发展的核心内容和本质特征。因此,一个全面发展的人必定是精神世界丰富的人。

人的精神世界具有内在超越性,是个人发展的主要动力来源。精神世界直接影响着人的态度与行为。具体表现为:一是个体知识、经验的积累,也就是智慧、情感、意志、行为的发展水平;二是个体自我意识的发展水平,即人能有目的、自觉地影响自己发展(陈瑞生,2010)。前者是精神世界发展的内容,后者形成了人的发展动因,使人的主体性增强。精神世界的发展成为人的发展的一种内在需要,对个体的成长与发展具有内在推动的价值,也是人朝向更高层次发展的重要途径。

有关智商和情商关系的研究表明,在智力发展到较高水平的人群中,能够成长为优秀人才的比例并不高。多数情况下决定一个人发展水平的是非智力因素,其中更主要的是情感、意志(戴维·迈尔斯,2006),比如忍耐、坚持、责任心、与人沟通、自我激励等都是十分重要的心理品质。

未来社会面临的精神问题将越来越复杂。一个引领社会发展的优秀人才首先应当是社会精神的引领者,需要有强烈的社会责任感,具有持续自我激励的能力,要能够承受更大的压力和困难,具有坚定的意志和自我心理调节能力,始终用乐观向上的心理状态影响和感召周围的人。这些心理品质背后是强烈的使命感和责任心，是对理想和信念的坚守，是坚定清晰的人生价值，是对社会、对他人的同情和关爱。这些都是一个人精神世界的主要构成因素，是未来优秀人才最为宝贵的品质。

（三）优质高中必须把构建学生强大的精神世界放在首位

三十多年的教育实践，多所学校的治校经历，促使我始终在思索：究竟是什么能让学生拥有持续发展的力量。我曾经从师生关系的角度探索教育的途径问题，实践"双主体教育"；曾经从教育与社会关系的角度思索教育的功能问题，提出"教育，为了促进人的发展"。每一次观点的论证，都加深了对教育的理解，推动了对教育核心问题的探究。

科技进步与工业社会的发展导致了工具性思维模式的发展，使得"知识的教育"在学校教育中得到了普遍重视，从而也导致了现代人将一切都外在化、对象化，使世俗取代了理想，功利取代了德性（靖国平，1990）。人的本质、教育的本质开始出现异化，使知德分离、智德分离，学生的学习不再是为了精神与灵魂的需求，而是作为安身立命的资本。教育被简化为"工具性知识"的传输，这样的教育培养出的必然是有知识却没有精神灵魂的人。

"人的本质"应该是我们研究教育本质的立足点。教育要不断促进人的自然属性、社会属性和谐发展。所以**教育应是一种唤醒人的生命意识，启迪人的精神世界，建构人的生存方式，以实现人的生命价值的特殊活动**。也就是说教育要更注重人的精神世界的成长，培养全面发展的人，改变社会现状，不断推进人类文明。教育应把弘扬中华文化、传递人类共同的追求和信仰作为自己的最终目标。

正因为教育为未来社会培养人才，所以我们的学校教育给予学生什么样的品德、知识和能力，其依据应当是未来社会的需要。高中阶段教育有很多类型与层次，各自承担着不同的使命与责任。优质高中作为我国高中教育的优秀代表，汇集了同龄人中最有才华的青年，在我国基础教育体系中主要肩负"培养一大批拔尖创新后备人才"的历史责任，我们的教育必须充分理解和认识未来社会的需要，培养未来社会的"领袖人才"。

然而，现实的高中教育很大程度上已被成绩绑架，为高考而教学、为名校而学习,导致学生缺乏社会责任感、缺乏历史使命感,不关心学习的现实意义。高中教育更多在培养知识越来越多的"工具人"。精神世界的不足,注定我们培养出的所谓"人才"是难以担负社会重任的。**人的"生存方式"才是促进教育本身不断生长的原点。优质高中就是要探索人的本质,教育的本质属性,找寻人发展的核心动力。**就我国优质高中的现实情况看,我坚持认为,优质高中必须重视精神世界的丰富与完善,更加需要培养精神世界强大的人。

二、校长的使命是提升学校的精神追求

(一) 校长是学校精神的引领者

场景一:一幢摇摇欲坠的二层教学楼,残破的外墙,漏雨的走廊。

场景二:几个人偷偷地躲在校园的一角商议着想点由头把新来的校长告倒:

"告她!""对,她不让咱赚钱,咱也不让她好过!"

"哼,这个学校还轮不到她来说了算!"

场景三:开全校大会,几个人站着,用手指着校长,嘴里胡搅蛮缠地喊着,全然不顾其他人不满的目光……

场景四:有的教师在办公室打麻将,有的教师到校外卖菜……

我第一次任校长时,接手的是这样一所市级高中:学校教学楼是 1937 年日本侵华的遗留物,1996 年时已成危楼。100 余人的教师队伍大部分是两所省级重点高中挑剩后组成的。学校缺少制度建设,管理混乱。教师们津津乐道于传播自己学校的各种"内部消息",缺乏团队凝聚力,缺乏竞争意识,安于现状,得过且过。一些领导谈到学校的现状与发展时,完全以议论他人的口吻,全然没有"校兴我荣、校衰我耻"的精神追求。面对这样的校情,我在着手规章制度建设的基础上,大胆提出了"跨越式发展,争创省级示范性高中"的发展目标,为学校设立共同愿景,凝聚共同的精神追求。同时,我着力激发教师的成长愿望和动机,通过让全体教师参与学校决策提升其归属感。争创的过程更是一个凝聚人心的过程,当"省级示范性高中"的目标达成时,教师个人目标和学校集体目标趋于一致,教师对学校的认同感、归属感日益增强。这样,学校拥有了凝聚力,教师普遍形成了个人的精神追求,学校因此走上良性发展的轨道。

现在,我在一所具有深厚文化底蕴和光荣革命传统的优质高中工作,学校有着

深厚的德育传统,高考曾连续五年出现六个省"状元"。师生有对学校的强烈认同和热爱,有追求卓越的精神品质。一段时间内,在社会的影响下,学校一度产生对状元的过度期盼,导致缺乏对学校办学品质的更高追求。我认识到,对于这样一所学校,作为校长最需要做的是探求教育的本质,提升学校在发展过程中的科学性和理性;我的使命与责任是提升学校的精神,用精神力量支持学校的持续发展与超越。

为此,这两年我更多关注精神的力量,关注学校精神、师生精神,思考如何实现师生发展的精神引领,思考我们的教育究竟要给学生的精神世界留下点什么。今天的教育已经高度功利化了,在我们忙于一个又一个指标的比拼时,更需要冷静审视教育,并深入思考教育的本源问题。正如纪伯伦所说,决不能"由于我们走的太远,以至于忘了为什么而出发"。

这次优研班的学习,使我得以系统回顾自己十几年的校长生涯,思考成功转变了这么多学校,其中是否有规律可循;校长领导学校最重要的是什么。梳理自己的体会,我认为校长最重要的任务应当是学校的精神领导,校长应当成为学校精神的引领者和提升者。

第一,要清醒地认识到学校面临的问题。在学校危难之际一定要做到公正与无私,规范学校制度,敢于碰硬治乱,引领群体人格的重塑。

第二,作为校长,要具备坚韧不拔的意志品质。历经各种磨难,依然坚持、坚强,让学校的员工切实感受到与这样的校长一起奋斗是可以实现目标的。

第三,校长要极具对内对外的沟通能力。为了学校的发展,抢抓机遇,开源节流,实现投资效益最大化。要在学校无一分钱的情况下改变学校的办学条件,把不能变成可行,坚定教师们实现学校发展目标的决心。

第四,校长要注重对学校发展的把握和专业的引领,统一思想,分析学校不进则亡的现实。调动教师的内在需求,唤醒教师群体对"家"的归属感。与能做事的教师一起设计学校未来的发展,以点带面地吸引更多教师聚集在自己的周围。同时,抓住课程改革的契机,改变教师的认知,改变教师内在驱动力,使师生认同自己的办学理念。

第五,校长要把握教育规律,善于把优秀的精神品质固化成群体的精神追求,形成学校特色,成就一所所优秀学校,担负起民族复兴和国家发展的使命。

校长的精神对教师的精神和学校的精神起着主导和决定作用。教师往往是用校长的实际行动来判断其所讲的道理和价值。从这个意义上讲,培养学校精神,校长是关键(陈玉琨,2006a)。教师精神与学生精神是校长精神在实践中的具体体现。当然,教师与学生也会从自己工作或学习环境、个性与实际出发,形成自己的精神,但始终离不开校长精神的指导与规范。校长精神对学校精神的影响关键在于精神的引领。夸美纽斯指出:"校长应该记住,他是全校的核心和支柱,因此,他应该使自己成为道德高尚和热爱劳动的典范,并在各方面成为活的规则和条例","校长也要完善自己的精神世界,满足教师与学生最高层次的需求,发挥引领和提升的作用"。

(二) 校长要在学校文化的重塑中凝炼学校精神,提升学校品位

学校精神不是自发形成的,而是校长不断了解学校历史、继承光荣传统、深入挖掘学校的教育教学实践的历史积淀而成。一位成功的校长应当充分尊重、继承、凝炼、引领、发展学校精神,既不能强行把自己的想法加给学校,形成所谓的"学校精神",也不能因循守旧把既有的当成规律,无所作为,向学校的现状妥协。

我现在工作的佳木斯一中底蕴深厚,学风优良,曾得到毛泽东主席、朱镕基总理的复信鼓励。学校的育人目标始终与社会需要相一致,不同时期针对学生特点与社会实际,提出了不同的教育主题。

第一任校长李延禄为学校留下"胜不骄,败不馁"的校训。

学校前四任校长皆来自延安,学校秉承了从延安传承的"延安精神",在办学和人才培养中关注实事求是、理论联系实际、全心全意为人民服务、自力更生、艰苦奋斗的精神。

20世纪七八十年代,学校针对当时的中学生处在新旧交替的历史变革时期,思想敏锐、活跃,但同时盲目向往西方的思想实际,进行了"热爱祖国、热爱党、热爱社会主义"的"三热爱"教育。

20世纪90年代初期,学校又针对学生思想呈现出的三种倾向,即价值观多元化、趋利化、自我中心化的思想实际,开展了以"忠心献给祖国、爱心献给社会、关心献给他人、孝心献给父母、信心留给自己"为主要内容的"五心教育"活动。

20世纪90年代末期,鉴于学生中出现了注重生存能力的培养,忽视精神人格塑造的倾向,确立"用一中人教育一中人,用身边事教育身边人"的指导思想,开展以学习邵云环"对祖国、对人民的责任和使命;对事业、对社会的敬业和

无私;对同事、对他人的宽容和忍让;对亲人、对朋友的关爱和尊重;对理想、对未来的执着和乐观;对自身、对生活的自律和热爱"为操作点的"云环教育"系列活动。

佳木斯一中每三年制定一个学校发展规划,我到任之时适逢第五个三年规划的制定。我首先与干部和师生员工围绕《"五三"纲要》的制定凝炼学校精神,确立了新时期学校创办"办学特色鲜明,育人模式多样,体现教育改革发展方向的国内领先、国际接轨的中华名校"的办学目标;确立了"努力培养知荣明耻、博学多才、身心健康、具有民族精神和国际视野的创新型后备人才"的育人目标。目标的明晰进一步凝聚了人心,推动了学校的事业在新的起点上进一步科学发展。

学校精神从模糊、自发走向清晰、自觉,需要透视学校历史发展的进程,不断地思索、考证,将以往学校的传统发展为学校的精神,凝炼为校长的理念。所以,"继承与发展,弘扬与创新"是我接手任何一所学校一贯坚持的思想方针。尽管佳木斯一中经历了不同的发展阶段,但在教育目标上,始终集中在关注人的精神世界、人的全面发展以及对教育本质的思考上,这恰恰是学校不变的价值观念,也是学校精神的源泉。"胜不骄,败不馁"体现的是人的意志,"三热爱"具体化地表明人与社会的关系以及人对未来的展望。"五心教育""云环教育"在内容上呈现一种并列关系,其中孝心、爱心、尊重是人道德层面的内容;关心、信心、乐观、自律是心理品质层面的内容;忠心、责任则是人生信仰、价值追求层面的内容。在理性审视和思考后,我在想,如何使这些平行展开的价值观念层次化、立体化地展现,集中于同一个内核,并使学校精神在不断继承与发扬,弘扬与创新中重建,从而将多样的、分散的、分化的精神整合成统一的、共同的、整体的精神。为此,我提出"教育——给学生一个强大的精神世界"的理念。

三、教育要帮助学生构建怎样的精神世界

我们提出要给学生一个强大的精神世界,这样的精神世界应当什么样? 应当如何构建? 近年围绕这样的问题,我探索精神世界的本质,拟定了构建学生强大精神世界的目标体系。

（一）人的精神世界的本质特征

对于什么是精神,古今中外存在着多种解读。在东方人心中,"精者,人之气,神者,人之守也。夫精神者,所受于天"(刘安,1984)。西方世界的精神在柏拉图的眼里是一种超理性的本原,是一种实体。在亚里士多德看来,精神是高级思维活动本身。(张健,2011)

近现代哲学精神在具体内容上渐趋统一。托马斯·阿奎那将智慧、理性等心灵活动统称为精神(尼古拉·别尔嘉耶夫,2002)。罗素认为,从认识或知觉方面讲,有知觉、回忆、想象、抽象和推理的活动;从心理情绪方面讲,有快乐的感觉和痛苦的感觉,还有情欲和欲望;从意愿方面讲,他们可照自己的意愿去做一件事或者照自己的意愿不做一件事。所有这些现象都可以划入精神事件的范围之内(撒穆尔·伊诺克·斯通普夫、詹姆斯·菲泽,2009)。恩格斯对精神做了这样的诠释,"外部世界对人的影响反映在人的头脑中,成为感觉、思想、动机、意志,总之,成为'理想的意图',并且以这种形态变成'理想的力量'"(《马克思恩格斯选集》第4卷,1995)。

辞海中将"精神"与"物质"相对应。人的精神世界与物质世界相对应,它的载体是符号,它的内容是知识和思想。在个体层面,是个人精神生活的取向和质量,是个人存在的深层尺度。在团体层面,是根据一定的价值标准将个体的精神与团体的信念联结起来,从而构筑成维护团体利益的精神信念,且这种精神信念一旦形成,又制约影响着个体的思想和行为。

事实上,人的精神世界也就是人的主观世界,包括人的认识、意志、情感、气质、性格、能力、世界观、人生观、价值观、爱好、兴趣,等等。它表现为个体的文化素养,它使人类的智慧、情感、精神等可以在社会实践的基础上传承、积淀和发展。其最核心的内涵是人对自身和周围世界的意义和价值的认识。

人的精神世界存在着个体间的差异,强调精神世界的强大,正是关注人类精神世界这种质与量的差异,以及关注精神世界的方向性差异对个体、群体乃至社会发展的影响。所以,我认为,强大的精神世界(见图1)应主要表现为:健全的心理品质、良好的文化素养、高尚的行为修养,在此基础上形成道德发展与意志品质,具备坚定的人生信仰,并伴随着较高的幸福体验、强烈的成就动机。

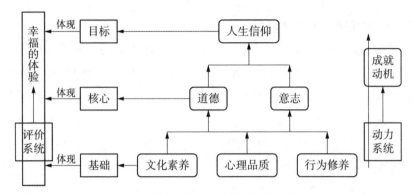

图1　强大的精神世界层次结构图

强大的精神世界包括三个组成成分：内涵、动力系统、评价系统。其内涵又分为三个层次：基础、核心和终极目标。学校、教师和学生通过教育行为，逐步充实和完善学生的精神世界，使他们真正成为完善的人、社会化的人。

（二）建构学生强大精神世界的目标体系

如何围绕构建学生强大的精神世界组织实施学校的教育教学，这是我们一直思考的问题。经过不断学习讨论，集中全校师生的共同智慧，我们构建了基于形成学生强大精神世界的佳木斯一中学生培养教育的目标体系，这个体系的框架是：

1. 强大精神世界的基础是健全的心理品质、良好的文化素养、高尚的行为修养。

健全的心理品质。具体的操作内容表现为：

（1）有一定的适应力；

（2）能充分了解自己，并对自己的能力做出适度的评价；

（3）生活的目标切合实际，不脱离现实环境；

（4）积极、乐观、向上的生活态度；

（5）善于从经验中学习；

（6）适度地发泄情绪和控制情绪，情绪健全，情感丰富；

（7）在不违背社会规范的前提下，恰当地满足个人的基本需求；

（8）在不违背集体利益的前提下，能有限度地发挥个性；

（9）心胸开朗，乐于交往，与同学、教师、父母关系和谐；

（10）保持人格的完整与和谐。

良好的文化素养。指人通过学习知识和感悟文化氛围而培养出来的素质。在高中阶段,学生对自然科学和人文科学的认识和理解,体现在对世界的感悟与关怀中。

应从以下方面培养:

(1) 良好的听课与学习状态;

(2) 完善的复习与备考策略;

(3) 有效学习方式的选择;

(4) 不断深化的抽象逻辑思维;

(5) 较为娴熟的实验技能与实践操作;

(6) 相对熟练的工具性学科水平;

(7) 相对完整的人文学科知识体系;

(8) 相对完善的自然科学知识结构;

(9) 广泛的知识涉猎范畴;

(10) 逐步积淀的历史文化。

高尚的行为修养。在《中学生日常行为规范》中早已明确自尊自爱、注重仪表、诚实守信、礼貌待人、遵规守纪、勤奋学习、勤劳俭朴、孝敬父母、严于律己、遵守公德等几种行为习惯。在此基础之上不但强调高尚的行为修养,更强调行为的意义。

具体操作内容表现为:

(1) 仪表落落大方,举止合宜;

(2) 诚实不欺,信守一诺;

(3) 自尊自爱;

(4) 遵规守纪;

(5) 勤劳不惰;

(6) 崇尚俭朴,勿求奢华;

(7) 孝敬父母,尊老爱幼;

(8) 自常维护公德,维护社会秩序;

(9) 严于律己,自律自强;

(10) 宽以待人,博大包容。

健全的心理品质、良好的文化素养、高尚的行为修养其本身既包含丰富的内容,彼此间又存在着一定的交叉,共同构成了强大的精神世界坚实的基础。

2. 强大精神世界的核心是道德与意志

道德与意志是在与他人交往过程中逐渐发展起来的高级心理状态。道德,既是一种社会现象,也是社会性概念。只有社会行为规范在个体身上得到反映并制约个人价值取向的时候,才构成个体道德品质和高尚的道德水准。

具体操作内容表现为:

(1) 正直,具有正确的是非观;

(2) 有好奇心、创新意识、探索精神;

(3) 自主独立;

(4) 善良、友爱、互助;

(5) 爱与被爱的能力;

(6) 有集体主义精神、集体荣誉感;

(7) 能自觉关注与保护自然环境;

(8) 拥有合宜的社会责任感;

(9) 有民族精神,有爱国主义情怀,自觉维护国家主权与尊严;

(10) 有时代精神。

所谓意志,是人自觉地确定目的,并根据目的调节支配自身的行动,克服困难,实现预定目标的心理过程。而意志品质是指构成人意志的诸因素的总和。主要包括自觉性、果断性、自制性和坚韧性等几方面。

其操作内容表现为:

(1) 坚持锻炼身体;

(2) 行事不拖延;

(3) 有科学良好的生活习惯;

(4) 制订适宜自己的学习发展计划;

(5) 对制订的计划采取有效的方法;

(6) 合理安排学习、工作、休息、娱乐;

(7) 善于分清事物的轻重缓急;

(8) 乐观面对困难,积极寻求解决办法;

(9) 百折不挠;

(10) 具有为理想信念而奋斗的精神。

3. 强大精神世界的终极目标是坚定的人生信仰

坚定的人生信仰表明人的精神世界发展所达到的高度。它既是精神世界的组成部分，又是依次递进的层次结构关系中的终极目标。邓小平指出："在我们最困难的时期，共产主义的理想是我们的精神支柱，多少人牺牲就是为了实现这个理想。"他强调的是共产主义理想作为精神支柱的强大力量，是战胜和克服一切困难的源泉。他又说，"没有这样的信念，就没有一切"（邓小平，1993）。今天，这种人生信仰一定是在社会主义核心价值观科学内涵的引领之下的。

具体操作内容表现为：

（1）人性向善；

（2）对自我发展充满希望；

（3）对社会的发展充满希望；

（4）对真善美永恒的追求；

（5）对真理的孜孜探求；

（6）对社会问题理性的观察与思考；

（7）努力回报自然，回报社会；

（8）为他人幸福着想；

（9）胸怀世界，胸怀天下；

（10）将全人类的发展与幸福作为永恒的追求。

4. 强大精神世界的动力是强烈的成就动机

成就动机是一种内在动力，是个体不断社会化的结果，是人们追求卓越的内部状态和过程（朱智贤，1989）。成就动机的形成具有从简单到复杂、从模糊到具体、从不稳定到趋于稳定的发展特点。成就动机的内涵包括三个方面，即行为的目的性、主动性和坚持性。它至少可以产生如下效果：一是因期待成功而产生的强大推动力，促使个体不断付出努力；二是激发创新意识和导致成功的各种手段；三是提高对自我的评价和认可的程度，相信自己。就个体而言，成就动机是一个人成功，如学业成功（田云兰，2002）、职业成就（杨慧芳、顾建平，2007）、管理决策卓越（张登浩，2008）与否的关键因素，之所以强调强烈的成就动机是因为个体记忆中有与成就相联系的愉快体验，当情境能够引起这些愉快体验时，就能够激发起个体完成目标、获得成就的内在动力（McClelland, 1987）。

5. 强大精神世界的标准是较高的幸福体验

作为强大精神世界的评价系统,幸福体验呈现感受上的差异。一是以情绪、情感体验为主,具体表现在学习、行为、心理状态中体验到更积极的情感(Bradburn & Noll, 1969),包括体验学习过程的快乐、满意自我行为及产生的结果。二是按照个体自己所选择的标准对自己生活质量的整体评价(Shin & Johnson, 1978),包括自我评价与他人评价的统一。三是在一种特殊的价值观标准下所要达到的状态,是基于客体的价值体系和标准所获得的(Diener, Emmons, Larsen & Griffin, 1985),表现为对希望的期待和成功后的巅峰体验。

四、构建学生强大精神世界的教育实践

佳木斯市第一中学始建于 1946 年 5 月,具有 66 年光荣革命传统和深厚文化底蕴。老一辈无产阶级革命家将延安革命精神注入一中校园,新一代领路人将科学发展观根植于此。学校以引领学生构建强大精神世界、培育国家建设有用人才为使命,立足"培养知荣明耻、博学多才、身心健康、具有民族精神和国际视野的创新型后备人才",围绕精神世界的构建培养优秀人才,已经初步形成自己的教育体系和育人特色。

(一) 让园丁高尚智慧

教师发展是学校发展的永恒主题。作为教师,对学生最深沉、最根本的爱就是示范、引领学生构建强大的精神世界。

朱自清说:教育者须对于教育有信仰心,如宗教徒对于他的上帝一样;教育者需有健全的人格,尤须有深广的度;教育者必须能牺牲自己,任劳任怨。(朱自清,1996)

教师的专业发展力构成学校发展的核心竞争力,教师高尚的师德修养和良好的专业素养是教师精神世界的重要基础。学校继承"用身边人教育身边人,用身边事教育身边人"的育人方法,秉承"热爱、维护、奉献、争光"的一中人精神,兢兢业业。为此,戚业国教授总是鼓励说:"走过全国这么多所学校,佳木斯一中教师的敬业精神是一流的。"

镜头一:

宋维威,一个朴实无华的教师的名字走进了全省千家万户,她与时间赛跑,从死神手里夺回了一家三口鲜活的生命。

2007年3月31日,是模拟测试的第一天。而有监考任务的宋维威老师突然急匆匆地回到了办公室,边拿提包边对同事说:"我班孙传坤没来考试,我刚给他家打完电话,没人接,我必须得去看看。"话音未落,她人已出门。孙家院门紧锁,她跳进院内,发现一家三口躺在炕上,宋老师马上意识到是煤气中毒,立即砸破窗玻璃,同时拨打了120急救电话。

就是这样一位视责任重于泰山的好班主任,爱生如子的好老师,救了孙传坤一家人的生命。

面对媒体的采访,宋维威老师总是觉得心中不安,因为她觉得这是任何一名教师都能做到的,没什么大不了。是啊,我们中的任何一个人,如果遇到这种情况都会挺身而出,因为我们是教师。一个学生偶然没来参加考试,教师打电话寻找,是大多数老师都能做到的,但立即进行家访,及时救人,并不是每个教师都能做到。这件事看似平凡,但平凡中蕴含着她对教育事业的大爱。

面对贫困学生脆弱的心灵,宋维威化资助为奖励。每次大型考试之后,宋老师都会自掏腰包奖励一部分学生,而这些学生都有一个共同点,那就是家庭贫困,学习上进。或许当时他们还不能真正领悟宋老师的一片苦心,但长大的他们永生难忘宋老师曾给予他们的鼓励与深情。

宋老师的学生中没有人知道,何时宋老师女儿的衣裤穿在了自己的身上,而且还屡屡发生;没有人知道,得了急病的赵丽美同学何时被送去了医院,还交上了医药费,而孩子的父母竟是最后的知情者;没有人知道,曾放弃学业的杨昆同学何时又重返课堂;没有人知道,别班的后进生何时成了她的门生,而且被那样看重;没有人知道,离异的母亲何时因为孩子的考试又回到家中;没有人知道,16岁就夭折的史柔竹同学何时吃了宋老师亲自在百货大楼为她挑选的各式小吃……没人知道的事她做得太多了,以至于后来,竟人人皆知。

也许我们也有她一样优秀的内在,但我们却缺少她丰富的外在;也许我们也有她一样丰富的外在,但我们却缺少她浓浓的真爱。宋老师用无悔的奉献践行着生命深处无悔的选择,用真切的行动谱写了一曲新时期荡气回肠的爱与责任之歌。

2007年,"用爱诠释责任的教师妈妈"宋维威被授予"全国模范教师""全国巾帼建功标兵""全国优秀班主任""省师德师风模范"等诸多殊荣,收获了许多从教一生的人梦寐以求的荣誉。然而,走近承载着荣誉光环的宋老师,我们看到的依然是素朴的外表,依然是不矫揉造作的内在,依然是用爱诠释责任的"教师妈妈"。

镜头二:

她被佳木斯教育界称为"状元出品人",被佳木斯一中称为"铁女人",之所以这样称呼也是因为她对自己的要求绝对超越了"苛刻"所能描述的范畴。她就是我校的学年主任余宏,一中人意志品质坚定的代表。

余宏主任认为培养学生的意志品质绝不仅仅是"劳其筋骨"这样简单,学生在学习中能够坚韧、坚持与坚守和教师的坚强是分不开的。余宏正是秉承这样的信念,先对自己严格要求。她的身影总是最早出现在一中的校园,她的工作量一定超过学年的任何一位教师。在她精细化的管理下,起初很多教师会抱怨,甚至不愿意和余主任一个学年,可余主任意志的力量和对教育的责任最终让教师们由不肯变成了不舍。学年教师个个成了"拼命三郎",教师们会坚定地和学生们说:我能做到,你也能做到;你能做到,我更能做到。于是,对教学近乎精密仪器般的设计与要求,让程湘源,这个中考时100多名的孩子恪守着一份和余宏及学年教师相同的坚持,一跃而成为2005年全省理科状元。都说状元是偶然的,可是余宏主任引领下的学年,拓宽知识、加大难度,不断设置学习障碍并行之有效地克服困难,成就了2005年的全省状元刘诗泽;在教会学生要赢得起,更要输得起的抗挫折培养中,产生了2006年的全省状元魏冰;让把学习上的每一次成功与失败都看作是人生的一次历练、人生的一种体验,让顽强成为习惯,让坚持化作甜蜜,筑就了2009年的全省状元郝艺。就是这样,教师群体坚韧不拔的意志品质,催生了佳木斯一中一个个省状元。

状元们感悟:如果我们没获得冠军,一定是有人放弃了。

我有信心,我能行!

我渴望,所以我坚强。

胜利,因为我们不言放弃。

学生感悟:我们蹒跚地从荆棘中走过,虽然有时被划了些伤口,但我们已变得坚强。

一中人就是这样立足本职,履行"五有二十条师德规范",通过榜样示范、"敬业爱生铸师魂"系列活动,不断提升教师的师德水平。上好每一节课、关爱每一个学生、负责每一个家庭,以博大的师爱引领学生精神世界的成长。从我校首任校长、老一辈革命家李延禄,到"文革"平反后无偿捐献六千元钱创建"春雨"助学基金的徐钲老师；从支援边疆的模范教师李浙潮、王光杰，到开创"五心教育"的刘文华老校长、倡导"云环教育"追求学校和谐的徐秀珍校长；从今天的教育、教学典型余宏到全国"五一劳动奖章"获得者、"宏志班"班主任杨会范，一中人用高尚的师德感召人，用先进的理念引领人，教师的价值追求不断提升，引领着学生精神世界的丰富与发展。

教师对专业素养不懈求索的精神，为学生精神世界的成长树立榜样；教师较高的专业素养水平，是确保学生获取完善的知识结构，提升学生文化素养的重要支撑。因此，扎实做好教师培训工作，提高教师专业发展水平，是我们一直不懈努力的目标。

镜头三：

全国青少年信息奥林匹克竞赛（NOIP）是逻辑思维能力的竞赛，佳木斯一中在该项赛事中从零起步，2005年之前从未取得过省级以上奖励。2004年，参加工作仅3年的苑志慧老师接受挑战，接过了学校培养信息奥赛新人的接力棒。"培养高中学生的信息奥赛选手，远比教计算机课程难得多，比我大学时学的内容也要深奥许多"，苑志慧老师如是说。为了攻克信息奥赛的难关，他自费买了许多指导奥赛的书籍，边看边学；他还多次和学生一起到北京接受专业培训；信息奥赛比拼的是逻辑思维，他创新辅导模式，放手让学生探究、研讨，借助合作学习和探究学习提升学生思维能力。多次的竞赛和培训，苑志慧的信息奥赛辅导有了长足的进步。功夫不负有心人，在2005年的联赛中，刘喜佳等四名同学一举获得省赛区一等奖，刘喜佳还摘取全国赛铜牌，这是佳木斯一中在竞赛方面的历史性突破。更为可喜的是，从此佳木斯一中信息技术竞赛捷报频传，截至2011年，在全国信息学联赛黑龙江省分区赛中已经有41人次获得一等奖，其中有12人次进入黑龙江省省队，代表黑龙江省参加全国竞赛，在全国竞赛中获得铜牌5枚，填补了学校信息学奥赛的空白。如今，他的队员遍布国内外知名高校和科研机构，无一例外地继续钻研信息技术工程，这成了他们钟爱的事业。

佳木斯一中有一支受到师生追捧的学生篮球队，这支队伍打出了校篮球史上前所未有的好成绩：2003年至2006年两次获得全省冠军，三次获得亚军；2006年起参加全国中学生篮球联赛（CSBA），2008年和2012年两夺全国冠军，2011年获得亚军，是全国唯一一支从未跌出前八名的球队……《佳木斯日报》以"冠军背后"为题做了专题报道。冠军背后是年轻教练尹春刚长年坚持不懈的科学训练。他的训练课讲究针对性,常常是"没有篮球的训练,没有比赛的训练",他把教学中的"微格训练"引入训练课,把比赛技战术分解成小范围的练习,特别适合中学生;他引入专业队伍的体能训练方式,为了队员的长远发展,训练量绝不超出中学生承受能力;他用六角球训练队员手部小肌群,用低栏训练学生踝部力量,用橡胶带训练队员爆发力……他的训练忙碌而不盲目,学校篮球队招收的队员常常是缺少系统训练甚至是零起点的初中生,能够取得如此成绩实属不易。正是这种科学的训练发展了学生潜能,显著提高了队员的水平。目前,这支队伍已有三名毕业队员加入了CBA球队,成为职业篮球球员。

学生感悟:渐渐地,我开始学会了集中精力工作或学习,尽力分配好自己的时间,我开始明白如何面对生活中的得失……

正是这些讲专业精神追求的一中人塑造了一个个具有鲜活个性的学生,托起了他们美好的未来。苑志慧、尹春刚这样快速成长的教师源自学校完善的教师培养体系。学校创办了青年教师研究生院,以坚持"六个以"的办院模式加快青年教师的培养。名师岗位培训为教师的专业发展提供条件。学校以老教师示范课、中年教师促进课、青年教师规范课、新教师汇报课的"四课制"及"春蚕""冰凌花教学研讨会","云环杯""五心杯"德育研讨会为载体,以各级各类课题为引领,构建学科教学模式。"十一五"期间,由教师参加编写的教学用书、实验教材和校本教材有50多本,出版专著20余部,每年获国家、省、市奖励的论文和科研成果200多项。反映学校全面办学质量的七集丛书《追求与实践》已由黑龙江人民出版社正式出版发行。这一切形成了教师快速成长的合力。

佳木斯一中不仅是一中人的一中,更是佳木斯人的一中,黑龙江人的一中。学校立足于自身优质的教师资源,发挥一中的辐射和示范作用。在"名师讲坛"和"让优质教育走进千家万户"等活动中,学校名师面向社会各界开展学术讲座,如政治、历史、地理学科整合的"南海问题",以成就完满家庭为目的的"亲子沟通",以提升家长育人理念为目的的"人的社会化"等。学校派出了名师团队赴贵州、湖南、青海、内蒙古等地讲学、交流,以专业知识和专业素养倾情回报社会。

学校现有特级教师、全国劳模、全国优秀教师16人,省市级教学能手、骨干教师和优秀教师60余人,高级教师159人。化学组得到中国化学会和人教社教材专委会的联合表彰,被评为"新课标教材实施先进集体";地理组受省教育学院推荐在东北三省地理年会上代表全省介绍经验;政治组成为国家教材评审委员会成员;语文组在全省高中语文教师课改培训会上做经验发言,学校被评为"全国特色语文示范校";信息技术教研组在课改之初成功承办了全省首届新课改高中信息技术学科教学研讨会。佳木斯一中的所有学科骨干教师皆成为全省高考阅卷、试题分析和高考与课程相关度分析标准的参与者。

(二)让课程科学精致

课程体系的层次性与选择性,为学生强大精神世界的发展提供条件。

镜头四:

5 岁的孩子念起了"EMBA",3 岁的娃娃学习打高尔夫,18 个月的幼儿开始接受瑜伽训练……

——摘自人民网 2006 年 5 月 31 日

北京少年高尔夫班爆满,家长称可培养贵族气质

——摘自杭州网 2006 年 7 月 19 日

出国低龄化利与弊

——摘自凤凰网 2012 年 2 月 7 日

后高考时代留学热持续升温　低龄化现象愈演愈烈

——摘自人民网 2011 年 7 月 14 日

且不忙于对以上现象拍板砖,这些"趋之若鹜"的背后,反映的是社会与家庭对优质教育资源的渴求。

从丰富精神世界,促进学生全面发展的角度,学校的一项重要任务在于在坚持使学生普遍达到基本要求的前提下,为学生提供更为丰富的课程资源。让课程分布具有层次性和选择性,以利于学生获得更多的选择和发展的机会。为此,我校以完善课程结构作为主要的方法和手段,建立课程体系。

我们在校本课程开发中注重基础性、广博性、人文性,贴近学生现实生活、与学生的心理发展水平相一致,同时兼顾与必修知识内容的连贯性、整合性和发展性;坚持把人文课程的教学引向对世界基本问题的认识和人性整合的路径中,切实增强人文学科的学习与教学的人文性,在人文课程中给学生以发现美的眼睛,透视美的心灵,养成美的品质;发挥文学作品的人文教育作用,培养和丰富学生的情感世界;帮助学生思考人生和生命意义,思索道德、社会、历史、文化问题,关心人与自然、人与历史、人与人的关系;引导学生感悟务实、求真的科学态度,舍我其谁的献

身精神,宽广仁厚的中华民族传统美德。

在科学课程教学中超越单纯知识、技能、方法的教学,把学生引向对科学的世界观和方法论的领悟,启迪科学精神,让学生沿着科学的路径去追求科学之真,并透过科学之真发现世界的美,激发学生内心的善;鼓励学生在建构知识结构的基础上,学有所长,形成对喜爱、擅长学科的精深研究;把研究性学习中自主、合作、探究的特点引入学科教学,激发学生主动追求知识、追求真理的愿望。积极探索综合实践课程改革。引导学生关心国家命运(如南海问题)、社会问题、环境问题,关注社会需要并积极参与社会生活,服务于社会;培养爱国主义精神,形成社会责任感,加强学校教育与社会发展需要、科技进步、学生生活以及社会生活之间的联系。抓住活动点滴细节,促进心灵净化。鼓励学生在困难和挫折面前不气馁,勇于面对困难,时刻保持自信心,逐步培养自强、自信、百折不挠的精神品质。

镜头五:

分镜头一:体育节——学生个性化的展示。

分镜头二:学校国际文化交流周,由学生自主设计实施,整台晚会的总体策划、舞台设计、会场布置、节目审查、晚会礼仪、后勤准备、物品采购、主持人串词、剧务、邀请校领导和老师等一系列复杂的工作都完全由学生自主完成。晚会已经成为全体学生盛大的节日。

分镜头三:身着红黄蓝,热情活跃的一中志愿者队伍。从松花江边清捡垃圾到中央电视台"申魁"采播,从图书馆修补图书到"倾国倾城"演出服务,到处都有一中志愿者的足迹。志愿者工作是砥砺青年品性的磨刀石,更是佳木斯一中一张魅力无限的名片。

分镜头四:校史宣讲团、中华经典文化研究社、校园棋社、校园电视台、科技爱好者协会、ICE COOL乐队、配音社、话剧社等社团让爱好者亲身参与,用心体味。"谁与争锋"辩论赛、"走向复兴"大型诗剧会、"梦想从这里起飞"校史剧、国际文化节、走向全国竞技的模拟联合国大会辩论、"一二·九"演讲会、"中华魂"读书活动、英语朗诵比赛、"诚信"课本剧,着实让学生大开眼界。

分镜头五:学生自主管理委员会。

强大精神世界的构建,最有效的途径是体验和实践。传统教育最大的弊端在于对学生主体地位的不认可,相信学生、依靠学生、鼓励学生参与到各类实践活动中,通过设立德育精品课程,帮助学生进行角色定位,激发成就动机,是引领精神世界构建的有效途径。在活动中,学生的组织协调能力获得提高,学生之间的合作与交流促进了学生社会化水平的发展与提高,自信心明显增强,合作意识有效提升。在自主管理过程中学生自律、自信、自主,自我意识走向成熟。

德育精品活动

德育常规管理和养成课程——强化养成教育,形成公民基本素养。

(1) 升旗仪式;

(2) 班会课;

(3) 跑操评比。

各年级班会课课程——开展心理、安全、法制、生命、诚信、学法等教育。

学年特色的德育活动课程——开展有针对性、体现年级特色和学生特点的特色年级德育。

(1) 高一学年:

清明祭扫;

文明礼仪大赛;

人生规划——文理分科。

(2) 高二学年:

星级班级评选;

人生规划——全面成长;

走进高三;

成人仪式。

(3) 高三学年:

年级十佳评选;

班级 PK;

百日动员;

人生规划——个人专业与社会理想;

告别青涩——处分解除仪式;

毕业典礼。

艺体活动类课程——培养学生体育、美育的素质和素养。

(1) 校园艺术节;

(2) 校园体育节;

（3）校园跑操；

（4）阳光体育活动。

国防军事训练课程——国防军事训练课程和养成教育、励志教育、体验教育相结合。

（1）军训教官培训；

（2）校史参观；

（3）《学生手册》学习；

（4）校服发放；

（5）军训汇报；

（6）远足拉练。

学生综合实践类课程——开阔学生视野，加强学生动手、动脑能力，提升学生社会责任感。

（1）研究性学习；

（2）社区服务；

（3）社会实践；

（4）春雨助学。

人生规划指导类课程——加强学生人生规划能力，充分运用各种资源引领学生成长。

（1）优秀校友报告会；

（2）成长规划书；

（3）感动一中人物评选；

（4）"梦想一中"系列活动；

（5）名师讲坛。

分镜头六：告别青涩——处分解除仪式。

这绝不简单是将学生的错误化之为无。重要之处在于，要用发展的、人本的眼光看待他们。

因为无论何种类别的学校，总会有一些个性化的学生，都会做出触犯校规校纪的事情，这并不是可不可以原谅的问题，而是他们所犯的错误都是成长中的错误。学校用宽容和发展的眼光看待他们的过失，允许他们改正。正是这样的教育，给了学生一颗宽容的心，一双期待的眼睛，一份对未来美好的企盼。

(三) 让过程刻骨铭心

学生强大精神世界的构建要重实践、重体验、重过程。

镜头六：

我校在学生中开展过这样的调查："请你高度概括出提高学习水平最有效的策略或方式"，学生的答案集中在**用功、努力、拼命、奋斗、坚持**这样几个词汇上。学生的学习态度值得称道。在问到具体策略时学生的回答呈现以下的状态：

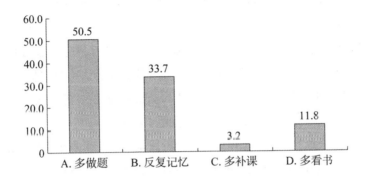

显然，学生把多做题、反复记忆等机械的学习方式作为提高成绩的有效手段，这样的策略，其效果据学生学习时间的长短来衡量。为此我们又对学生的睡眠状况进行调查，结果如下：

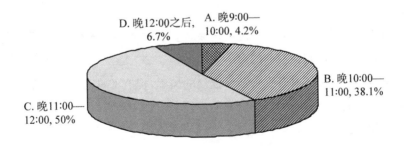

有一半以上的学生是在十一点到十二点之间睡觉，按照每天在校时间计算，学生平均睡眠不到六七个小时，这给正在长身体的孩子造成了伤害。显然，通过延长学习时间无法达到对学习的预期。

学生强大精神世界需要坚实的文化素养作为支撑，但由以上数据可知，学生无论是对学习过程还是学习内容的安排,都呈现着较为混乱的状态。相当多的学生感受到无论怎样用功与努力,学习成绩都没有获得明显的改善。久而久之,学习热情低落,学习态度消极,甚至悲观、失望,呈现出习得性无助的典型特征。为此学校把教学基本原则定位在:**根据高中生的认知发展规律,高效地教学。**

首先,实现初、高中课程的有效衔接。让高中教师走进初中教师的课堂,了解升入高中的学生原有的知识储备,高中的教学是建立在学生原有知识结构基础之上的建构过程。

其次,实现教法与学法的统一。学科教师通过对《高效学习法》《有效的学习策略》《六轮复习法》《神奇的记忆策略》的学习,明确学科最有效的学习方法,在教学中选择最适合学生接受的教学方式,并逐步帮助学生选择最适合自己的学科学习方法,提高学习效率。在此过程中师生产生强烈的时间价值感和控制感,学习的每一个过程都有快乐体验,在激发学生强烈学习动机的同时,教师也充分地体验到工作的价值感,在教与学的过程不断碰撞出激情与灵感。

再次,形成完善的学科知识体系。高中阶段是抽象逻辑思维发展的最高阶段,其形成的重要标志表现在能否形成完善的学科知识体系。学校采用"双向细目表""学科思维导图""学科难度结构"的方式,统合教学的终点与起点,为学生建构完整的知识体系。在此过程中,学生成就动机得到极大的激发,自我实现的幸福体验油然而生,与此同时对人生未来发展的无限可能充满着期待。

学生感悟:我要想……我要说……我要做……我要学……

镜头七:

老师:帕斯卡尔说:"人,只不过是一棵芦苇,是自然界最脆弱的东西,但他是一棵会思想的芦苇。"这句话给你的启示是什么?

学生:我想,人类虽没有猛兽那样强健的体魄,但有非常强健的大脑,会思考,这是人类与其他生物本质的不同。我们应该有能力用自己的思想认识自我,体验快乐,规划成长。

……

老师:一位同学这样和我说:"每当说起我小的时候多听话、多优秀,我总是立马打断她说的话,因为现在我达不到她的要求,因为我对不起吃掉、穿掉、用掉的父母的血汗钱。虽然觉得逃避不是男人的行为,但我也这样做了。"你怎样评价他?

学生：我认为是他达不到父母的期望与要求，深感愧疚。其实，他是有感恩之心的，也可能依然是优秀的，只不过父母的评价一般不会指向我们的成长，而是外界强加的。在这里，我除了要对叔叔阿姨说，你有一个很懂得感恩的孩子、很优秀的儿子外，我也想对这位同学说，你很优秀，有责任感，但最重要的，是你如何看待自己的成长，并欣赏自己的成长。

……

老师：我去美国办签证的时候，看到一个中国留学生，他所有的条件都具备，所有的手续都办齐了，但在签证现场却没有过关。因为签证官问他：你为什么要到美国？能说一口很流利英语的他却答不上来，最后只得说，是父母的愿望。我想知道的是，你们做过选择么？面对未来，你们做好自己的规划了么？

学生：文理分科是我目前最大的选择，因为我知道我想要什么，我想成为什么样的人。我崇敬那些被历史记住的人，因为我想一个人可以平凡，但不能平庸，我希望在我经历的历史时空，也有自己的痕迹。

……

班会课上教师与学生平等交流，推心置腹。学生们静心思索，真诚表达，就是在这样的活动过程中，学生除了审视世界，也学会了审视自我，在自我体验中，规划人生、促进成长。

镜头八：

学校的校服已经成为第一中学的标志之一，成为一中校园文化的重要组成部分。红黄蓝醒目的三原色校服已经延续 19 年，见证了一代代一中人的成长与追求。这款校服寓意深刻，校服大部分颜色是蓝色，位于下方，象征着辽阔的大地；上衣的红色象征初升的太阳；上面的黄色象征太阳的光芒，穿在身上，寓意一中学子就像那地平线上冉冉升起的太阳，发出璀璨的光芒。校服也代表学校的品格：蓝色是学者的品质，红色是热情大方的性格，黄色是青年人朝气蓬勃的青春气息。它们的交融还会产生无数种美丽的色彩，象征着一中学子自由的精神特质。

学生中不乏追求名牌甚至喜爱奇装异服的个例，起初他们对穿着校服的认同度不高。学校通过着力挖掘校服的文化内涵，提升了学生的审美情趣，更为重要的是，当学生意识到，穿着校服意味着教育的平等与公平，意味着给家庭生活困难的学生更多的自尊后，校服的穿着成为一种自觉。每年一度校服发放的日子是学生隆重的节日。作为一名佳木斯市的学生，能穿上当地最好的学校的校服，那份自豪不言而喻。这同样也是对一个家庭多年来努力的肯定,一份对学校的信任,在穿上校服的一刹那,完成的是学生、家长对一中文化与精神的认同。

镜头九:

校园被鲜花、彩旗、气球、条幅和穿着整齐的红黄蓝三色校服的学生们装点得五彩缤纷,两千多名学生举起右拳,庄严宣誓自己走向成年。他们不再是懵懂少年,而是背负责任、享有权利的成年人,身旁的家长热泪盈眶……这是学校一年一度的成人仪式。

学校的教育活动力图给学生以真实的情感体验,学校的成人典礼既是一种感恩父母、体验幸福的教育,更是一次走向成人、勇于担当的责任教育。老师热切的祝福,学生真切的表白和庄严的誓言,家长殷殷的期望,学生与家长的动情互动……在这样的活动中,学生体验个人角色,增强自我意识,体会家庭、学校与自我成长密切的联系,在体验中感悟,在感悟中升华,提升精神追求。当然,这只是学生活动的一个个小小的片段,没有体验的教育就不能引发情感的反应,没有情感反应的教育也无法达成认知与行为水平的改变,更谈不上学生的精神世界的升华。因此,学校的教育活动要切实给学生以真实的情感体验,让活动的每一个过程都深入人心。

(四)让评价引领示范

多元评价、楷模引领是学生强大精神世界构建的重要途径。

镜头十:

"多一把评价的尺子,就多一批优秀的学生。"综合素质评价是开展素质教育的有力支撑,佳木斯一中综合素质评价以六个维度(道德品质、公民素养、学习态度与能力、交流与合作能力、体育与健康、审美与表现)为观测点,给予定量评价。虽然不能像学业水平考试那样具有很强的区分度,却也开启了学校对于学生学业成绩以外的诸多方面的定量评价的先河,对于学生学业成绩以外的其他方面素质的提高和全面发展具有良好的导向作用。

对于学生强大精神世界的发展,综合素质评价是自我认识与他人认识的统一,是自我意识渐趋成熟的重要方式。

学生一(他评):

上一周,我把重点放在学习态度与能力上,与前一周相比,同学们学习的积极性有所提高。像李政、吕文理、李悦等同学在数学、政治、英语课上都表现得很积极，踊跃发言，这一点很好。我还发现，有些同学可以主动地和老师沟通，不懂的地方及时询问，我经常能看到刘丽华、孙莉两个人在课间问老师题，值得其他同学学习。另外，我还要表扬一下王君安同学，利用中午自习前的时间清理了球门附近的一些空矿泉水瓶，反映出他的集体意识强。当然，上一周也有问题暴露出来，有的同学在自习课不知道学什么，白白浪费时间不说，甚至影响到周围的同学。

学生二（自评）：

非常感谢同学们对我的评价，能够让我对自身有更深一步的认识，也有了下一步努力的目标。先说一下上课说话和睡觉的问题吧！因为马上就要文理分科了，有些心烦意乱，所以上课有时候说话、睡觉。同学们给我指出这个毛病，以后我会努力地改正，纠正偏重文科的偏差，因为现在社会需要的是全方位发展的人才。再说一下为班级服务的事，我觉得既然生活在这个集体中，集体里的每一件事都与个人息息相关，所以，无论为班级做多少事情，都是应该的。

通过各种评价主体反馈及时发现学生身上的闪光点，再通过记录的形式给予肯定，促进思想的内化，使学生思想上积极进取；在积极思想的引领下又产生积极的行动，再通过记录的形式进一步激励学生，一个闪光点，变成多个闪光点，进而绽放光芒。学校采取自我管理、教师管理、家长管理和社会管理的多元管理体制，开展多元评价。创新地设计了"写实、沟通、感悟、成长"的综合素质评价校本模式，不断激发学生的自我反思意识。写实，有利于修正学生的行为习惯，促进学生行为规范；沟通，整合了家庭、学校教育力量，丰富了学生的情感体验；感悟，丰富了学生的道德体验；成长，强化了学生持续发展的动力，激发了学生的成就动机。

学生学会客观地看待考试与学业评价，坚定意志品质。学校不可避免地会产生教师之间、学生之间的竞争，教师与学生对待考试的方式不只影响教师与学生在学校的生存质量，还是学校氛围的一种集中表现，同时也是社会现象、家庭问题在学校的集中表现。学校采取"个性化通知"以避免不必要的恶意竞争，采用"归因方式"训练使学生、家长和教师正确面对行为的结果，采用"分段比较审核"提升全体人员的自信水平以及百折不挠的意志品质。

教师感悟：你们让我感动，通过评价，你们认识了自己，容忍了他人，让我觉得生命有一种向上的力量。谢谢你们，是你们给了我们一个纯净的世界。也请你们原谅老师的唠叨不休，因为对你们有太多的爱和担忧。

（五）让信仰坚定执着

信仰教育在学生强大精神的构建中尤为重要。

镜头十一：

刘喜佳，2008届毕业生，中共预备党员，校学生会主席、自主管理委员会主席、班长。全国正泰品学奖获得者，数学奥林匹克竞赛省赛区一等奖，信息学奥林匹克竞赛全国银牌，北京2008奥运会火炬手，2008年保送至清华大学。

在工作上，他带领学生会和学生自主管理委员会开展丰富多彩的校园活动，严格扎实地进行常规管理，使整个校园生活既充满乐趣，又秩序井然，被学生认为是最可信赖的引领者。

在学习上，他刻苦严谨，学习成绩一直位于年级前列。2008年在提前一学期已保送清华大学的情况下，依然考出黑龙江省理科第四名的好成绩。在繁重的各科学习之外，他还参加了信息学、数学奥林匹克竞赛。在去往全国比赛的路上，晚上十点，全车厢已关灯，他在火车仅有灯光的地方——厕所一直学习到深夜。到达目的地，第一次住学生宿舍的他，晚上从上铺摔了下来，门牙磕掉了，他硬是第二天强忍剧痛参加完考试，并获得银牌。保送清华之后，他依然是学生会主席，学业依然是专业第一。

在其他人看来，这似乎是一种近乎对自己"残忍"的成长方式，但刘喜佳认为，人生需要有一种精神、一种追求，而且他从未在这种付出中感觉厌倦、痛苦。相反，他认为这样的成长过程就是一种享受，而成功又让他体会着辛勤付出后的巅峰体验。所以，所有外显的荣誉与光环的背后，其实是一个学生永远坚定执着的信仰和追求。

镜头十二：

2012年初，一本由作家出版社出版发行的图书《巧学助我上清华》在高中生中间引起热议。该书看似是学习方法指导，仔细读来，其实折射出的是作者清醒理性的自我分析、辩证深刻的价值判断、朴实高尚的理想信念。

作者于超，笔名郁琉，2003年进入佳木斯一中学习，2006年考入清华大学材料科学与工程系。在高中三年的学习生活中，他低调、刻苦，高一高二成绩离清华差距甚远，但是刻苦一直不断，信心一直不减，坚定执着，高三终于有收获。热爱文学，受余秋雨散文影响很深，喜欢背着行囊"行万里路"。大学期间任清华学生艺术团话剧队副队长,校学生会学习部常务副部长。现正于美国加州大学洛杉矶分校攻读材料科学与工程博士学位。出国前,高中的班主任胡老师调侃于超:"国家培养一个优秀人才不容易,你怎么也跟风往国外跑?"于超说:"您可能想不到,其实我在高中阶段就立志投身教育,我出国是为了回清华为祖国培育最优秀的种子。"

于超说:"中学老师教授的具体知识已经有些模糊了,但老师的很多想法和观点,至今仍浸润在我的灵魂深处。教育是人类精神的传递,是重塑精神家园的灵魂工程,只有带着崇高的心、敬仰的态度投入其中,才会从培养别人的孩子中收获自己的乐趣。我的理想就是对中国的教育事业做一点贡献。"

学校的信仰教育就是这样以小见大,由近及远,示范与渗透,在"融入、陶冶、体验"中,力争达到润物无声的最佳境界。

五、结语:在精神的守望中前行

(一)教育必须坚守精神的阵地

中新社莫斯科 2 月 24 日电,2 月初以来俄罗斯连续出现 17 宗青少年自杀事件,其中大部分发生在莫斯科及圣彼得堡等城市,最骇人的是莫斯科两名 14 岁的女学生一起从高楼跳下身亡。

根据联合国儿童基金会 2011 年 11 月发布的数据,俄罗斯青少年自杀事件高于世界平均水平 3 倍。青少年患有抑郁症的比例也高达 20%,女生中 45% 患有抑郁症。央视驻俄记者报道,据统计,俄罗斯近 20 年中有 80 万人自杀。而少年自杀人数位居欧洲第一。在俄罗斯,每年有 4 000 名少年试图自杀,其中有 1 500 人永远离开了这个世界。俄罗斯儿童死亡率为欧洲的 2 倍。

是什么让他们放弃追寻生命的意义和价值,永远失去了热爱、欣赏、思考生命的机会?除政治体制急剧转轨造成的政局不稳、社会动荡、社会矛盾突出等原因外,我们认为最为核心的原因是青少年教育中放弃了统一的价值观念,造成思想意识混乱。痛惜之余给我们的启示是,在今天多元价值并行的现实下,更要大力宣传主流意识形态,党的十七大报告中提出:切实把社会主义核心价值体系融入国民教育和精神文明建设全过程,转化为人民群众的自觉追求。基础教育加强学生社会主义核心价值观教育,是时代性与社会角色的必然要求。学校应当坚持马克思主义的指导地位,抓住当代中学生核心价值观的灵魂;树立共同理想,培育和弘扬民族精神和时代精神,把握当代中学生核心价值观的精髓;树立和践行社会主义荣辱观,打牢当代中学生核心价值观的基础,构筑强大的精神世界。

(二) 强大精神世界的构建需要良好的社会环境

纵观学生精神世界的层次结构,根据学生精神世界发展的时代性与社会性以及学校教育的要求构建学生强大的精神世界,一方面需要发动社会与家庭力量,净化青少年成长环境,构建适合青少年年龄特点的思想教育体系。学生精神世界的培养要体现在家庭生活、社会活动、学校的教育教学之中;要体现在亲子之间、人际互动之中、课堂之上;要体现在生活习惯、知识学习之中;要体现在家庭、社会、学校所有能够陶冶、促进学生成长的活动中。另一方面学校也需要成为学生精神世界成长的净土,校长是给予学生强大精神世界的灵魂人物,教师则反映了学校精神世界的内涵,家长与社会成为学生强大精神世界形成的支撑背景。学生是强大精神世界形成的自主力量,学生发展的好坏是精神世界是否强大的具体体现。校长、教师和学生三者共同发展、共同成长,凝聚成得以传承的恒久不变的校园文化与学校精神。

(三) 给学生一个强大的精神世界——我们还有很长的路要走

众多高校一致认同一中的学生有着举止优雅的文明行为、积极乐观的生活态度、对事业高度的责任心、善于融入社会的能力、有理想有追求的个性品质。

清华大学郭大勇教授说,佳木斯一中的教师在用心育人,值得信赖。

同济大学招生办主任肖亮华说,我们愿意招收佳木斯一中的毕业生,因为他们综合素质高。

今年,佳木斯一中同时获得北大、清华、同济、复旦、人大等校长实名推荐资格。

佳木斯一中人走到哪里都有着明显的精神标识,这已经被大家广为认可。

但我们深知,我们还有很长的路要走。在功利主义越来越严重的现实面前,我们坚持着、探索着,在困难与挫折面前艰难前行,但我们相信自己的认识和选择。目前学校已经建立了基于学生精神世界的育人目标,并被确定为黑龙江首批"特色学校",我们将以"特色学校"建设为抓手,全面实施社会主义核心价值观教育、构建卓越人才成长的学校环境、完善学校新的课程体系、探索学校新型德育方法、推动课堂和班级改革创新。我们将提高学校办学价值追求、提升教师的精神需要、激发学生的成就动机,建立学校发展的新的、强大的动力机制;通过提升学校文化内涵和文化品位,形成学生良好的综合素质,构建一套人文化、制度化、规范化的创新人才培养体系,进而构筑学生强大的精神世界,为祖国的繁荣和民族的昌盛培育栋梁之材。

参考文献

1. Bradburn, N. M. (Eds.) [M]. The structure of psychological well-being (Vol. 15): Aldine Pub. Co., 1969.

2. Diener, E., Emmons, R. A., Larsen, R. J., & Griffin, S. The satisfaction with life scale [J]. Journal of personality assessment, 1985,49(1):71-75.

3. McClelland, D. C. (Ed.) Human motivation [M]. Cambridge University Press, 1988.

4. Shin, D. C., & Johnson, D. M. Avowed happiness as an overall assessment of the quality of life. Social Indicators Research [J]. Social Indicators Research, 1978,5:475-492.

5. 王坤庆. 精神与教育[M]. 武汉:华中师范大学出版社,2009.

6. 尼古拉·别尔嘉耶夫. 精神与实在[M]. 张百春,译. 北京:中国城市出版社,2002.

7. 田云兰. 成就动机与学生学习[J]. 教育理论与实践,2002,22(8):60-61.

8. 朱自清. 朱自清文集(第4卷)[M]. 南京:江苏教育出版社,1990.

9. 朱智贤. 心理学大辞典[M]. 北京:北京师范大学出版社,1989.

10. 靖国平. 教育本质新探[J]. 西北大学学报(哲学社会科学版),1990(3):92-96.

11. 撒穆尔·伊诺克·斯通普夫,詹姆斯·菲泽. 西方哲学史:从苏格拉底到萨特及其后(修订第8版)[M]. 匡宏,邓晓芒,等,译. 北京:世界图书出版公司,2009.

12. 戴维·迈尔斯. 心理学(第七版)[M]. 黄希庭,等,译. 北京:人民邮电出版社,2006.

13. 刘安. 淮南鸿烈[C]//《百子全书》(第五册)[M]. 杭州:浙江人民出版社,1984.

14. 张云霞. 教育功能的社会学研究[M]. 武汉:武汉大学出版社,2011.

15. 张健. 论人的精神世界[M]. 郑州:河南人民出版社,2011.

16. 张登浩.基层党政干部的人格特质、成就动机与幸福感[D].北京：北京大学,2008.

17. 杨慧芳,顾建平.企业管理者的情绪智力、自我效能感、成就动机研究[J].心理科学,2007,30(2):719-722.

18. 邓小平.邓小平文选(第3卷)[M].北京：人民出版社,1993.

19. 陈玉琨.论校长的专业发展[J].中小学管理,2006(9):35.

20. 陈玉琨.发展性教育质量保障的理论与操作[M].北京：商务印书馆,2006.

21. 陈瑞生.学校精神的研究[D].上海：华东师范大学,2010.

22. 中共中央马克思恩格斯列宁斯大林著作编译局.马克思恩格斯选集第4卷[M].北京：人民出版社,1995.

23. 黄济.关于教育功能的几个问题[J].北京师范大学学报(社会科学版),1991(6):11-20.

破解教育的时代命题

教育部中学校长培训中心/戚业国

尊敬的各位领导、各位校长、各位来宾：

应该说，与付晓秋校长一起在研究中提炼、凝聚、形成她的教育思想过程，对我而言不仅是一个非常好的教育过程、学习过程，更是一个心灵启迪的过程。在与付校长凝练教育思想的过程中，我们做过多次交流，最后我们确定为：给学生一个强大的精神世界。很多人一直在说，这个"给"是不是体现了我们教育的被动，其实给学生一个强大的精神世界，这就是教育的结果，"给"的过程是一个建构与发展的过程。在与付校长的交流过程中，我深切地体会到，付校长的教育实践、教育思想概括在一起其实是一种精神力量。在与佳木斯一中的老师的接触中，我还注意到一个不易发觉的细节，通常情况，佳木斯一中本校的人提自己学校的时候总要说一中或佳一中，但佳木斯一中的人提佳木斯一中的时候用的是第一中学，就这种第一的精神，其实从一接触这里的人时我就感受到了。付校长的教育思想集中在精神的建构、精神的引领上，我个人认为，这个问题其实正在破解着我们当今基础教育中的一个时代命题，在破解着我们这个时代的一个关键问题。虽然这种趋势是逐步的，但我想这种探索能够带领我们对基础教育、对我们社会未来的发展提供更多的启迪。

我们每一位同志应有所体会，我们这个时代，中国的经济快速发展，物质条件逐渐丰富，但我们面临的精神荒芜比物质的贫困更可怕。教育是为未来培养人才的，我们要解决的是明天社会可能会遇到的问题，丰富人的精神世界，解决人精神脱贫的问题，这应该是我们今天的教育工作者所担负的时代使命。如果我们在这个问题上不付诸努力，未来世界的精神荒漠化就会不断加剧。教育的价值体现在丰富人的精神世界上,我们需要转向关注教育对精神世界的贡献,不应该仅仅停留在教育对物质发展的意义上。

　　未来人的竞争力不能仅仅取决于能力,甚至创新力也不一定是最重要的,未来人才的竞争,我个人认为更多的是一种精神的竞争。我们可以发现,当前技术竞争、创新竞争愈演愈烈,中国的基础教育在这一方面做出大量的努力和探索,我坚信明天的中国将不乏技术创新力,但我们环顾世界就会发现,现在真正弱势的是精神和道德的竞争力。如今的世界已经从单纯的经济竞争、技术竞争、创新竞争开始关注精神力、道德力的竞争。我们产品质量上来了,但依然受到社会的道德的谴责,我们始终被别人站在道德的制高点上在鞭打着,我们什么时候能够堂堂正正地立于世界民族之林? 无论我们这一次在联合国否决了叙利亚事件,还是世界各个组织中包括世界和平、世界民族、世界文明的话题,无论是联合国的人权论坛还是国际组织的道德发展的文化的冲突,我们常常处在被动的地位,我们的精神力、道德力能不能提升起来,这是关系到中国未来竞争力的关键所在。就个人而言,未来人才的竞争是智力的竞争,更是非智力因素的竞争,"情商"将更加具有决定性。环顾世界,回顾我们的过去,世界从来就不缺乏智力超群的人,但每个时代都在呼唤着精神强大的引领者。我们这些领先的优质高中更应该去承担形成精神竞争力,培养我们这个时代精神引领者的使命与责任,所以我觉得付校长的教育思想关注人的精神世界的建构、精神世界的丰富契合了时代发展的趋势,虽然这是初步的,但她探索的是我们教育的一个时代命题。

　　概括付校长的办学实践,我个人认为她的办学更多的是精神引领。在她的办学历程中,我们会发现,其实学校的力量体现在一种文化的精神引领上,办好一所学校,关键是塑造学校的精神。通过统计或看一些研究报告我们就会发现,世界上绝大多数优秀人才总是出在少数的学校,不是因为这些学校把最聪明智商最高的孩子聚集在一起,而是因为这些学校有着独特的精神文化。校长应当做学校精神的引领者。从刚才的介绍,尤其是李莉老师提到的跟着付校长走过的几个学校的感受与体验中,我们可以发现,付校长的办学经验概括在一起是一种精神引领的过程,如果说她是一位成功的校长,那么我认为她是一个精神引领成功的校长。她把一所涣散的学校凝聚成师生共同的精神家园,核心在精神,她用的办学方法、办学策略仍然是精神的引领。

　　作为一个从一线走出来的老师,我感觉付校长的教育思想更多体现在育人中丰富学生的精神世界上。育人先育精神,从精神强大达到精神的提升,这是她作为一个老师多年的经验。教育的作用机制是使人的精神世界发生变化,学生的变化是由他自己内心世界支配着实现的,而作为外来影响者的教育只能去影响而不能去改变,所以精神世界是教育的出发点与归宿。学生的变化是从精神的改变开始的,最终的教育成效还是要体现在学生精神的丰富上。其中通过德育改变学生的精神世界是推动学生发展、提高基础教育水平的关键切入点。当代中学生精神世界的问题令人担忧,各位的体会都应很深。丰富学生的精神世界,核心是一种使命、责任与理想。付校长的教育探索,这种用理想、信仰、使命来关注学生精神成长的教育过程、教育经验是具有迁移价值的,体现着教育的共同规律,也即教育要指导学生做精神强大的人。用精神的力量构成学生成就动机的最大力量,对学生来讲比功利动机要强大得多。我们今天更多关注功利动机,殊不知随着社会生活的变化,功利动机对学生的激励作用已经每况愈下,无论你喜不喜欢,转变动机构成的机制是我们非做不可的事情。

付校长参与学校管理,更多的体现在做学校的精神领袖。校长的身份首先是教师的头领或班长,学校领导是现在研究的重要领域,学校领导的核心应该是校长的精神领导。校长们都在关注影响力,关注执行力,其实从管理学上来看,领导力就是一种影响力,校长的学校领导力最重要的来源之一是校长本人的精神力、道德力。这种精神力、道德力是构成校长个人领导力最重要的因素,如果对此不关注,校长的领导力是很难提升的。精神强大的校长能形成强大的精神场,这样的精神场能改变身处其中的每一个人,付校长的学校管理能让每一个人体会到这样的精神力。我一直很受感动的是:她的精神力使教师和干部无怨无悔地与她一起变得高尚、变得执着,变得忘记功利、不计得失,能够跟她一起成为一个精神高贵的人!

如果给付校长的教育思想做一个概括,我想用此诗——《做精神的富有者》做总结:

那是一所充满理想与激情的学校,正如它旁边滔滔的松花江,深沉而不张扬;

她是一位坚毅而博大的校长,继承了养育她的三江平原的个性:简单而丰富、包容而宽广;

那种执着是一团火,能够点燃所有人的善良、同情与责任;

那种坚守像一堵墙,令所有试图碰触它的人都心生畏惧却又充满敬仰;

也许物质的困窘令人尴尬,但精神的丰富总能使人充满力量;

朴实平淡中让人感到力量,多劳少得也让人快乐舒畅,这就是付晓秋——一位精神富有的校长。

谢谢大家。

戚业国,教育学博士,华东师范大学教授,博士生导师。曾任教育部中学校长培训中心副主任,2006 年入选教育部新世纪人才支持计划。在教育管理中专长于学校发展规划、学校管理改进、教育质量管理。在 2001—2005 年教育部与联合国儿童基金会合作的 SDP 项目中承担了主要理论设计与指导工作。长期深入基础教育学校从事学校改进的理论研究与实践,在学校管理改进、课程与教学改革、教师发展等方面做了大量工作,是我国最早进行研究性学习理论设计与实践的专家之一,研究发现了校本研修的信息均衡问题,提出了解决班主任问题的班级组模式,开发了基于质量指数的学校质量管理体系等大量学校管理技术方法并在众多学校得到应用,取得良好成效。

出版《民间高等教育投资的跨学科研究》《课堂管理与沟通》《课程管理与课程评价》《走向高效能课堂》《管理创新与学校发展》等学术著作。在《教育研究》等刊物发表《素质教育的目标体系构建》等学术论文 140 多篇。主持完成教育部社科基金项目、全国教育科学规划重点课题、上海市社科基金等十余项重要课题;承担教育部人事司等多项委托课题研究。主要研究领域为学校管理改进、教育规划、教育评价、教学管理等。

让担当成为自觉、用责任驱动发展

—— 以社会责任感教育实现"为时养器"的办学追求

湖南省常德市第二中学　唐洪波

　　唐洪波,中央民族大学附属中学校长,中学正高级教师,教育硕士,中国教育学会理事,中央民族大学教育学院硕士研究生实践导师,先后被授予全国优秀教师、全国首届教育改革创新优秀校长、全国优秀校长等荣誉称号。先后主持全国教育科学规划课题"创新中学生社会责任感教育的实践研究"等 5 项国家级、省级课题研究,在《上海教育研究》《教学与管理》《中国教育报》等报纸杂志上发表论文 30 余篇,个人专著《责任教育论》由人民日报出版社出版发行。

　　深耕基础教育 30 余年,提出"培养具有高度社会责任感的时代新人"的教育理念,社会责任感教育的实践探索被《中国教育报》《中国德育》等多家报刊媒体深度报道。

探讨教育思想,就无法回避教育的"核心价值"问题,因为思想需要有自己的观点和主张,有最基本的价值追求。根据北师大肖川的观点:"核心价值是全校师生需要共同守护的原则、规范和价值观。核心价值常常体现于学校的'校训'之中,更体现在学校全体师生的思想和行为之中。"我校前身是创办于1888年的德山书院,书院创办之初就确立了"为时养器"的校训。"为时养器"的教育思想在我校百年历史中,沉淀和积累的精神实质需要我们探寻。对"为时养器"的解读,也是对这所学校百年历史的解读。很欣赏唐江澎校长的一段话:"一个校长对本校教育历史的阅读史,就是他的教育精神成长史,办学思想凝炼史。当你对缅邈的历史了然于心时,办学思想自然呼之欲出了。"

一、"为时养器"——我的教育理解与信念

德山书院创立之初,正是常德新学思想萌芽之时,书院痛抉科举之弊,倡导新学,开辟常德西学之先河,是晚清时期常德新学派的活动中心。戊戌变法时期,书院大力宣传维新思想,积极响应谭嗣同在长沙的识务学,培养了一批维新志士,为推翻封建专制统治做出了自己的贡献。德山书院之后学校尽管先后几易其名,但是其胸怀天下、济世救国的初衷不改。这里先后走出了旧民主主义革命先驱、辛亥革命烈士刘复基;参加过万里长征的开国将军潘振武;著名的抗日战地诗人陈辉;留下千古绝唱"管什么过年过节,我只管救国救民"的革命烈士刘泽远……常德二中百年办学历史和一大批以天下兴亡为己任的优秀师生,用他们壮怀激烈的豪情和济世救国的壮举,生动地诠释着学校的教育精神——"高尚的爱国情怀"和"高度的社会责任感",实践着我校"为时养器"办学思想的核心价值——"责任"与"担当"。

"为时养器"的办学思想体现了教育目的、手段、途径与方法的统一,隐含着现代教育的思想与理念,在全面推进素质教育的今天,我们可以从以下几个角度来理解它的内涵:

第一,为社会的发展与进步而办学,是学校教育的根本目的和办学宗旨。当代教育界存在着三种不同的教育价值观,一种是知识本位,以学术发展、知识发展、文化传承作为教育的根本目的与追求;第二种是个人本位,强调教育为个人发展服务,重视人性与个性;第三种是社会本位,强调教育为社会服务。虽然三种教育价

值观对教育的理解和实施各不相同,但是最终目的是统一的,通常只能选择一种主导的教育价值观。"为时养器"体现的是社会本位的教育价值观,学校围绕社会需要办教育、育人才,学生个人围绕社会需要立志成才、承担社会责任。在这种教育思想下,责任感教育、担当精神是学校教育的重要特征与体现。《国家中长期教育改革和发展规划纲要(2010—2020 年)》指出:"坚持以人为本、推进素质教育是教育改革发展的战略主题,是贯彻党的教育方针的时代要求,核心是解决好培养什么人、怎样培养人的重大问题,重点是面向全体学生、促进学生全面发展,着力提高学生服务国家人民的社会责任感、勇于探索的创新精神和善于解决问题的实践能力。"

第二,学校教育要"与时俱进",在继承中创新发展。"为时养器"的"时"体现了时代性,强调教育培养人才应当随着时代发展而不断发展,不能一成不变,不能食古不化,要不断地"与时俱进"。不断创新是现代教育的显著特点,因为教育的社会环境在不断变化,教育服务的社会和个人需要在不断变化,这就要求教育要不断改革创新以适应时代的发展进步。为此,学校教育一方面要重视继承优良传统、重视经验的总结与运用,另一方面也要不断创新发展。培养学生的创新精神与实践能力就需要不断创新的学校教育。

第三,学生要理解时代需要、立志承担社会责任,用责任感和使命感激励学生成才报国。人生观、价值观、成才观是影响青少年学生成才的关键,青年学生应当志存高远,为国家和民族振兴而学习,学校要教育学生立志承担更大的社会责任,在推动社会发展中实现自身的价值与理想。

"为时养器"的思想,体现了我国历史文化传统中"教育作为一项事业,为国家、为社会、为公众利益服务的理念"。以国家利益为先,以社会利益为念,这是中国教育的优秀传统,也是我国教育生存与发展的合法社会基础。这是先辈的教育选择,更应该是今天我辈的教育追求。

二、用责任与担当驱动学生主动发展

有人说西南联大是中国最好的大学,在那样一个国难当头的年代,联大却培养出了杨振宁、李政道、朱光亚、邓稼先等一大批世界顶尖级的人才,可以说是群星荟萃。探寻联大成功的原因,除了联大倡导的"自由之研究精神"之外,"天下兴亡,匹夫有责"的爱国精神一直是支撑着联大师生在艰苦的岁月里激情不减、弦歌不断的重要内驱力。且听联大校歌："千秋耻,终当雪。中兴业,须人杰。""多难殷忧新国运,动心忍性希前哲。"何等豪迈! 正是联大师生在国乱当头、民族存亡的关键时期,表现出来的强烈的历史责任感和使命感,使他们更加奋发图强,成就斐然!

责任与担当,从来都是青年学生奋发向上的不竭动力,周恩来总理早在学生时代就树立了"为中华之崛起而读书"的远大理想,我国力学之父钱伟长院士,当年毅然弃文从理,为的就是"国家的需要,就是我的专业"。培养今天校园里年轻一代的高度社会责任感与使命感,使之从小树立远大的理想与抱负,这是激励我们努力进取的力量源泉。

（一）构建课程体系,社会责任感教育拒绝"两张皮"

课程是集中体现教育价值、实现办学思想的基本载体。任何教育理念的实现,都只有与课程有机地结合起来,才可能避免说一套、做一套的"两张皮"现象。国家课程、校本课程都是实施社会责任感教育的重要载体,这里重点谈谈实践类课程和科技类课程的建设。

1. 实践类课程,使社会责任感教育更具实效性

活动的体验感悟是最深刻的德育,只有在持续的实践活动中才能形成一种持久、稳定的道德因素。实践类课程的最大作用在于帮助受教育者在受教育过程中,将接收到的信息同一定的社会实践相比较,并作出选择。学生在亲身参加实践与探索研究过程中去发现、思考、分析乃至寻求解决问题的办法;在关注社会,思考人生,获得丰富感受、体验以及研究成果的展示过程中,完成道德的内化。研究性学习活动、主题德育活动、社会实践与社区服务等都是实施社会责任感教育的最有效载体。

其中,研究性学习是新课程改革的一种新的学习形式,具有主题鲜明,实践性、体验性强等特点,在培养学生责任感上有其自身的优势。我校高一年级以研究性学习小组的形式开展"刘复基与德山书院""刘复基与辛亥革命"等系列探究寻访活动,追寻校友刘复基烈士的革命足迹,学生去博物馆寻访烈士的生平事迹,采访烈士后代,查阅历史资料,更真实地体验了先烈尽忠报国、英勇献身的革命精神;一部分高二年级学生组成了以"德山旅游资源的调查与研究"为主题的研究性学习小组,通过调查与研究,学生们在实践中了解、认识、研究德山,增强了他们热爱家乡、

服务家乡的情感;另一部分高二年级学生组成了以"德山水污染的调查与研究"为主题的研究性学习小组,对德山的水质,以及沅江德山河段工业污染、生活污染等污染源进行了深入的调查研究。通过研究活动,学生们更深刻地体会到环境保护的重要性,更深刻地懂得:只有人人都树立了环境保护的意识,都自觉地参加到环境保护的实践中,我们才能共同拥有一片美好蓝天。学生们通过研究活动,在参与、体验、感悟生活实践的过程中道德情感得到了内化,社会责任意识得到了培养。

校园主题教育活动是学生喜闻乐见的教育形式,在这些活动中学生润育了道德情感、增强了责任意识。结合社会责任感教育目标,我校构建了"三四五"系列教育活动。配合国家重大节庆日开展的三大节庆活动:以"纪念革命先烈,弘扬民族精神"为主题的清明节;以"发扬五四精神,心系社会责任"为主题的青年节;以"爱我祖国,振兴中华"为主题的国庆节。根据学校实际和季节变化设置的四大校园主题节活动:春季读书节、夏季艺术节、秋季体育节、冬季科技节。围绕社会责任感教育目标设置的五大特色活动:关爱周末、爱心义卖、成人典礼、"两难问题"辩论、三湘伟人故里行。

学生通过参加这些社会实践活动,在实践的大课堂中感受到个体与他者、社会、外在世界的真实存在,感受到个体与外在世界的息息相关,从而更客观地评价自我、国情和社会,判断、选择,承担其所应承担的责任,这种体验是主体的亲历体验,被这种体验所唤醒并激发和释放自身的力量,而不是由权威从外部来灌输与塑造,更能增强社会责任感,并帮助学生提高对自身行为进行分析和管理的能力。

2. 科技类课程,为担当时代大任奠定基础

年轻一代肩负着实现中华民族伟大复兴的历史使命。青少年学生只有具备勇于探索的创新精神和善于解决问题的实践能力,才能在将来担当时代大任,这也是我国由人力资源大国向人力资源强国转型的必由之路。在创新精神的培养中,科技类课程具有其他学科无可替代的独特优势。两院院士,著名科学家,2010年度国家最高科学技术奖获得者师昌绪老先生认为:"让青少年对科学感兴趣,是提高民族科学素质、使我国从大国走向强国的必由之路。""科普就是启发孩子的好奇心,培养孩子的创造力。"但是,年轻一代对科技的兴趣问题,正成为世界性的难题。物理、化学等科技类课程毫无疑问应该是科技教育的主渠道。但是,这类课程所要求的严密的逻辑、费解的推理和繁琐的计算常常令学生望而生畏,同时,为了应付考试,使这样一些以实验为基础的学科,变成了大量的以做题为目的的学习活动,

使学生对科学的兴趣大打折扣。实际表明,科技活动常常是学生喜闻乐见的一种学习形式。为了使科技活动充分提高学生的科学兴趣,我们在科技活动的实施过程中注重两条基本原则:一是拔尖学生的培养与普及性教育相结合的原则。每个学校都希望有学生在各级各类科技比赛中获奖,但是,拿奖肯定不能是学校科技教育的全部,它更多地还肩负着提高大多数学生对科技的兴趣的责任。根据学生的需求,我校开设了机器人、航空模型、电脑制作、发明与创造四类科技活动。对这四个类别,面对不同的学生群体,我们设置了一个"金字塔"形的学习形式。金字塔底部,是面向全体学生的科普类教育,主要以讲座的形式开展,为全体学生接受这方面的教育提供机会;第二个层面,是各年级的兴趣活动小组,这主要由各年级对这一类活动感兴趣的同学组成;金字塔的塔尖是学校的骨干团队,他们由全校在这方面最顶尖的选手组成,肩负着在各类各级比赛中拿奖的使命,将来的某一天这个方面的杰出人才也可能在他们中产生。二是趣味性与科技性相结合的原则。和许多学校一样,我们学校也有科技节,但是我更喜欢把科技节看成是一次"脑力运动会"。我校科技节除了开设一些科学讲座以外,还有大量的几乎是全体学生参与的表演类项目,其中一类相对比较专业,如机器人、航模、电脑制作等,这类活动主要以表演赛的形式参赛。而更多的是像理化生学科的实验操作比赛,如纸桥承重比赛、高空抛鸡蛋比赛,以及科技小论文、小制作、小发明评选等系列活动。这些活动具有操作简单、趣味性强、科技含量较高等特点,并且大多以合作小组的形式参与,既使活动具有广泛的参与性,又培养了学生的团队合作经验。

此外,创新人才培养还需要注重实践环节。我校利用自身地处经济开发区的优势与附近的企业保持良好的合作关系,如恒安纸业、金健药业、洞庭水殖等企业,经常性地对学生开放,使学生开阔了视野,增长了知识,找到了身边的研究课题。

(二)构建"责任校园",使社会责任感教育成为真实生活的教育

杜威说:"学校即社会""教育即生活"。最好的教育不是在课堂上,而是在真实的生活中。要使学生成为有社会责任感的公民,学生的校园生活就应该是有责任感的生活,责任感教育应该成为活生生的生活的教育。在这一点上,我认为最重要的是在学校管理中对学生权利和主体地位的尊重。社会责任感一定是基于个体人格独立、健全、完整之上的责任担当。社会责任感的培养,绝不是以否定自身个性和人格独立为代价的,没有尊重就不可能有真实社会责任感的养成,只有充分享有

了权利才能更好地履行责任。

一个人没有了权利，也就没有了责任，他的诉求就只有通过"骂"来表达。学校搞不好，就是你校长一个人的错，因为师生没有话语权。在教育中也是如此，我们常常要求学生热爱学校、爱护公物，教育学生要承担责任与义务，觉得这都是他们应该做的，而对他们的权利却关注得很少，甚至觉得小孩子不需要什么权利，其实这都是教育的误区。要想解决这个问题，还是得依靠民主，把发言权还给被管理者。有发言权，甚至有参与决策的权利，才会有责任的担当。

还有一个问题就是在我们的学校教育中，学生的校园生活几乎与我们国家实行的民主管理制度无关。学生仅仅在课堂上死记硬背了一些东西，没有把这样一种民主政治制度与自己真实的校园生活联系起来，所以学生成年以后对这方面也没有很强的意识。这其实是我们教育中一个很大的不足。在英美等西方国家，学校的组织管理方式是跟该国的民主政治方式相一致的。如在英国，学校的管理机构叫"学校理事会"，理事会由学生自己选代表与校方领导、社区代表、教育行政部门领导组成，主体是学生，成员采用任期制。理事会是学校的最高权力机关，学校的重大决策都要由理事会做出，校长的职责就是执行理事会的决定。这样的管理模式，就像是英国的首相跟议会的关系。学生在学生时代的校园生活与将来的现实社会的管理模式是一脉相承的。这种管理方式旨在教育学生如何做好一位真正的公民去管理这个国家，这应该成为学校教育的重要内容。这样培养出来的人就会有很强的民主意识和国家认同感。

在我们学校也实行"两会"制，即学生代表大会和团员代表大会。"两会"每年召开一次，仿照我国的人民代表大会制，会议期间校长向大会作工作报告，设立学生代表提案，会议期间展开分组讨论，教务处、学生处、总务处等部门主任列席各组参与学生的讨论活动。在闭会期间，学生代表定期与各部门主任就学校管理中的问题进行"对话"，学生组织对学校工作定期或不定期监督、咨询与评议，定期组织开展"我为二中献计献策"等活动，广泛听取并适当采纳广大学生对学校管理的意见和建议。比如说，我们学校科技楼前面的 6 尊塑像，就是由全校学生从 50 名世界名人中挑选出来的。学生参与学校管理制度的实施，使学生们深刻体会到自己是学校的主人，并感受到享受权利和承担责任的甘苦。这样的管理，一方面更好地体现了以学生为本的管理思想，增强了学生在学校管理中的主人公意识，增强了他们的责任感和使命感。另一方面使学生在学生时代就对我们国家的民主政治形式有了深刻的理解,为他们今后参与国家的管理打下了良好的基础。

在班级管理中,我校也在积极探索增强主人公意识和责任感意识的管理理念。在班级管理上我们倡导"个个是主人,人人有责任"的管理形式。"自管会"就是我们在班级管理中探索的一种新形式。在我校很多班级没有班委会,而是设立由班级选举产生的自管会,自管会在班主任的指导下工作,决定班级的重大事情。有些班级的自管会还享有否决权,能够否定班主任做出的一些在同学们看来不合理的决定;"班级宪法"是由自管会起草,并由班级表决通过的班级法律,自管会在管理日常班级工作的同时,执行班级宪法的规范。通过这样的方式,来体现学生的管理主体意识。为了使学生在学校生活中更好地体会"责任"二字,我们在班级管理中,积极倡导"人人有责任"的管理模式,让每位同学都参与到班级管理中来,人人都承担一份班级管理的责任。有的同学可能在班级管理中只是承担开关电扇、整理图书柜这样很细小的工作,但是,他们身上也肩负了一份班级的责任。

三、以责任与担当重塑教师职业信念

在这样一个价值多元的时代,教师的职业信念也受到了前所未有的挑战,甘为人梯、甘守清贫的价值观、人生观正越来越不被年轻一代的教师所接受。但是,教师职业以人的成长为目标的特性,教育活动的复杂性,面对学生的多样性,教育效果的滞后性都决定了教师职业需要有甘于奉献、勇于献身的专业精神。正如陈玉琨老师所言:"要保证每个学生个性的充分发展,没有教师高度的责任心和敬业精神是无论如何也做不到的。"因此,如何重塑教师的职业信念,增强教师的责任感和使命感,一直是我在学校管理工作中重点考虑的问题之一。

(一) 教师要有为国育才的胸怀

当今时代,教育对社会的影响越来越大,我们说国运兴衰系于教育,作为新时代的人民教师,肩负着为中华民族伟大复兴培养优秀人才的历史使命,教师在面对每一堂课,面对每一位学生的时候,都要有一种肩负国家重托的沉重与庄严!"了解国情、牢记使命"是我校教师专业发展系列活动之一。每个学期学校都会通过开设国情讲座、教育形势讲座,使老师们了解、关注天下事,了解中国的国际环境,各国的发展状况,教育对国家发展的影响,激发教师的使命感;每年国庆节我校都要组织"师生同台爱国歌曲大合唱",以激发教师的爱国热情;每年新教师培训我们都会为他们安排校史讲座,一方面通过讲座让他们了解学校,增强对学校的情感,另一方面借此坚定他们毕生从教的信念,增强他们的使命感。常德二中的前身是于国难当头之际诞生的德山书院,我们的先辈正是抱定教育救国的理想,才在这片热土上建立起这所学校的,今天的我们理应坚守先辈的理想,坚定为国育才的信念。每年的五四青年节学校都要召开青年教师座谈会,与青年教师一道,畅谈人生理想、社会责任,激励青年人要立大志、做大事,树立为社会的发展与进步、为国家的强盛与兴旺培养优秀人才的观念;为增强青年教师服务国家的情感体验,学校还与我省贫困地区湘西的古丈县岩头寨完小建立了合作关系,学校每年都会在"五四"前夕派一部分年轻教师去与当地的老师交流教学,帮助、慰问贫困学生,体验当地的师生生活,增强他们的责任感与使命感。

(二) 教师要有以生为本的情怀

教育是引领人成长、启迪人智慧的事业,教师工作的好坏将影响学生一生的发展和成长。生命不能重复,青春不可重来,教师职业不容半点懈怠。教师以生为本的情怀来自教师对学生的爱,来自教师的责任感,来自教师对自身专业发展的不懈追求。

1. 让爱心成为教育的底色

我非常欣赏苏霍姆林斯基所说的"没有爱,就没有教育",并且将这句话印在了我校教师备课本的封面上。爱心应该成为教育的底色,一个对自己的学生和事业没有热爱的老师是一位不称职的老师。我校每年都要举行由全体学生投票产生的"最有爱心的教师"评选活动,学生投票过程不受学校行政的影响和干预,获奖教师的颁奖词由学生撰写,奖杯由学生颁发,颁奖典礼仪式盛大而隆重。被选出的老师会特别开心,觉得这是自己最大的荣誉,做教师的能得到学生认可就是对自己最大的肯定。"爱学生就像爱自己的孩子",这样的观念已内化为我校教师的自觉行动。高二年级的袁海燕老师所管理的班级有学生住院,她在晚自习辅导结束后,再到医院,在学生的病床边守候了一个晚上;细心的彭恒陆老师发现所管理的班级中有一名同学,每餐吃饭只有一个菜,了解到原来学生家境贫困,便在自己家庭经济并不宽裕的情况下,每个月给学生 200 元的生活费……

教育强调教师对学生无私的爱,尽管我们从不奢望我们的付出能得到多少回报,但是,我总认为最完美的爱是相互的。因此,在工作中,我总是试图让教师知道我们的付出在学生心中所种下的善果。每年的教师节,学生会、团委会都会号召每个班为教师过节,这一天全校各个班都会邀请老师们到自己的教室里,通过语言、文字、视频等多种形式来表达自己对老师们的感激,特别是孩子们所表达出来的,那些常常被老师们忽略的情节会让教师特别动容。此刻,老师们会发现孩子们原来是如此的可爱,我们为之辛勤付出的劳动是值得的。

2. 让情感体验激发教师的责任意识

教师对学生责任意识的强化,仅仅依靠说教是不够的,教师责任意识的建立,需要给教师以情感体验。家访是我校教师每学期的必做功课。家访的最初目的是家校结合,更好地了解、教育学生。但是,通过一段时间有计划、有组织的家访以后,我发现家访对教师本身也是一种教育,家访能够增强教师对事业的责任感和使命感。我校很大一部分学生来自农村贫困家庭和下岗工人家庭,老师平时并不能感受到学生的贫困程度,但是,通过家访,老师们惊讶地发现有些学生的家境竟会贫困到难以想象的程度。面对这种情况,老师们常常会不遗余力地帮助学生,同时也会尽自己最大的努力去教育好这些孩子,让他们通过接受好的教育来改变自己的命运。因为读书几乎是他们唯一的出路。我校班额相对较大,教师很难做到对所有学生深入细致的了解,家访能够让教师有机会全面地了解每一位学生,发现一些在教室里看不到的东西。当我们的老师来到一位父母不在家的学生家中,那个十五六岁的男生给老师端上热气腾腾的鸡蛋时,老师的眼眶湿润了:平时默默无闻的学生竟有如此可爱的一面。老师有什么理由不为这些可爱的孩子呕心沥血。每每这时,我们的内心都会对那些我们平时还照顾不够的孩子产生一份歉疚,而这些都将成为教师工作的力量源泉。

3. 让教师明白你对学生的成长有多重要

"寻找那些感动的瞬间"是一项促进教师专业成长的活动。我常常想,老师其实并不清楚自己对学生一生的发展、性格的形成有多大影响。老师不经意的一句话、一个眼神、一个举动可能会影响学生一生的发展。于是,我们就主动去收集那些"感动的瞬间"。上大学后的杨海同学在写给老师的信中说:"老师,那天您在周记里对我说,我是一个在班上默默无闻的人,希望我在默默无闻中给您一个惊喜,今天我做到了。"我想正是老师在周记里的那句话一直激励着这位同学,不要辜负老师的希望。也许老师已不再记得,但是它却是学生不断进取的力量源泉。这些真人真事经过认真整理，编写成了一本名为《老师，你的责任有多重》的小册子，并发放给全体教师职工，让老师们时刻感受着自己对学生的责任。

（三）教师要有不断进取的专业诉求

尽管我们说"有爱，才有教育"，但是，教育仅仅有爱是不够的，优秀的教师，不但要有母亲般的爱心，更要有坚实的专业素养和教育教学能力。在我校，我们提出了"大师才有大爱"的教师观，也就是说只有具备高水平的教育教学能力，在教育教学实践中培育出优秀的人才，才是对学生最大的爱和责任。在实践中不断地提升自身的教育教学水平，同样是教师的责任与使命。

1. 积极为教师专业发展搭建平台

（1）建立校际交流平台。聘请著名专家和学者给教师上课，让教师在聆听与对话中反思自己的教育实践，更新自己的教育观念，提升自己的教育品质。学校还为教师提供多种层次的培训，如参加在郑州、贵州、广州举行的全国"聚焦课堂"新课程培训，参加在成都举行的全国新课程教学与管理研讨会，参加在桂林举行的全国中小学校本教研研讨会，参加在长沙举行的全省新课程教学与管理研讨会、全省中小学校本教研研讨会等。（2）搭建网络学习平台。建立自己的校园网站，打通与外界联结的渠道。教师可以通过校园网上的链接直接进入国内外重要的教育网站，收集资料进行学习，而且教师还可以在校园网站中的教师频道和"青莲论坛"发表自己的看法，进行专题交流。

2. 积极为教师发展做好专业引领

专家引领是教师成长和发展的重要途径，是教师实现专业化发展的客观要求，为此学校积极采取了"请进来"和"走出去"的双效机制。如，长期聘请中学教育专家担任教学顾问，指导青年教师成长；先后多次选送部分青年教师去外省市、美英等国家进行考察学习。这些活动促使教师们不断地更新教育教学观念和专业知识结构，从而有力地推动了他们的专业成长和发展。

3. 积极鼓励教师结合教育教学实践开展教育科研

我校一直以来都将教育科研当作促进教师专业发展的重要途径，承担国家、省、市级教研课题二十多项，并制定了较为完整的科研制度，大部分教师都在积极参与课题的研究过程中得到发展。学校各课题组定期组织成员学习教育教学理论，并做好教育信息的传播交流，培养教师多种能力，提高教师综合素质。除定期召开课题组成员的理论学习和研讨活动之外，还在全校组织了系列学习活动。如，每周星期四举行教师论坛、组织教师参加各类教育科研活动和科研培训、利用网络技术加强对教育信息的传播与交流。此外，学校课题研究强调立足教育教学实践，并重点关注当前课堂教学过程的几个环节：备课、说课、授课、听课、评课以及教师个人撰写教后感、教后记。在实践中及时发现问题，研究改进措施，如实行集体备课，开展各类比武课、示范课、集体听评课，要求教师撰写教学反思，等等。

四、让责任与担当成为学校精神文化的核心

学校作为一种特殊的社会群体和组织，它既是一种教育制度，又是一种文化模式。校园文化是学校整体所体现的一种精神风貌，是学校长期办学所形成的一种内在的文化氛围，凝聚着学校的学风、教风和校风，对学生具有潜移默化的价值导向作用，能够深入到他们的内心，浸透他们的心灵，激发他们的责任感，是学生社会责任感教育的助推器。一直以来，我校都将责任感教育作为学校精神文化的核心，努力营造"责任校园"。

（一）重视"仪式"的教育功能

仪式是文化的重要存在形态。中华文化源远流长，其中很大一部分是通过仪式来传承的，我们通过婚礼，期望夫妻之间彼此忠贞；通过葬礼，来表达对逝者的怀念和对生命的敬畏。我们的学校也会通过一些仪式来诠释"责任"这一主题。

升旗仪式是培养学生爱国热情的重要载体。我校升旗仪式隆重而庄严。每年高一军训，我们都会请部队的教官培养一支国旗队，以后每周一的升旗仪式都由国旗队的7名同学，迈着整齐的步伐，伴着庄严的国歌声以标准的姿势将国旗冉冉升起。我校学生有一篇必读的文章《国旗、国歌、民族精神》，文中有一个故事：一位中国军人和友人一起去西点军校参加一个露天演奏会，晚会开始之前，他们遇到了西点军校降旗仪式。当美国国歌奏响时，一个令我们这位中国军人终身难忘的场面出现了：在场所有的美国人，不管男女老幼，全都站了起来，面对国旗肃然而立，全场鸦雀无声。我是在上大学的时候读到这篇文章的，当时我就在想，我希望二十年、三十年以后，当我们的国歌奏响的时候，当我们的五星红旗升起的时候，我们的国人无论在干什么，都能够停下来，面对国旗肃然而立，那一天我们的国家就强大

了。今天,距我读到这篇文章已经接近二十年,国人还远未达到这样的境界。但是,令人欣慰的是,今天在二中的校园里,当国歌奏响,国旗升起的时候,我们的师生无论在干什么都能自觉地停下来,面对国旗肃然而立。我想这就是文化。

学校每年为高二年级全体学生举行历时一天的成人仪式,并以20公里以上的远足历练来培养学生坚韧的品性。成年了,意味着更多的责任,更大的担当,而坚韧不拔的品格,永远是担当责任的基础。对于现在的孩子,这将近五个小时的远足,是他们人生旅途上第一次体验什么叫真正的"苦",什么叫顽强,什么叫坚持。其实孩子们是优秀的,这一活动,我们已经连续开展了五年,每年都没有一个学生中途放弃,有些孩子因为身体的原因,面临的困难更大,但是,他们都顽强地坚持了下来。在这一过程中,全年级的教师全体参加并且陪同学生走完全程,真正发挥着教师的示范作用。令我印象深刻的是,在行程过半时,一位40多岁的女教师体力不支,学生、教师都劝她去坐随行的保障车辆,但是,她拍了拍裤脚的灰尘,坚定地说:我走了一大半了,如果放弃太不值了,我要坚持走到底,我要挑战自己,战胜自己。老师们的这种精神也深深地影响、感染着学生,激励他们克服艰难,绝不退却。到达目的地之后,全体同学集体朗诵梁启超先生那篇著名的《少年中国说》:"制出将来之少年中国者,则中国少年之责任也……少年智则国智,少年富则国富,少年强则国强……少年胜于欧洲,则国胜于欧洲,少年雄于地球,则国雄于地球。"几百人齐声朗诵,响彻云霄,激动人心。这一天他们吃了有生以来最大的苦,这一天他们庄严宣誓:……恪守"为时养器"校训,发扬"爱国勤学"传统,立志成为具有高度社会责任感的有为青年,以我火红青春,建设锦绣中华,以我壮志激情,创造崭新未来。

学校每年都会为高三年级精心策划毕业典礼。整个典礼分为三年生活回顾、师生代表讲话、班主任寄语三个篇章。随后,高一同学进行友情演唱,校长为每位同学颁发毕业证书。我对负责组织的教务处说,毕业典礼就一个要求,要让学生流泪,让他们在离校之前痛痛快快地哭一场。我想以此来让这些即将毕业的同学永远记住这一天,记住这里的老师,记住这所学校。一个对教过他的老师,培养过他的母校都没有感情的人,怎么还能指望他对社会、对国家有责任感呢?因此,我校寓感恩教育于毕业典礼当中,德育工作精雕细刻,在学生进入二中以后就开始引导他们制定成长记录袋,在毕业典礼时,学生将会以视频的形式回顾他们三年的高中生活。毕业典礼往往是师生内心的潮水尽情涌动的时候。去年的毕业典礼上,马丽老师泪流满面地说:"三年时光,无情地改变了我的模样,衰老了我的容颜,剥蚀了我的青春。但是,我还是要感谢你们,因为,在我最美的青春年华里,是你们给了我快乐与充实,是你们给了我包容与理解,是你们让我睿智成熟。你们的陪伴,你们的智慧,将会坚定一个年轻老师毕生从教的信念,更会照亮一个年轻老师工作的前程。"师生们饱含深情的讲话,让我禁不住湿润了眼眶。

(二)挖掘"故事"的育人价值

故事是传承、分享和纪念人类智慧与文化的一种重要方式,是最古老的教育形式之一。中国教育学会副会长朱永新教授有一段论述:"没有自己的英雄叙事,没有自己学校里值得流传的故事,没有这所学校里走出来的英雄,这所学校还没有自己成熟的文化,它的故事还没有真正开始。"从某种意义上说,充满故事的学校才是具有文化内涵的学校。故事能够促进学生社会性的发展,形塑学生自我和他人的关系,通过分享他人的知识和经验,意识到自我同他人之间的共同性,形成一种真实的共同体的感觉,而且通过彼此之间的差异性,培养他们宽容与尊重的品质。我们生存的意义亦嵌入故事之中,因为已发生的和正在发生的故事形塑了我们是谁,我们有何责任,我应该如何承担责任,……每个学校都有很多故事,这些发生在师生、校友身上的人和事,在很大程度上影响着全体师生的观念和行为,这就是文化。在我们学校有很多优秀的校友,这些校友的故事是教育的重要素材。刘复基、潘振武、刘泽远都是我们学校的英雄。我们一般通过三种形式来呈现校友的故事:一是学生讲学校的故事。我们在每个班都会培训几名学生,让他们了解熟知学校的历史和英雄人物,希望通过他们传递我们的校友文化、校园文化。二是校友讲自己的故事。为使校友故事更富说服力,每个学期我们都会请一些校友来学校,为同学们讲述他们的故事。三是书本讲学校的故事。学校组织编写了《校友故事》读本,选定了 30 位有代表性的校友,有赫赫有名的革命家、科学家,也有平凡中彰显伟大的普通一员。他们的感人故事,同样影响激励着我们的学生。

(三)建设富有教育价值的物质环境

校园环境对学生世界观、人生观、价值观的形成起着潜移默化的教育作用。学校物质环境的典雅、人文环境的高雅都是学生健康成长的活教材,优质的学校应该在物质和人文两个方面用心营造良好的育人环境,为学生的健康成长创造条件。

校园环境的优美,首要在于其育人功能。没有育人功能的校园环境,再"美"也只能算是绣花枕头。我校从自然环境、人文景观、建筑风格、文体活动设施、校园网站等方面精心改造和设计校园文化环境以达到育人的目的。校园环境对学生的思想道德素质发展起着潜移默化的作用,集中地反映了一所学校文化价值观念,尤其反映了教育目的的价值取向。良好的校园环境是师生学习、工作和成长的舞台。学生通过对校园物质文化的反复解读,不断塑造自身的品格,拓展自身的生活视野,形成了相应的文化价值观念。置身于优美的校园,学生不仅体会到一种自然美、环境美,还能净化自己的心灵,产生积极向上的精神风貌。如我校的校史长廊、校友塑像、伟人塑像,都激励着学生立大志、做大事,为国家、社会和人类的进步发展勤奋进取的豪情;先辈留下的宝贵物质遗产——迄今已300多年的"两棵樟"蕴含着百年二中丰厚的底蕴,象征着二中欣欣向荣的未来,也激励着二中学子不断进取,努力成为国之栋梁。

(四) 整合社区资源,建设良好的校园外部环境

学生是社会的人,围墙内的教育只有与围墙外的教育有机结合起来,才能达到最佳的育人效果。因此,我校结合社区、家庭的力量,努力为学生的成长塑造一个良好的外部环境。

作为教育人我们常常叹息学校教育五天,不如社会教育两天。因此,我校充分挖掘社区资源,拓展教育时空。在这一点上,列举我校两个成功的案例。

案例一:和许多学校一样,我校校门前有大量的餐馆、小型超市等店铺。有那么一段时间,一些店铺老板为吸引学生,为少数学生提供不应有的服务,如有些店铺为学生提供香烟、含酒精的饮料甚至提供室内"雅座"等。后来这些地方逐渐演变成社会青年敲诈、利诱学生的场所,这些问题成了学校校风和安全工作的顽症。为此,学校多次邀请工商、公安等职能部门协助整治,但是效果不明显。

面对棘手的局面,2004年我们开始改变工作思路,决定邀请这些店铺的老板参与学校的管理。校领导、教师多次与各位店老板交流谈心,并且动之以情,晓之以理,希望他们为学校周边的环境优化出谋划策,担任我校校外"校纪校风的监督员"。之后,这些店铺老板逐渐拆除了不必要的雅室,不再向学生出售香烟等不利于学生健康的商品,并能配合学校及时劝导一些行为不规范的学生,避免了很多不安全事件的发生。今天的二中有一个良好的校园周边环境,这些校风监督员功不可没。

案例二：我校独处一隅，是本区唯一的一所省示范性高中，本区义务教育阶段的大部分学生将来都要升入我校高中。鉴于此，学生在升入我校高中以前的教育质量也是我们关注的问题之一。长期以来，我校与本区初中和小学保持良好的合作关系，努力培养新生的综合素质。同时，我们也注重本区家庭教育工作的开展。2004 年国庆节，我校首次开展了面向本社区的家庭教育指导宣传活动。活动期间，我校在咨询点播放指导家庭教育方面的录影带，并选派 10 位优秀的班主任担任义务咨询员，发放家庭教育的小册子，为前来咨询的家长提供指导和帮助。此次活动取得了良好的社会效果，共接受咨询 600 多人次，1 000 本家庭教育小册子散发一空。此后，我校坚持每学期安排一次家庭教育宣传活动，不断拉近学校与社会的关系，进一步扩大学校的社会影响力。

结束语

这些年，我一直试图去解读这所百年老校，这些天，我一直尝试着去诠释"为时养器"，但总觉得力不从心，这使我想起"行者"一词。我只能是一名行者，只是这历史长河中的一朵浪花。作为校长我有责任去探寻，但是，她太宽广、深邃而博大，而我的认识又过于肤浅，所以我只能以行者的姿态继续跋涉，尽管艰难，但是并不孤独，因为，有那么多的先辈，他们给了我智慧和勇气，因为，还有来者，他们给了我希望和未来。

参考文献

1. 肖川. 好教育 好人生[M]. 南京：江苏教育出版社，2009.
2. 师昌绪. 青少年不能只在课堂上接受科普[N]. 中国教育报，2012 - 4 - 9.
3. 陈玉琨. 一流学校的建设[M]. 上海：华东师范大学出版社，2008.

用责任担当教育的使命

教育部中学校长培训中心/戚业国

我认为唐洪波校长对教育的理解是"责任与担当",他也一直在践行用责任担当教育的使命。

教育思想有"个人本位"的,也有"社会本位的",唐校长的教育思想是典型的社会本位的教育思想,其基础是"教育应该推动社会的进步"。他把教育的责任理解为:培养"有责任、敢担当"的未来公民。

第一,教育是文明传承的基础,办什么样的教育就决定了留给未来一个什么样的世界。

第二,培养具有责任、敢于担当的公民是教育对中华民族伟大复兴的最大贡献。

第三,"有责任、敢担当"是未来优秀人才的基本品质,也是优质高中的基本培养目标。

第四,责任缺失是当代社会的顽疾,重建责任社会需要教育担当自己的历史使命与责任。

唐校长从三个方面进行了实践探索:

一是努力探求、追寻学生成才动机,以责任与担当驱动发展。当今社会,中学生面临人生目标迷失、动力缺乏等问题。建立新中国的动力是"当家作主",改革开放以来的发展动力是"发家致富",没有贫困记忆的"未来栋梁"的动力来自何处?"建设美好社会、为民族强盛担当、为公民社会负责是未来人才的社会使命,责任与担当是动力源泉"。

二是以责任与担当重塑教师职业精神。基于功利的发展动机影响教师的专业发展，给教师带来了挫折感。唐校长和常德二中的实践探索：责任与担当是教师专业发展的动力基础，帮助教师从目前发展的困境中转向追求教师的崇高感和成就感。这是提高教师职业幸福的关键途径。

三是让责任与担当成为学校的文化。常德二中模拟公民社会的学校民主管理体系建设：让学生在负责中学会责任——人人成为负责人；让全体师生在参与中体会担当——人人为学校担当。常德二中用"使命、责任、目标、担当"激起每一位师生的教育激情；用"仪式、故事、话语"将责任与担当浸润到学校毛细血管，融化到学校精神的血液中，从而建设"责任校园"，形成责任文化的氛围。

唐校长试图做"有责任与担当"的校长。

第一，在点滴平凡的教育中实现校长的担当——没有满腹的牢骚、没有激昂的表情，把责任与担当融化到平静的教育行为中；

第二，在坚持中实现担当——理直气壮地坚持正面教育、坚持核心价值教育、坚持英雄教育，用崇高与理想实现责任与担当教育；

第三，实现学校责任——为家长负责、为学生负责、为社区负责，担当学校的社会责任；

第四，给责任与担当教育赋予时代内涵、适应时代特点。

最后用一句话总结唐校长的教育思想，就是"于无声处见思想"。平淡而安静的校园，沉淀着120多年的文脉；谦逊而朴实的师生，流露着肩负责任的火热激情；雕塑、名言在默默诉说着学校的使命与追求；学校正像他的校长：低调、宁静、不争，在踏踏实实的行动中守护着自己的责任与担当。也许不够耀眼，也许不够辉煌，但大写的责任镌刻在学生心上，让每一个接近的人心生敬仰；教育思想未必在慷慨激昂的演讲中，也许不需要写在长篇大论的书稿里，或许不需要金牌和名人来佐证，教育的责任与担当早已融化到了教育行为中。于无声处见思想，这就是我所理解的唐校长的教育思想！

戚业国，教育学博士，华东师范大学教授，博士生导师。曾任教育部中学校长培训中心副主任，2006年入选教育部新世纪人才支持计划。在教育管理中专长于学校发展规划、学校管理改进、教育质量管理。在2001－2005年教育部与联合国儿童基金会合作的 SDP 项目中承担了主要理论设计与指导工作。长期深入基础教育学校从事学校改进的理论研究与实践，在学校管理改进、课程与教学改革、教师发展等方面做了大量工作，是我国最早进行研究性学习理论设计与实践的专家之一，研究发现了校本研修的信息均衡问题，提出了解决班主任问题的班级组模式，开发了基于质量指数的学校质量管理体系等大量学校管理技术方法并在众多学校得到应用，取得良好成效。

出版《民间高等教育投资的跨学科研究》《课堂管理与沟通》《课程管理与课程评价》《走向高效能课堂》《管理创新与学校发展》等学术著作。在《教育研究》等刊物发表《素质教育的目标体系构建》等学术论文 140 多篇。主持完成教育部社科基金项目、全国教育科学规划重点课题、上海市社科基金等十余项重要课题；承担教育部人事司等多项委托课题研究。主要研究领域为学校管理改进、教育规划、教育评价、教学管理等。

中国心灵、国际视野、人文情怀

深圳外国语学校　汤佳宏

汤佳宏,原深圳外国语学校校长、党委书记。深圳市地方级领军人才、深圳市教书育人模范,享受深圳市政府特殊津贴。广东省教育学会理事、广东省中小学校长工作室主持人、深圳市汤佳宏名校长工作室主持人。获评深圳市优秀校长,并被全国教师教育协会授予"全国优秀校长"称号。

　　在带领深圳外国语学校争创"国内外一流名校"的进程中,率先提出"四校建设"的顶层设计,和培养"两敬两高"现代人的德育目标。2018年起受聘担任南方科技大学附属教育集团总校长、南方科技大学教育集团(南山)总校校长兼九年制新学校南方科技大学附属实验学校校长。正依托南科大"双一流"的优质资源,探索"基础教育—高校"贯通式培养拔尖创新人才模式,力争将成员校办成高品质、有南科大"附属"特色的基础教育品牌学校。

引言:"深外现象"

2010 年 11 月 22 日,《中国教育报》以"深圳速度的教育奇迹"为题,用整版篇幅介绍了深圳外国语学校 20 年名校建设历程。深外的跨越发展被《中国教育报》誉为奇迹,而我们更愿意称之为一个现象即"深外现象"。作为中国改革开放的窗口与先锋城市,深圳从一个边陲小渔村发展成为现代化国际大都市用了 30 年时间;作为深圳之子的深圳外国语学校从无到有,从寂寂无闻到蜚声南粤,则用了 20 年时间。20 年的光阴对于一所学校的历史积淀而言并不算长,但却见证了全体深外人奋发有为,弘扬"敢闯敢试"的深圳精神,以深圳速度在基础教育领域创造了又一个跨越腾飞成就的荣耀历程。

深圳外国语学校创办于 1990 年,经过 20 余年的建设发展,今日深外已然实现一校五部,辖高中部、初中部、国际部、分校、附小等,师生人数逾 7 000 名,办学规模在深圳居前;自有毕业学生起,深外中考、高考成绩便始终列于深圳前茅,学生在各类国家级及国际赛事中频摘桂冠。深外先后获评市教育局直属重点学校、广东省一级学校、国家级示范性高中、全国文明单位及广东省文明单位,是全国现代教育技术实验学校、全国依法治校示范校、全国首批 13 所可保送 20% 高中毕业生上重点大学的外国语学校之一,是全国外国语学校理事学校。今日深外,已发展成为拥有 1 000 多万人口的深圳地区众多学子心目中的求学首选之地。

桃李不言,下自成蹊。深圳外国语学校何以能够在如此短的时间里创造奇迹,交出一份骄人的成绩单?其能实现跨越腾飞的原因何在,名校建设之路的依托何系?在我们看来,不凡的成绩背后,定然有着不凡的原因——那就是深外人拥有的,在名校建设探索实践过程中逐步孕育与生成的正确的教育理念与先进的办学思想。

一、深圳外国语学校办学理念与目标愿景

(一) 深圳外国语学校办学理念

当前,在我国高中教育中,学校同质化现象严重,"千校一面"的状况较为普遍。在同级教育中,不同层次、不同环境的各个办学实体——特别是学校,在办学体制

和高校招生制度的框架下，办学基于同一种目标、采取同一类做法、说同一类话语、培养出同一类风格气质能力的学生，其实质就是"无差别教育"，这导致在同类教育中，气氛单一，风貌单调，学校没有个性，难以产生思想激荡，难以产生文化比照，缺乏内涵上的竞争性，削弱了互相启发意义，也造成了公众和学子缺少选择性。同时，学校的潜能和教师的潜能没有得到充分发挥，学生个体也缺乏个性，千人一面、千部一腔，培养出来的人才没有多样性，不能适应和满足国家发展进步的需求。

为此，《国家中长期教育改革与发展规划纲要（2010—2020 年）》特别强调要"注重教育内涵发展，鼓励学校办出特色、办出水平，出名师、育英才"，要"推动普通高中多样化发展"，明确了"鼓励高中办出特色"，要改变"千校一面"的传统教育模式，形成百花齐放的办学局面。可见，"办出特色、办出水平"是国家中长期教育改革和发展规划的重要思路，是提振教育活力的客观需要，是我国教育发展的历史必然，也是各级各类学校今后办学应当高度重视、认真贯彻落实的任务。

"特色"建设是优质学校的应有之选、责任所系。努力打造与逐步形成办学特色，是当今世界教育发展的大势所趋，也是学校可持续发展、成功走向未来的必由之路。办学无特色，意味着学校将来发展无出路。在办特色学校的实践中，优质学校以其优越禀赋和特有资源，义不容辞应率先在"办学特色化"上有作为、见成效、出成果，发挥其示范和辐射作用。在"优质"的土壤上更能够培育出娇艳的"特色"之花。作为广东省基础教育领域的一所名校，深圳外国语学校已经在办特色学校上面交出了自己的成绩单，当然，今后我们还需进一步努力，让"优质"之壤更加肥沃，让"特色"之花更加娇艳，并在践行《纲要》、建设特色学校上发挥更大的作为。

（二）深圳外国语学校的目标愿景

深圳外国语学校从创办的那天起，就以"办国内外一流名校"为奋斗目标，近年来更是坚定不移地走内涵式科学发展之路，强化"特色、优质、精细、和谐"的核心竞争力优势，致力于培养大批中国心灵与国际视野兼具、人文情怀与科学素养相长、创新精神与实践能力相融的国际化复合型人才，把学校办成全省领头、国内领先、国外亦具一定影响的一流学校。学校具体发展目标包括——

（1）建设外语特长的名牌校。在社会声誉与办学综合质量上努力达到在全国外语类学校中的前列。在外语学科建设上，目前我校已开设英语、日语、法语、德语、西班牙语和俄语 6 个语种，是国内开设语种最多的中学之一。在突出外语特色的同时,深外同样注重打造各门基础学科的全面优势,培育造就具有"特而优、全而好"的高才、具"中国心、国际眼、人文情"的高素质的国际化复合型英才群体。"先行先试先天下,创特创优创一流",瞩望未来20年,深圳外国语学校立志恒远,正站在新的历史起点上奋然开启新一轮创业进程,朝着"办国内外一流名校"的宏大目标坚实迈进。

(2)建设素质教育的示范校。确立完善"人格激发智慧,智慧完善人格,全面发展+外语特长"的人才培养模式,形成我校独特、系统的素质教育经验,引领地区教育发展。学校将以十二五规划的实施为抓手,认真总结与进一步完善"双一体两翼"为基本内涵的学校发展模式,即——

A项.一个基础(中国心、爱国情)为一体;两大要素(国际视野、人文情怀)为两翼,培育大批国际化复合型人才;

B项.学校文化为 体,外语特色、优质全面的教育教学文化,以及以和治校、精细管理的管理文化为两翼,铸特铸优铸品牌,创精创和创一流。

(3)建设民主管理的样本校。培育依法办学、自主管理、民主监督、社会参与的现代学校制度,构建和谐共生、融洽相处的校园、家园、乐园,凸显"特色、优质、精细、和谐"的核心竞争力优势,获得跨越式发展的保障。

二、"中国心灵、国际视野、人文情怀"的文化内涵

综观中国乃至世界,无论学校竞争抑或企业竞争,归根到底都将取决于文化的竞争。是否拥有独特而优的学校文化底蕴,将决定一所学校的生存质量与发展空间,决定其是否能够拥有今天,赢得未来。

(一)"中学为体,西学为用"新义

"中学为体,西学为用"原是近代史上改良思想的产物。其"中学"指以孔孟之道为核心,维护三纲五常的儒家学说;"西学"指近代西方的先进科技。显然,这不是我们所认同的主张。

在深圳外国语学校的学校建设中,我们可以推陈出新,对"中学为体,西学为用"之说进行改造扬弃并赋予其新义。我们所引"中学"与"西学"、"体"与"用"与前人所叙不同的是,"中国心、爱国情"构成了"中学"的主体内容之一,"国际视野"可

将西方现代的科技人文思想等西学内容纳入视野,"人文精神"则应可成为兼容"中学""西学"内涵的范畴。归结到"体",则是代表本国基本社会结构和文化思想内核,"用"则是一系列观念、方法与技巧层级的概念。也就是说,对国家来讲,中学为体包括基本政治制度、国家行政系统及社会主流文化等。对一所学校而言,中学为体就是要以培养学生确立爱国心、报国志为本的中国特色社会主义核心价值观为旨归和指向,西学为用则在于培养学生形成开放的现代意识、全球观念、国际视野以及跨文化的交际能力。

深圳外国语学校在创办发展过程中受到了本土价值观与西方价值观的双重影响。我们在中西价值观的比较中,既传承弘扬优秀传统,并尽力推陈出新,培养新时期新一代的爱国者;又面向世界,博采众长,用以培育学生的时代精神和人文关怀,使学生认清当今国际竞争的实质是以经济、科技和人才为基础的综合国力的较量,崇尚人文与科技精神,也提倡竞争与合作的意识,借此充满自信地面向未来,走向世界。

(二)"中国心灵":爱国心与报国志的统一

学生是否具有拳拳爱国之心,殷殷报国之志,这是学校德育工作,也是深外一切工作的出发点和归宿。爱国主义是中华民族之魂,是中华民族精神的核心,它支撑着中华民族的过去、今天和未来。树立爱国主义思想,弘扬中华民族精神,是学生报效祖国、参与实现中华民族伟大复兴的精神动力。早在创校之初,深外就已特意将"爱国求知"作为了校训,特别突出了作为外语学校的德育追求。鉴于学校的外语特色、专业培养方向的涉外性质,深外学生有较多接触外国西方文化、参与涉外事务的机会,是"把根留住",始终深爱自己的国家并愿为振兴中华竭尽全力,还是崇洋媚外,成为一个国家、民族观念淡漠缺失的"空心人",这是衡量一个学生人品,也是检验学校教育成败的基本标尺。深外将中国心灵、家国情怀深深植入自己的学校文化内涵,始终立足于引导广大深外学子树立正确的国家民族观,形成爱国主义信念,不厌其烦地教育引导学生成为一个对祖国充满热爱的爱国者,对民族充满认同的民族主义者。

在深外的德育教育体系中,中国心、民族情以及国际视野、人文情怀是一个有机的构成。在营建学校爱国主义教育思路上,我们的德育工作始终注意以培育学生的"中国心、民族情"为本,营建形式多样化、内容系列化、途径网络化的德育特色体系,更加全面地体现其针对性、校本性和实效性。在推进爱国教育工作上,学校通过"制度化、规范化、系统化、精细化"四化工作,抓常规常态建设,以品行习惯、生活习惯、劳动习惯、学习习惯为切入点,深化教育内容,着力培养学生的爱国主义品质情操。

(三)"国际视野":立足本土与放眼世界的统一

世界经济的一体化,对外经济文化及教育交流的日益频繁化,以及人们生活工作中的国际交流愈益常态化,都已是不争的事实。对于中国的学校师生来说,必须具有国际化的意识和视野,提高参与国际竞争的能力,才能够积极适应这一社会发展的大趋势。而这种趋势下所指的国际视野,就是我们在思考、解决问题之时,要从适应国际化发展的需要来认识、思考和作为,从地区、国内转向国际这样广泛的领域,所谓眼界要宽,视野要远,立足要高。

归纳学生国际视野的培养,应当包括五个方面:第一,认识视野。要有积极的认识世界,了解世界发展和变化的态度和兴趣。第二,学习视野。对一些自己感兴趣和有发展趋向的区域以及领域,不断学习,进行资料搜集、信息加工,汲取有用的东西。第三,实践视野。具有国际视野,不单是知识的学习过程,更是一个实践和体验的行为过程,这样才能使国际视野得到真实的图像图景。站在国际化的角度来理解和解决问题,进行实践,加深国际化认同和理解,尤其是应用。第四,交流视野。扩大国内国际交流。交流是一切学习和实践的最有效方式,也是最经济的方式,还是一种最为直接的方式。第五,情怀视野。培养自己具有国际情怀和人类共同关怀意识。追求普遍的人类价值观。打破狭隘地域和民族的思维,确立广阔的人类的共同的思维品质和情感。

如果以国际视野为广度和背景来考虑外语特色学校的建设,我们会发现外语特色建设从形式到内容都具涉"外"性质,外语特色的建设可帮助学生进一步认识了解各国文化、世界的发展,进而确立国际视野、全球眼光;国际视野的见识素养又能够促进学生学好、用好外语工具,帮助学校管理者建立一个富有深度、广度及长度的外语特色文化系统。国际视野与外语特色相辅相成,互为促进,有着紧密而内在的联系。早于建校之初,深圳外国语学校就已开始探索国际视野背景下的外语特色学校建设工作,深外20余年的跨越腾飞历程,其实就是我们以国际视野、中国气派在教育领域用深圳速度创特创优创一流的过程。

(四)"人文情怀"：科学素养与人文精神的统一

培养学生的科学人文精神，这是人文情怀的广义蕴涵。联合国教科文组织国际 21 世纪教育委员会在《教育——财富孕育其中》一书里指出，"教育应当促进每个人的全面发展，即身心、智力、敏感性、审美意识、个人责任感、精神价值等方面的发展"，这里面理应包含了关心人类文化、关心人类文明的责任和精神。人文也是中国传统文化的精髓，中国的"文"以"人"为本，"人"以"文"为内质。它通过人与自然、社会和心灵等诸关系的调节而生发出礼乐文化、人伦文化、生存文化等。所谓人文精神、人文情怀，是指对人的生命与尊严、意义与价值的理解，这样的教育培养出来的人，就会具有"大庇天下寒士俱欢颜"的博大胸襟，就会具有"致君尧舜上，再使风俗淳"的胆识和气魄；就会具有"先忧后乐"的悲天悯人的人文情怀。具有人文情怀的人一定是具有使命感、责任心，有理想、有抱负，对社会大有裨益的人。

在目前全球一体化、知识经济化的发展趋势下，职业内涵日趋复杂，理工结合、文理渗透及意识形态领域的渗透更加深刻，无论是科学研究还是技术创造都涉及人，涉及人从事科技活动的动机、精神、态度、方法及人与物的关系、人与人的关系，所有这些都体现了人文精神，时代的变迁强烈呼唤人文与科学两种文化的重新融合。因此，教育除了要突出应用性、专业性特点外，还要进行以提高人的基本综合素质为目的的"通识教育"，即在教育中强调人文、社会科学教育与现代自然科学技术教育的结合，培养学生的科学精神与人文精神，促进学生人格完善，把学生培养成为具有良好的社会适应能力、职业活动能力和健全人格的人。

(五)中国心灵、国际视野、人文情怀：三者相融共生

在深外的学校教育系统及人才培养体系中，中国心灵、国际视野、人文情怀其实是一个有机的整体，反映出我们致力于培养中国心灵与国际视野兼具、人文情怀与科学素养相长、创新精神与实践能力相融的国际化复合型人才的努力愿景，其中"中国心灵"所涵盖的中国心、爱国情从属于德的范畴，"国际视野"属于智育的范畴，"人文情怀"则多属于智育、美育的范畴，以中国心灵为体，以国际视野、人文情怀为翼，一体两翼，三者交融，止好体现了深外学校新型的德智体美全面发展的人才发展追求与方向。在处理上述三者的关系中，学校将培养学生具有爱国心、报国志的中国心灵视为国人一切品行之本，并深深植入学校文化内涵，立足于引导广大

深外学子树立正确的国家民族观,形成爱国主义信念,成为一个对祖国充满热爱的爱国者,对民族充满认同的民族主义者;对于学生"国际视野"的培养则是基于在全球化浪潮下的客观现实需要。中国的学校师生必须具备国际化的意识和视野,具备参与国际竞争的能力,从适应国际化发展的需要来认识、思考和作为。考量学校的改革发展,就要以放眼世界的格局来思考如何参与国际化的竞争,培养创新能力的人才问题。"人文精神"着眼于培养优特而全,善将科学素养与人文精神相结合,富有创造活力与审美情趣的现代优秀公民。"钱学森之问"给了我们更多的警醒和思考,苹果之父乔布斯关于"创新就是在科学与艺术的结合点上找灵感"的妙论也给了我们有益的启示。德智体美兼具,全面融合发展,始终是我们打造中国情怀、国际视野、人文精神的努力方向。

学校一切活动的展开都是围绕培养什么样的人才进行的。深外学校的办学目标是坚定瞄准"办国内外一流名校",走内涵式科学发展之路,强化深外"特色、优质、精细、和谐"等方面的核心竞争力优势,以培养造就大批中国心灵与国际视野兼具、人文情怀与科学素养相长、创新精神与实践能力相融的国际化复合型人才。而上述目标的实现根本上在于实现中国心灵、国际视野、人文情怀三者的结合交融与互相促进。

三、"中国心灵、国际视野、人文情怀"的学校举措

(一)学校德育实践:中国心、人文情

在营建学校德育工作特色上,深外围绕培养"两敬两高"(敬畏法律、敬重自然,做高尚人、高雅人)的现代人目标,注重探索建立"坚持一个核心,加强两项建设,培养四种特质的深外人"的深外德育工作模式,在营建形式多样化、内容系列化、途径网络化的德育特色上力求有所建树与作为,不断提高德育工作的吸引力和感染力,增强德育工作的针对性和实效性。学校着力于:第一,学校干部队伍牢固树立以德立身、率先垂范、推功揽过的形象意识和服务精神,促进"勤政、廉洁、高效、务实"政风的形成,倡导"以党风带教风,以教风带学风"的良好风尚;学高为师,德高为范,在全体教师中开展"立高尚师德,树教育新风"为主题的活动;在德育工作者中开展"读德育名著、学德育名人、做德育名师"活动。第二,坚持育人为本,德育为首的指导思想,学校从学生特点出发,建立了高中阶段德育系列,多渠道多形式开展有针

对性的德育活动。围绕爱国教育、养成教育、法治教育、诚信教育、心理健康教育等开展系列班会活动,开展"爱心教育周""安全教育周"等活动。学校关注"后进生"成长,每个学科、每个班主任都建立"学困生""后进生"档案,制定帮教措施,落实帮教责任人,开展"一帮一"爱心活动。第三,学校加强学生干部队伍建设,发挥学生干部的带头模范作用,让学生干部在学生自主管理和自我教育方面发挥积极作用。支持学生社团活动的开展,同时也要加强管理,将社团负责人纳入学生干部队伍进行培养和管理,促进学生社团活动再上一个台阶。开展书香校园活动、围绕重大节日的各项主题活动,重视学生的安全教育,开展"安全教育家长学校"工作,由专家、老师或家长代表(学生代表)给家长轮训,让家长参与到学校安全教育工作中来,实行家校联动。学校关注"后进生"成长,每个学科、每个班主任都建立"学困生""后进生"档案,制定帮教措施,落实帮教责任人,实行"一帮一"的措施,实现后进生转化率达98%。学校于2004年被中国教育学会中学德育专业委员会命名为"德育实验学校",2010年被评为"国际生态学校",2011年被评为全国文明单位。学校还被评为深圳市第二届、第三届"关爱行动"先进集体。还有一项值得一提的记录是,自学校建校以来,至今尚无一例学生在校期间因违法犯罪而受到查处的记录,这从一个侧面也反映了我校德育工作的成效。

每年3月的第四周,是深外传统的"感恩教育周"。教育周期间,学校以"全面开展感恩教育,精心培育感恩文化"为主题,开展系列活动:国旗下演讲"学会感激","爱心·感恩"主题班会,"爱心·感动"作文评比,"爱心·瞬间"摄影比赛,"爱心·深外"助学基金义卖,"向丛飞学习,争做深外最具爱心学生",我让父母感动的一封信,扶贫帮困献爱心,向辖区民警赠送贺卡,福利院、环卫所慰问演出,等等。在2008年的汶川大地震中,深外爱心迸发,捐款数额居深圳基础教育界第一,达100多万元。

(二)学校课程架构:多元化、国际性

学校在全面推进课改中落实"启发、互动、自主、合作、探究、创新"理念,着力打造精彩、优效、精品课堂,引领学生乐学、会学、博学,善思考、善实践,勤创新、能创新,实现文理兼优,全科发展。深外课程结构因其外语教育特色具有西方课程和中国课程共存的特点,学校将引进的一些西方优质课程和中国课程整合,既传承中华民族的优秀文化,又吸收西方的先进文化,这种整合的过程,同时也是开阔学生国际视野、培养全球化意识,并形成学生全面科学人文素养与精神的过程。

外语课程的设置

深外作为全国十三所具有 20% 高校保送资格的重点外语学校,传承了教材多样化、教法个性化的做法。在原有的人教社统编教材《积极英语阅读教程》《新概念》等教材的基础上,又采用听说教材《New Interchange》(剑桥国际英语教程)。在多种教材的使用过程中,老师们结合实际教学的需要,灵活并有创造性地使用教材;教法上积极培养学生探究式、发现式的学习策略,拓展学生思维、开阔视野、培养创新精神和实践能力。正因为有一系列大胆而具开拓性的教学策略,我校学生的英语综合能力一直在全市、全省乃至全国处于领先的水平。

校本课程开发与教材编写

为了适应新课程教学要求,保证校本课程及综合实践活动课程的质量,我校成立了由学校领导和教研组长、骨干教师组成的校本课程编写小组及评审小组。校本课程及教师开设的综合实践活动课程要经评审组审核。在此基础上我们编写了《中西方文化比较》教材,开设中西方文化比较课程。用英语编写了《Snapshots of Shenzhen》("生活在深圳")的校本课程教材,教材分初中版和高中版,分别在初高中开设施行。以上校本课程的内容紧密结合校情、市情,讲究科学实用,体现了地方特色。

多语种课程开设

除英语外,学校已开设日、德、法、西、俄等语种,成为全国范围内开设外语语种最多的学校之一。小语种班及课程的开设已成为深外特色办学的亮点,得到上级领导部门以及社会各方的支持和欢迎,不仅为学校办学赢得了优势、声誉和享受一定政策的扶持,还可进一步为学校争取更多的资源和支持。

新设美国 AP 班课程

在 AP 班课程管理方面,学校在学生完成中国高中必修课程的基础上开设多门 AP 课程作为高二、高三阶段的选修课程,增加学术英语课程,将 SAT 和 TOEFL 考试备考全面纳入课程,为选修 AP 课程的学生提供更多语言学习的机会。所有 AP 课程都将按照新课程改革的要求,以选修课程的形式纳入学校的课程管理体系。

(三) 学校育才途径:立交桥、多出口

自建校起,深外就确定了"全面发展、外语特长、走向世界"的育才方向。当片面追求高考升学率之风依然盛行之时,深外已将关注的目光转向学生的多元发展上,通过"人格完善与智慧提升相统一"的模式培养全面发展＋外语特长的人才,为学生搭建起一座"国内高考、保送特招、出国留学"为主渠道的"成才立交桥",打破了高考单一的独木桥式的成才格局。一批批富有中国心灵、国际视野、人文情怀的深外学子经由深圳外国语学校的成才立交桥走向全国,走向世界。

作为全国 13 所"享有特殊招生政策"的外国语学校中的一所,深圳外国语学校从 2001 年开始,每年可向全国重点高校输送 20％的应届高中毕业生,目前深外保送学生人数在全国所有外国语学校中已稳列前三。学校没有满足于在国内高校的影响力,而是积极放眼世界,努力寻求与国外知名高校合作,开设海外升学"直通车",为毕业生提供更为广阔的成才与发展空间。

2007 年,学校成为加拿大多伦多大学"绿色通道"项目的合作学校。根据协议,深外推荐的本校应届毕业生只需通过多伦多大学的面试和笔试,不需要托福或雅思成绩,也不需要参加高考就可以入读该大学。三年来,深外共有 100 余名学生被该校录取,成为多伦多大学"绿色通道"项目在中国录取人数最多、录取率最高的学校。2009 年,深外启动了美国公立学校交换生项目。该项目主要目的是加强全球不同国家之间的交流,每年世界各地有 60 多个国家和地区的学生参加中学生交换项目。作为美国联邦政府支持的国际学生交流项目,为在校学习的优秀学生提供经各国政府认证的高中就读一年,并寄宿于经过当地政府审核通过的正规接待家庭。2010 年,深外又一育才新尝试——美国 AP 课程实验班项目启动。学校坚持美国 AP 课程实验班在校园里举办,各班的班主任必须由中国教师担任;学生的教育、教学都纳入学校统一管理体系。学校各种大型活动,AP 课程实验班的学生必须参加,学校所设的各类社团、俱乐部、"模拟联合国"等四十多个学生组织都向 AP 班开放,AP 班的学生也可根据自己的特长自行组织公益社团。高三甚至高二时可直接申报北美(美国、加拿大)地区知名大学。

截止到目前,我校今年的 AP 实验班 60 余名毕业生全部报考成功,已经顺利进入斯坦福大学等美国各所知名大学。另已有 182 名学生保送到清华、北大、浙大等国内著名高校。

(四)学校管理新措:六侧重、精细化

近年来,深外将企业精细化管理引入学校管理及人才培养模式的运作,对学校的"人"和"事"进行精到、精确、细致、细化的管理,使之进一步制度化、系统化、模式化。"原子化"的"事",职业化的"人",完善、精细的制度、流程及其匹配与联结,是学校教务管理实施精细化管理的基础。为此学校采取了如下措施落实——

第一,各处室、各年级、各科组及每一位教职工的工作过程均要求体现"六重":重细节、重过程、重计划、重质量、重效果、重反思,在"重反思"基础上根据工作经验和上级要求拟定全学年工作行事历,将常规工作程序化、标准化,以提高学校工作效率,保证各项工作的优质完成。

第二,编写完备的管理制度,梳理完善精细化的流程,打造适合的信息系统,做到制度与制度之间、流程与流程之间无缝连接,并用制度、流程、信息系统将人与事结合,做到事事有人负责、有人检查,完成的步骤结果有据可查、有章可循。

第三,通过渗透到各环节的精细化教育教学活动,潜移默化,培养学生的精细化意识,养成其缜密思考、精细做事的行为习惯。欧美日等发达国家的现代化科技、创造发明及文明管理系统,其实也是源于拥有一批通过接受精细化教育,具备精细化思维和行为的合格人才得以实现的。

第四,学校强化精细化管理的执行力;并从组织上、机制上予以了保证,包括组织上设立的精细化管理领导小组和专门工作小组,机制上充分把精细化管理的推广应用和考核激励体系紧密联系起来。具备了精细化管理的基础、条件,再加以强有力的执行,学校精细化管理才能成功运行并达到预期的效果目标。

四、先行先试,学校推进教育国际化建设的积极探索

(一) 深外共识,国际化助学校实现发展新跨越

教育国际化是以跨国界、跨民族、跨文化的教育交流与合作,以教育思想、模式、内容以及课程、教材、教师、学生等诸多方面的国际交流为基础的。国家规划纲要明确要求学校教育要加强国际交流与合作,适应国家经济社会对外开放的需要,开展多层次、宽领域的教育交流与合作,借鉴先进的教育理念和教育经验,促进我国教育改革发展,提高我国教育国际化水平,培养大批具有国际视野、通晓国际规则、能够参与国际事务与国际竞争的国际化人才。

针对中国教育国际化发展的趋势以及本校理所应当成为深圳基础教育国际化旗手的课题,学校多次组织专题会议进行深入探讨,并形成全校上下的共识。大家

认为教育国际化是学校再次实现发展新跨越的又一机遇，是深外办学一个新的增长点，必须抢抓机遇，借此推进学校各项事业快速发展。学校议事团委员夏国新认为，教育国际化需要师生视野的国际化，应该邀请外籍专家来校担任顾问，与国外名校建立友好学校关系，保持长期的互动交流。教育议事团主席韩望喜博士认为，教育国际化要注重学生价值观的塑造，注重传统文化的传承。刘昂委员认为，教育是要为社会培养合格的公民，需要注重人文关怀和普世价值的培养，拓展师生的国际视野。特邀嘉宾苏伟先生谈到家长要有教育国际化的意识，给孩子机会出国游学，开阔眼界，同时也要注意中华传统文化的学习和传承。苏伟建议，学校要有自己的师生海培计划。参与学校发展大计的一些企业界人士也表示，愿意联络企业家和有识之士牵头设立深外海培基金，支持师生出国培训。议事团秘书长程建伟谈到，教育的国际化应是双向的，深外每年有很多优秀学生出国深造或工作，在中学阶段，学校应立足本土，选取优秀传统文化精粹教给学生，让他们成为中国传统文化的使者与传播者，这也是教育国际化的一个维度。

深外共识的另一项成果，是师生们一致认为教育的国际化探索不能脱离现有条件，要考虑学校实际并落在实处。深外教育的国际化应该是形神兼备的，不能只重形式，忽视实质，应当在此基础上提出外语学校教育国际化的思路和措施，争取在基础教育的国际化方面敢闯敢试，在创办国际性高中、推进教育国际化方面走出一条富有本校特色的可行之路。

（二）先行先试，领跑特区教育国际化实践进程

作为一所外国语学校及对外开放前沿的深圳特区的窗口学校，深圳外国语学校在推进教育国际化建设、将深圳建设成为国家教育改革综合示范区的过程中，理应担负更大使命，发挥较大作为，成为"有使命感的领跑者"。事实上，在推进教育国际化、建设国际性学校工作上，深外启动较早，探索较多，称得上是这方面的先行先试者，这些探索工作及活动包括：

缔结友好学校，开展友好往来

自1991年始，我校先后与美国、日本、加拿大、英国、法国、德国、澳大利亚、南非、俄罗斯、新加坡、马来西亚及港澳地区多所学校等机构缔结友好学校，通过与各国各校间的频繁友好往来，广泛开展跨国跨文化的教育交流与合作，建立起地区遍及五大洲、拥有数十所学校参与的国际教育合作关系的网络平台。

推进国际化特质建设

外语特色是深外的主体特色,其文化本质是"国际化特质",包括国际化氛围、国际化意识、国际化能力。我们正是沿着"外语教学——跨文化理解教育——国际化意识和行动"的路径,通过建立"三原二广一优"("三原"即使用原版教材、运用原种语言、推行原境模拟;"二广"即为学生提供自然与社会的广阔空间和生活中的广泛机会;"一优"即以专业师资的不断优化,保持强大的专业优势和竞争力)的校本化保障和运行体系,着力于衍生、培育和发展学校文化中的"国际化"特质。

开设国际课程,全面开展国际理解教育

深圳外国语学校的课程体系具有西方课程和中国课程共存的特点,学校注意搭建多元化、国际性的课程架构,引进一些西方优质课程,注意和中国课程整合,这种整合的过程也是形成自身办学特色的过程。特色课程既传承了中华民族的优秀文化,同时,又吸收了西方先进文化。学校自编并出版教材,开设校本课程如《中西方文化比较》,坚持开展国际理解教育。

关注学生多元化、国际化发展

学校为学生搭建"国内高考、保送特招、出国留学"为主渠道的"成才立交桥",打破了高考单一的独木桥式的成才格局。学校先后启动直升国外名校的"绿色通道"项目,包括自高二年级开始的中美、中日交换生项目,以及面向美国各所大学的AP课程实验班项目等。

开办国际部

2011年秋季,深圳外国语学校国际部正式建成开办,标志着深外在国际化建设上又迈出了重要的一步,填补了深圳教育领域的一个空白,对于提升我校乃至深圳国际教育品牌,推进公办学校国际化发展具有探索性意义。国际部在理事会领导的校长负责制下实行国有、民助、自营式管理,与国际高水平教育机构合作,学习借鉴国际先进的教育理念和办学经验,引入高水平外籍师资、优质国际课程和先进教学及管理模式,为在深外籍人士和港澳台人士子女提供高质量的教育服务,并把学生培养成为开放进取,理解多元文化,具有国际视野和国际竞争力,同时也对中国抱有特殊好感与情结的世界公民。学校将以国际部的开办为契机,以一流国际学校为标杆,把深外国际部建设成为理念先进、管理体制健全、办学条件优越的高水平一流国际学校,为深圳国际教育再造品牌。

（三）勾勒擘画，设计完善国际化建设工作思路

在深圳外国语学校发展的《五年规划》(2011—2015)中，已然明确加强国际交流与合作，促成与境外学校学生交换互读，开展多层次、宽领域的教育交流与合作，借鉴国外先进教育理念和教育经验，提升交流效益，构建具有时代性、国际性、全方位、立体化的教育教学交流格局，使学校成为深圳市对外交流的重要基地和窗口名片，这些构想主要有：

巩固强化外语特色的国际化特质。"外语特色"始终是学校的品牌和核心竞争力优势，学校要进一步突出外语教育教学的特色化、品牌化和国际化优势，在更深层次上凝练学校外语特色内涵，在更高层次上打造学校国际化品牌，为学校培养大批国际化复合型人才提供重要支撑。

形成相对完整的国际化课程体系。继续引进国际先进课程和原版教材，大力加强国际化课程的研究与建设，加强国际化课程实验班常规管理的研究与探索，建立基本章程与管理模式，着力研究和实施国际化师资的培养，打造一批具有较高水平的本土国际化师资，进一步突出国际化人才培养。

创新交流形式，深化合作品质，提升交流层次。对从事对外交流工作的相关人员进行专题专项培训，提高专业化水平。制订优秀教师海外研修（海培）计划，为优秀教师出国培训学习创造更多机会。积极开展对外教育教学交流活动，坚持"走出去"与"请进来"相结合、脱产培训与在岗培训相结合、专题讲座与实践观摩相结合、教师自主学习与研讨交流相结合。

聚焦学生多元发展，拓展办学模式，搭建以"国内高考、保送特招、出国留学"为主渠道的国际化"成才立交桥"。继续做精、做优已有的多条成才路径，在保持国内名校保送优势基础上，拓宽绿色通道，提升中外交换生项目层次，巩固 AP 班办学方式及成果。

增加提高聘任外籍教师的人数、比例及质量，吸引海外优秀留学人员来校任教或服务。条件具备时考虑境内联合办学、境外办学意向，参与海外办学或支教活动，支持对外国际汉语教育。

（四）举校力倡，师生共进，凸显教育国际化成效

作为推进教育国际化的一场重头戏及重要成果，深圳外国语学校受教育部中学校长培训中心、深圳市教育局委托，于 2010 年 12 月组织承办了"中外名校长论坛"活动。此次论坛的主题为"中学办学特色研究",来自美洲、欧洲、澳洲、非洲、亚洲以及海内近百家学校及机构的专家学者、校长及各界领导和嘉宾共 270 余人出席参加。国际校长联盟秘书长布赖尔利(Edward John Brierley)主持了"培育办学特色,培养多样性人才"的报告与讨论。来自新加坡的迪莫克(Clive Dimmock)教授在报告中介绍了英国和新加坡两国关于建设特色学校的不同模式,强调了在特色学校创办过程中校长领导力的重要作用。来自澳大利亚的斯平克斯(James Spinks)教授就该国多元文化背景下特色学校的建设、特色课程的构建等作了报告发言。深圳外国语学校汤佳宏校长作了"深外 20 年:创特创优的思考与实践"的主题发言,报告强调了办优质、特色的学校应成为学校的一种自觉。本次论坛汇聚了来自国内 31 个省市自治区 230 多位名校长和 40 多位国外教育专家共同研讨中学特色办学问题,由深圳外国语学校承办的此次中外名校长论坛规格高、规模大、影响广,突出体现了活动广泛的国际性、代表性及权威性,这在广东基础教育界是不多见的。

教育国际化活动的推进,给学校发展及师生的风貌带来深刻的变化。通过走出去、请进来,师生们拓宽了视野,具备了更多见识,通晓了更多国际规则和要求。在海培计划活动中,生物教师汪华参加了在美国的海外培训活动。他通过观察对比,研究了美国考试制度及教育评估制度,回国后与深外校长合作发表了《中西方考试和评估制度比较》。该文分析比较了中国与美国、英国、法国等西方国家的考试和评估制度,对于深圳外国语学校的教育改革如何取其利除其弊,提出了自己的见解。如果没有这种走出去的近距离观察,缺乏国际化的视野和眼光,这些结论和建议都是难以产生的。英语教师林霓在英国的交流进修中注意到了西方教育提倡个性发展和平等公平教育,注重学生自主学习和独立思辨能力,追求与众不同的 3Rs(尊重自己,尊重他人,尊重环境)原则等积极因素,她的结论是"每个人都是平等的,大家都应该在一起"(Everyone is equal no matter how you are, everyone should be together.)。这样的考察,收获的就不仅仅是专业的提升,同时也是对异域文化的体验和尊重,有利于指导学生与他国文化进行更有效的交流。

迄今为止,深圳外国语学校已派出数十位教师出国学习交流,学校要求每个教师海归之后,都要撰文总结对比中外教育,并在全校教师集会上与师生们分享。他山之石,可以攻玉,这些海外教育文化信息通过老师们的交流传递,推动了学校的国际化建设,也帮学生打开了一扇窗,学生在这样的环境中潜移默化地成长起来,成为具有中国心灵、国际视野、人文情怀的优秀学子。目前深外每年都有逾 300 名学生赴海外求学，其中白灏同学以其全面开阔的见识，出色的组织表现能力最终赢得了美国丹佛大学合作机构 UpwithPeople（与人交流）的高度认可，从而成为"全球百名优秀学生领袖"。《深圳特区报》以"深圳女孩拿到'新托福'满分"为题报道了常梦苏同学在北美新托福考试中以满分 120 分的成绩夺得第一名的喜讯。陈慧怡同学在先入清华大学后又获得哈佛大学全额奖学金。在 2011 年"21 世纪杯"全国中小学生英语演讲比赛中，深外学子独占鳌头，李兆隆和诸康妮双双包揽了初中组和高中组的全国总冠军，备受各方瞩目。

五、重点、难点、突破点

（一）关于"深外所出，须具爱国心，报国志"

学习外语就是学习一种文化，不同的文化会带来不同价值观的差异甚至冲突。在一个开设有 6 个语种的多语种外国语学校中，多种文化的交汇碰撞给学生思想认知和价值观带来冲击和影响是必然的。如何在引入外来文化时汲取其先进有益养分，同时又消解其负面影响，摈弃其有害因素，这些都成为了深外教育教学工作必须破解的重要课题。深圳外国语学校对培养学生爱国情愫，激发其成才报国志向的关注是一以贯之的。浓郁的家国意识，多元的校园文化营造出深外师生爱国爱校、敬业乐学的氛围，赋予他们民族自豪感和自信，也培养了他们的国际视野、领袖气质，助其在今后人生中以广阔的襟怀包容多元的世界文化，自尊自信地迎接未来的国际挑战。

深外鼓励并乐见一批批年轻学子走出国门，博采各国科学文化之长。出国是深外学子的一个人生选项，每年都有近三分之一的深外高三毕业学生申请出国留学。自有毕业生起，深外就已经有许多学生留学、工作于海外，或在国内从事涉外机会多的外事工作及高端科技、金融、服务业等。鉴于学生今后的涉外发展方向，学校才会执着地坚持对学生进行爱国主义宣传教育，使之制度化、常态化、强势化，目的仍是希望既能给学生飞翔的翅膀，又能以爱国归宗的人生取向引领他们的未来航向，用中国情结构建学生的核心价值观，激发他们矢志报国的赤子之心；即使将来工作、生活在世界各地，他们也能够在异国他乡谨守一颗中国心，胸怀一份报国志，继续关注、参与或襄助祖国的统一发展大业，传播中国文化，增进国际理解，创造一个有利于中华民族复兴腾飞的和谐世界环境。

应该说，深外多年来致力于培养学生"爱国心，报国志"的用心与坚持是收到了显著成效的。从深外走出的学生，无论在何地（内地还是海外）及在什么部门，他们的爱国表现及突出工作表现，都源源不断地反馈回母校，可以说我们收到的信息都是正面的。在目前中国的社会经济条件下，虽然社会转型期的主流价值观念受到一定影响，社会面临着价值危机、信仰危机的挑战，而基础教育并非自外于社会周边的象牙之塔，对于接触外来文化频多的外语学校学生更易形成冲击，但如何坚定外语学子对国家民族观念的认同，如何在大环境相对复杂，宏观因素中还存在一些不尽如人意处时营造一片相对净化的校园育人环境，仍然是我们孜孜以求的方向。不管情况怎样变化，学校始终未放弃在"爱国求知"方面的坚守，执着于"百善忠为本"的育人责任与使命。相信随着国家的昌盛富强，社会的不断进步，随着一些社会热点难点问题的不断解决，全民的爱国意识、公民意识会不断提升，我们的爱国主义教育也会有更加鲜活的内容、更加有力的佐证以及更为突出的成效。

（二）关于"深外所出，须富跨文化交际能力"

深圳市委书记王荣曾称道深外为"深圳'教育强市'的一张闪亮名片"，希望学校"着力培养具有现代意识、国际视野、创新精神的开放型人才，打造一流的外语人才成长摇篮，为深圳新一轮发展提供有力的人才支持，为建设现代化国际化先进城市做出新的更大贡献"。作为外语特色学校，本身培养的就是外向型精英人才，是适应全球化需要的现代公民，因此拥有国际视野、全球意识，具备跨文化的交际能力就成为外语学子必备的素质。在当前的社会现实中，有两种不良倾向影响学生这方面能力素质的培养：一种是盲目崇拜、过分倾慕西方的物质文明和精神文明，失去对本国文化的归属认同；另一种则是满足陶醉于华夏悠久的文化传统，排斥其他外来文化、疏于交流、自我封闭、唯我独尊。以上两种或妄自菲薄、或妄自尊大的极端文化观当然都不利于学生跨文化交际能力的正确培养。外语学习者既是跨文化的交流沟通者，同时又是母语文化的传播使者。我们培养学生的跨文化交际能力进而培养其全球意识、国际眼光，不仅可以帮助学生对不同文化进行科学比较，对异质文化有一个全面的理解，同时，也可以促使学生重新审度并欣赏自己的母国文化，在对母语和外语文化的理解和相互促进中，促使自身的人格素养更趋完整和完善。

深圳外国语学校在这方面积极拓展渠道,充分利用现代网络和对外友好学校间交流互访及课程设置等现有资源,向学生普及跨文化交际知识,引导他们对不同文化进行去粗取精、去伪存真的加工处理,加强他们的中西文化修养,培养他们的跨文化交际能力。同时我们也充分认识到强化中华传统优秀文化教育的必要性。历史不能割断,现代是传统的延续与超越。只有对本国优秀传统文化有了充分的认识和掌握,不断提高中华优秀传统文化的修养,才谈得上理解他国文化,从而进一步拓展自己的跨文化心理空间,对文化的多元性展现出宽宏大度、兼容并蓄的跨文化人格,从而在跨文化交际活动中树立爱国主义精神,增强学生的民族自豪感、自信心。

　　在推进教育国际化、建设国际化学校思路上,我们不应停留在简单的校际交流和日常的国际互访等层面上,而应通过国际课程的引入拓宽学生的世界融入度;不仅要引进世界顶级课程,共享国际一流教育资源,而且还应通过汉语将中华文化和文明向世界推广,为提高国家综合实力作出贡献。这些也将成为一个重要课题,留待我们进一步解放思想,在深入探索中寻求解决方法。

（三）关于"外语特色,又须全面、优质发展"

　　细审深外办学理念目标,不难看到学校不仅侧重于打造外语特色品牌,同时又着力于创建优质教育品牌。优质和特色都是深外品牌中两个不可或缺的核心要素。同时打造优质、特色的"双品牌"才是完整成功的品牌,否则就是有缺陷、跛脚的品牌。这是全体深外人的共识。一所知名学校必然是优质的,也必然是具有个性特色的,其优质是有特色的优质,其特色是优质之上的特色。优质是发展特色的有力保证。优质教育培养了高素质的人,高素质的人是发展特色的最重要最有利基础,也是特色持续发展和不断优化的重要保障。特色的打造始终要以全面优质教育为基础,否则就是无本之木,没有了可持续发展的生命力。回顾深外跨越发展的历史,其实就是一部始而以特带优,继而以优促特,最终互补共生、齐头并进的历史;过去是如此,今后也仍将是如此。

　　深圳外国语学校要实现可持续科学发展,必须秉持"特色""优质"并举的原则,处理好特色教育与优质教育、个性发展与全面发展的关系,处理好外语学科与其他学科的关系,弱化或者缺少了其中一项,不仅素质教育目标势必落空,名校之名也将难符其实。深外坚持以学生发展为本的素质教育,培养特长,兼顾全面,协调发展,在"全面发展＋外语特长"的高素质人才的培养目标中,做到"外语教学特色"与"学校整体发展",以及学生"外语特长"与"全面发展"两者之间相互支撑、共同促进。从实践层面看,"外语特色特长"的形成"牵一发而动全身",带动了学校的整体改革与发展。而学生也通过特长教育带动了全面、和谐发展,成为在德智体美全面发展的基础上,既特又优,既专且全,具有明显外语优势的优等生和拥有全面发展优势的特长生,牢固确立学校作为"教育名校"、学生均系"外语名优生"的地位,进而完美体现中国心灵、国际视野、人文情怀的统一,培养造就大批中国情怀与国际视野兼具、人文精神与科学素养相长、创新意识与实践能力相融的国际化复合型人才。

（四）关于操作:"运用之妙,存乎一心"

（1）这是一段《深圳教育》杂志的采访摘录——

记者:深外是一个走过 20 年历史,可以代表深圳教育的一张名片的学校。作为深外的第二任校长,您如何看待这所名校的传承以及未来的创新?

汤佳宏:我的想法是,如何把我们已经做成的一些优质的、有特色的办学模式,发挥出示范和辐射作用。真正意义上的好学校,除了要把自己的学校办好,还应该要有一种社会责任感。这也是政府对我们的要求,就是积极前端的学校帮助其他薄弱的学校共同进步。传承与创新可以很好地做到一致。我们在办特色学校的过程中,打造了很多精品的特色课程,现在我们要做的是如何使这些特色课程做到更精、更透。目前整个世界就像一座世界村,多元文化并存的同时,也在借鉴和融合,如何很好地利用这些国内外的资源,也是我们下一步的思考方向。

记者:您特别强调将特色与优质放在一起,我们如何理解这两者的关系呢?

汤佳宏:特色要有优质做支撑,否则就是二流三流的特色。"优质教育"是为幸福人生和美好社会奠基的教育,培养出来的学生是高素质的、全面发展的。而且,每个学生通过学校的教育教学,可以取得明显进步和成长。同时,优质学校有着先进的教育教学理念,有着有序有效的管理和良好的办学效益,而"优质"和"特色"相辅相成、互相促进。优质是发展特色的有力保证。成功建设的特色学校具有汇聚有利要素、获取各方支持、构建良好人文生态环境、提升师生多项素质等作用,从多方面提升学校办学效益,并优化系统的功能。

（2）运用之妙，存乎一心

深圳外国语学校已经吹响了第二次创业、创办国内国际一流名校的集结号。实现这一目标，以上"中国心灵、国际视野、人文情怀"的人才培养模式，"特""优""精""和"的办学理念模式，都将是学校应予考虑的必选之项。而其中外语特色、国际视野一翼，切合了科学发展观中融合贯通、可持续性的要求；优质全面、精细化一翼，切合了科学发展观中全面协调、统筹兼顾的原则；而中国心灵、人本亲和、人文情怀一体，则切合了科学发展观中以人为本、和谐发展的核心理念。科学的教育发展观引领下的"一体两翼"，正好助飞深外教育事业全面健康持续地向前发展下去。

科学的教育发展观固然适用于各级各类学校，然而知易行难，在实际操作应用之中，关键还在于结合本单位实情与特色，找出知与行、理论与实际的最佳结合部和切入点，拿出一个具体可行且行之有效的操作方案来。否则，上述种种就会在实践中不可避免地出现"两张皮"，即科学发展观与单位实际脱节现象；抑或将科学发展观生搬硬套，以至南辕北辙，动辄得咎，把好经念歪；又或虽多少起点效用，但并不显见，仅触及皮毛，远未达到我们所预期的应有效果，等等。科学发展观及其据此形成的学校办学目标、理念、模式，说一千道一万，重在可操作，贵在见实效。"中国心灵、国际视野、人文情怀"的人才培养目标，"外语特色的，优质全面的，人本亲和的、精细管理的"办学模式，这些对于深圳外国语学校而言正是新一代科学发展观在本校最好的体现。但是运用之妙，存乎一心，在办国内外一流名校的长期过程中，如何处理好学校文化要素中特、优、和、精之间关系并使之相融共生、互相促进，在种种关系的拿捏把握中又怎样体现出深圳风格、中国气派、世界胸怀，凡此种种，我们都需以中医主和、辨证施治思路，在实践中集众人之智、举全校之力予以解决。我们的探索是开放的，不断生成并渐臻完善的，这是一个被命名为"汤佳宏教育思想"，内容却可视为是全体深外师生观念的集合，是众人智慧的结晶并发挥巨大指导作用的过程；我们期待，这是一个对于学校而言能够影响当下，引领未来的教育思想诞生的过程。

深圳外国语学校正面临着一个承前启后、继往开来的新的发展机遇期。如果说前 20 年的深外是凭借"深圳速度"一路狂飙突进，而后 20 年，深外则须凭借"深圳质量"的底气稳步推进；唯有通过实施"中国心灵、国际视野、人文情怀"的人才塑造工程，凸现学校文化中"双一体两翼"的底蕴优势，深外方能步入良性的科学发展轨道，以期早日实现创建海内外一流名校，比肩国内如北京四中、人大附中，上海实验学校、复旦附中……国外如英国伊顿公学（British Eton），美国格罗顿学校（Groton school），法国路易勒格朗中学（Lycee Louis Le Grand），加拿大圣乔治中学（St. George's school）等国际名校的宏大目标。"路漫漫其修远兮"，创业尚未成功，目标尚且遥远，全体深外人为此尚需继续奋斗、不懈努力。在深圳外国语学校创办国内外一流名校的宏大进程中，我们相信深外办学模式或曰"汤佳宏教育思想"能够始终参与其中，并成为集导航仪、发动机等功能于一体的宝贵精神财富，这也正是我们探索的价值意义所在。

"思想"能走多远，行动就能走多远。

中国心、环球观、人文情

教育部中学校长培训中心/张俊华

尊敬的主持人,校长中心的同仁,各位校长:

大家上午好。

对于我们每一位校长、每一位教育工作者来说,我们都需要追问、思考,回应并且实践两个最基本的问题。

第一个问题是:教育的目的和目标究竟是什么? 第二个问题是:教育的本质究竟是什么?

今天上午,汤校长从思想和实践层面已经和我们一起分享了他对这两个问题的思考,我把汤校长的思想与实践总结为 9 个字:**中国心、环球观、人文情**。我们不仅聆听了他的思想,更为重要的是他的实践,他的思想和实践最终的价值是什么?在我看来他至少能够给予我们四个方面的启示。

第一点,价值文化的保守主义。汤校长提出的"**中国心、环球观、人文情**"这一重要的思想和重要的实践基础是源于我们洋务派运动张之洞先生提出来的"中学为体,西学为用"的重要思想。我们认为,一种思想的产生必定是基于另外一种思想。但是到了 100 多年以后的今天如何来认识中学为体? 什么是中学呢? 在汤校长看来,这个中学包含了两层含义:一个是中国心,一个是爱国情。在我看来,强调的是忠诚,对国家的一种忠诚。第二个层次爱国情,强调的是对国家的责任,对社会的责任。应该说 2500 年以来,我们所有中国的知识分子或者传统印象中的中国知识分子,最重要的一种精神品质或者追求就是:以天下为己任,位卑未敢忘忧国。

而西学在今天如何理解呢? 在我看来,汤校长眼中的西学包括了这几方面的概念:环球理念、国际视野、现代意识以及国际交往的能力。所以在原来思想的基础上,汤校长对"中学""西学"已经有了新的解释和新的创造,其中有两句话特别重要:第一句是在深外这样一个具有外国语特色的学校当中,我们所需做的是要在**学习中保持自己独立的文化品格**。第二句话是在借鉴当中要提升自己的文化视野。他的思想以及他的实践为什么重要?我想和大家简要地回顾一下过去100多年以来我们整个社会的变革。我把其分为三大主流。

第一大主流是激进主义。这一批人认为中国贫穷落后,我们必须要全盘西化。全盘西化思想的一个代表人物叫陈鼎。陈鼎向光绪皇帝上书的时候提出了要从四个层面学习西方。第一个层面变服装。我们不再穿长袍马褂,要穿西服。第二个层面合宗教。把我们的儒教学说和基督教合一体加以顶礼膜拜。第三个层次通语言。学习其他外国语言。第四个层面通婚。这是全盘西化。其实这种激进主义,这种全盘西化的思想也影响了我们一代又一代。我给大家举个例子,民国初期的北洋军阀,因当时德国在全球军事力量超一流,所以学习德军。无论在教官选择,还是在阅兵步伐上都效仿德国,甚至我们还学习德国当时威廉二世的八字牛角须。今天各位校长去翻看民国人物的时候,可以看到袁世凯、曹锟、冯国璋等人的服装以及他们的胡须无一例外。昨天我们在考察一所学校的时候,也看到了这类人物的图画以及他们的八字牛角须,这就是激进主义全盘西化给整个社会带来的一种影响。

第二大主流是顽固主义。这一派人物因循守旧,愚昧无知,盲目排外,故步自封,仇视拒绝外来的所有事物,它的核心是闭关锁国,本质是故步自封。100年过去了这种观点依然存在。

第三大主流是保守主义。保守主义主要强调的是渐进改良。这一流派认为社会的改良只能零售,不能批发。只能渐进,不能冒进,不能激进,不能大跃进。不能无限度地扩张、无限度地跨越式发展。所以它强调的是要零售变革。在这个零售变革中要固守本土化的核心价值。代表人物是辜鸿铭。在座的校长应该也多少了解辜鸿铭,他是我们当时也是目前知识分子中绝对的精英,是精英中的精英。用前不见古人后不见来者这个词来形容我认为并不过分。为什么?他精通九国语言,拿过13个国家的博士PHD,他在整个西方世界极具影响力。曾经有过一句话叫:到中国到北京必须第一看紫禁城,第二看辜鸿铭。他是把我们传统典籍《大学》《中庸》等我们常说的四书五经,传统文化当中最精粹的部分第一个系统地介绍给西方的中国人。他当时在北京大学任教讲英国文学的时候,头上带着小辫子,学生们嘲笑他。因为那个时候要变革要剪辫子,后来辜鸿铭跟他们说:我的辫子还存在的,辫子是有形的,但是你们心中的辫子还没有放下。西方人嘲笑中国人祭祖的时候说:你们中国人把饭放在故人的坟前,你认为你们的祖先就能闻到饭香吃到这个饭吗? 辜鸿铭回应道:你们西方人把鲜花放在先人前面你以为这个先人就能闻到这个鲜花的味道了吗? 这就是辜鸿铭。他在保守派当中学贯中西,精通西学,但是传承了中国文化中最为重要的核心价值。

那么文化的特点是什么呢? **在我看来文化有四大特性:**

第一,文化有地域性。不同的国家有不同的文化。比如说今天谈到中国人比较保守,谈到美国人比较开放,谈到北欧人比较内敛。地域反映出文化,而文化反映出人的性格。由于地域的差异导致文化的差异,不同的地域有不同的文化。而差异性彰显出的是文化应该百花齐放,应该是百家争鸣。

第二,文化具有排斥性。近代 100 年以来,特别是五四时期的一些知识分子认为,阻碍中国社会进步的是中国的文化,所以要全盘西化。其实这种认识是非常浅薄的。因为社会变迁应该是三个层次:政治、经济、文化,这是人类学的观点。一个社会的进步与繁荣,一个社会的衰败与衰落是和政治、经济、文化三个层次相关的,不能把所有的原因简单地归结为文化。所以在 100 年当中我们会出现西方文化要优于东方文化的观点,所以我说民国时期知识分子有那么一种情结,刚才我已经重复过,这是非常浅薄的。

第三,当然我们还说文化具有兼容性。什么兼容性? 当年印度的小乘佛教传入中土以后,与我们的本土文化相融合,演化成了中国的佛教文化。所以它具有兼容性。

最后一点很重要的是文化应该具有保守性。这就是今天我们汤校长,作为一名外国语学校的校长,在提出自己的思想,以及践行思想的过程当中倡导的一个亮点:文化的保守主义。我所敬仰的一位学者金耀基,香港中文大学的教授也是校长,他也是研究儒学的一个重要代表人物,他说过一句话:没有传统的现代化只能走向虚无。所以我们要思考在培养人以及在建设文化的过程当中,如何凸显这种保守性。下面两句话是我的观点:没有传统的国际化只能走向虚无。我想我们汤校长在办一所国际化学校的过程中一定要固守优秀传统的核心价值。我再加一个观点:传统的断裂是文化的断裂,传统的消亡是民族的消亡。文化需要传承,需要扬弃和转化才能延续而生生不息。这是我想谈的第一个方面,我们汤校长的思想以及教育理念。

第二个方面,国际的本土意识,外国语学校要培养具有国际视野、国际观念的人才。汤校长是如何实践的呢?第一,他强调的是外语的工具性。在外语学校当中设 6 个语种,把外语作为一个工具,作为一种载体来了解西方,了解国际。第二,是多边形式。汤校长注重国际交流与合作。课外已经和全球的五大洲以及数十个国家的学校建立了友好往来关系。第三,我们说教育改革的核心实际上是课程的改革。一所学校的国际化程度取决于你的课程是否国际化。所以在此基础上汤校长提出的是多样化的课程体系,以满足学生的多元需求。尊重每个学生的差异,尊重每个学生的个性。刚才我们的家长代表其实已经做了充分的解释,我们学生的发言也是最好的例证。所以他开设的这些课程,像 New Interchange、Snapshots of Shenzhen、AP、SAT、TOEFL 等以及相应的国际性的测试,也彰显出汤校长在提升整个教育质量的过程当中已经把握到了最核心的部分,课程的变革、课程的引进。那么我们培养什么样的人呢?培养人的出口在哪里呢?我认为学生的出口是多样选择。主要措施是海内外直通车,国内的直通车,包括海外的直通车、国外高校的联姻。具体来说像加拿大绿色通道、美国交流生、AP 实验班,等等。这所学校不仅在深圳而且在全国也有影响力,但这所学校还是在追求卓越,而追求卓越最重要的一个标志是:兴建国际部,国际部的兴建也获得深圳市政府的大力支持,也就是在思想引领之下迈向国际一流的重要举措。

总结下来,我以为汤校长要培养的国际化人才包括四个层次:

第一个层次外语能力。培养学生掌握外语的能力。刚才说过外语是一种工具、一种载体,我们要学习西方先进的科技和文化,首先要了解他人,要掌握他人的语言。

第二个层次国际视野。登高临远,海到尽头天作岸,山高绝顶我为峰。只有到了这样的高度,我们才能拓宽自己的国际视野,在这个基础上学习其国际精神。**学习语言最重要的本质是学会尊重文化的多样性和多元性。**文化没有高低优劣。所以对于不同文化我们应该尊重多元,尊重差异。这才是学习语言的本质所在。而不是简单地学习一般现在时、现在完成时、名词所有格等知识技能层面的东西。在这个过程当中,深外注重的是要培养学生的本土意识:我是个中国人,中国人要固守我们传统的核心价值。而深外具体举措强调的是爱心教育、感恩教育,强调的是诚信,培养的学生要"两敬两高"。我在诸多场合里已经多次表述,我们应该培养一个有德性的人。一个有德性的人应该是有敬畏感的人。他敬畏四个层面：敬畏生命、敬畏自然、敬畏天地、敬畏法律。一个人如果天不怕地不怕，这样的人最可怕。千万不能和这样的人做朋友。所以人要有规范意识，要有敬畏感，还要有高雅的追求、高尚的品格，等等。在这样的过程中，我们要培养一个具有国际视野的人，但是更应培养学生固守我们的本土文化和本土价值。今天的本土文化包括什么？当我们谈到本土文化、传统文化时包括三个层面：儒、释、道。我简单对几个字进行解释，那就是儒家：仁，礼。仁，论语里说的仁，恭宽信敏惠就能够做到仁。而礼，温良恭俭让才是礼。通过仁和礼我们才能培养一个内圣外王的人。也就是内在的贤人气质以及外在的王者风范，这叫内圣外王。第二个层面，刚才我已经讲过，小乘佛教传入中土以后，演化为中国佛教。中国佛教总结下来两个字：善，静。其终极目标是让我们学会澄净和空明。这是一种境界。第三个层面：道，无。什么是道？大道，天道，道理，法则，支配着我们所有的行为，支配着宇宙间所有准则，叫道。什么是无？我们说的无私，无偏，无争，无畏，到最后才能无我，精神才能够绝对自由。那么它的重要意义在哪里？我想援引美国社会学家丹尼尔·贝尔的一句话：一个社会只有根植于某种共同的价值体系，它的存在和发展才有稳固的基础。这就是我们汤校长在培养我们外语特色、国际文化时候要固守的一些本土的核心价值。这是我们的安身立命之本。

第三个层次，人文精神。汤校长在引领深外的改革与发展过程当中关注学校公平。教育公平是教育行政部门所追求的理性目标，对于校长来说要追求的是学校公平，所以他有很多公平的举措。汤校长的核心理论是：不要一个孩子落伍，他的核心价值是：关注弱势群体。他有很多举措，包括：后进生，一帮一，同时在学校倡导一个安全教育，包括健康快乐的教育环境，而不是在这个校园环境当中充满着语言暴力、肢体冲突；人员的"关爱行动"，不仅是人文精神，更为重要的是提升学生的科学素养。人文的本质是培养一个善人，而科学精神的本质是培养学生的客观精神，培养学生尊重事实的精神。深外培养的是追求实事求是的人，做到的是知行合一，内化外显。汤校长倡导的学校文化精神不仅是理念层面上的知，不仅是道德层面上的知，更为重要的是道德层面的行和动。汤校长的不懈努力取得了丰硕的成果，有几个很重要的标志：20年无学生违纪犯罪受查处！2010年获国际生态学校，2011年获全国文明单位。

我今天要说的人文精神包括四个方面：第一，己所不欲，勿施于人。这就是恕的精神。我们每天都在讲,我不愿意做的也不要让别人去做,我不喜欢的也不要强压给别人。这是一种恕的精神。第二,与人为善,从善如流。这是一种善的精神。援引苏格拉底的话:我相信世间只有一种最大的不善,那就是作恶。我相信世间只有一种幸福,那就是行善。所以说善的追求是人类社会的基本价值,是人类社会的普世追求。第三,爱人如己,推己及人。这是爱的精神、爱的追求,关爱。第四,舍生取义,浩气长存:义。在善与恶之间如何选择,在义与利之间如何选择?我认为义与利之间应该舍生取义,杀身成仁。所以人文精神我简单说来是恕、善、爱和义。恕是一个底线,善是一种追求,爱是一种精神,义是一种境界。

那么,在学校里如何实践?

第一个层次,我以为是传递人文知识。第二个层次是拓宽人文视野。第三个层次是塑造人文精神,精神是需要塑造的。第四个层次是提升人文素养,这也是深圳外国语学校20多年来不断在追求、不断在实践的很重要的四个方面。

最后的一点,汤校长教育思想的价值在哪里?我说是谦恭的文化领导。一种思想、一种实践最后要靠谁,要靠校长。所以说从思想和实践过程中映射出作为一个校长的品质。汤校长的品质我用谦恭的文化领导来解释。汤校长有种气度:为人厚道,大气豪迈。很高兴我认识汤校长已经5年。汤校长是我认识的校长当中我很尊重的一位。我尊重他的原因首先是谦恭,不计较,很多时候难得糊涂。水至清则无鱼,人至察则无友。这就是厚道,心胸宽阔。作为大校的校长要大气。我从事校长培训8年,担任班主任的班级有1 000多名校长,我说校长要有四种气:大气、正气、才气和浩气。而不要有油气、匪气,不要有霸气和俗气。我班里曾经有位我很喜欢的,当时还不是正职的校长。这个小伙子很谦逊,结果过了半年以后荣升为某名校的校长,此时他的眉宇之间的那种傲气那种霸气一览无遗。我只能一声叹息。第二,汤校长身上有种风度:文质彬彬,以礼待人。我们可以发现,汤校长无论是坐在台下或台上做报告时,同与会代表都会一一握手,对每一个人的尊重这是以礼相待。一份君子的风范,我说我们大校校长,引领中国基础教育发展的校长就应该有这种风范,要有风度。第三,也最重要的是汤校长的厚度:厚德载物,敬业乐群。"厚德载物"是易经的核心思想,也是中华民族几千年来的核心价值追求,在汤校长身上体现的是一种克制隐忍和内敛的品质,同时他以一种专业化的精神和能力引领群体,建构了一种其乐融融的人际关系和文化。

张俊华,英国伯明翰大学教育学哲学博士,华东师范大学教育学部副教授、研究生导师,教育部高校思想政治队伍培训研修中心(华东师范大学)副主任兼上海市大中小思政课一体化建设教师实训基地负责人,上海市党建研究会特邀研究员,教育部学位论文评审专家。兼任英文学术刊物《教育行政及历史杂志》国际顾问,南非比勒陀比亚教育学院博士论文校外评审。历任教育部中学校长培训中心主任助理,上海市委党校培训处挂职副处长,华东师范大学党校副校长兼高级研修学院副院长。

主要从事教育领导与管理、学校文化研究、领导干部培训、高等教育教学、国际交流与合作等工作。出版中文专著《教育领导学》,出版英文专著《中国农村校长的生活史与专业发展史研究》,在国内外学术刊物发表中英文论文多篇。曾应邀赴芬兰、南非、美国访问讲学。应邀出席挪威管理学院、澳大利亚教育领导委员会(ACEL)、国际校长联盟(ICP)等国际教育学术机构举办的国际学术会议并做主旨或特邀发言。

为学生提供选择机会　让学生个个成才

黑龙江省哈尔滨市第三中学校　赵文祥

赵文祥,中学物理特级教师。曾任哈尔滨市第三中学校党总支书记、校长,哈尔滨市教育局副局长,二级巡视员。享受国务院政府特殊津贴,哈尔滨市有突出贡献的中青年专家。曾荣获全国优秀教师、省"五一"劳动奖章、省首届"现代园丁奖"、哈尔滨市劳动模范、哈尔滨市一级功勋教师、新中国成立以来为哈尔滨市教育事业做出突出贡献的教育工作者等多项荣誉称号。

从教37年,积极探求教育教学科研领域,主持多项教育教学科研课题,编写了物理教学和学校管理等方面近20部著作。狠抓教学改革,有力推动了哈尔滨市第三中学校的"分层次教学",提出了"让不同层次的学生在原有基础上都得到最大发展"的教育理念。担任校长期间,哈尔滨市第三中学校办学质量稳步提升,始终名列全省前茅。

著名教育家顾明远说:"如果对不同天赋、不同兴趣、不同爱好的学生施加一样的教育,应当是对学生最大的不公平。"

教育的本质是促进人的个性全面发展,使每个人的强项得到延伸和拓展,并进而在某一方面成为卓有成就的人。教育应该是一个"扬长"的艺术,而世界范围内作为教育主体的学校教育更不应千人一面,不能整齐划一,而应该在充分研究和探索的基础上为学生提供更多的选择,实施个性化教育。

一、个性发展:意义与价值

(一) 个性发展是个人存在与发展的基本需要

教育的本质是促进人的个性全面发展,使人成为真正的人。不仅使受教育者掌握现实生活中所需要的知识技能,更使受教育者获得人格的完善发展,奠定乐观积极地挑战生命历程的基础。教育是使人成为人的过程,是鲜活生命的成长历程。受教育者作为这一过程的主体,理应受到关注和敬畏。

我们的教育,最重要的是关注学生的生命,把学生看成有个体差异性的生命体,真正实现教育以人为本。日本学者池田大作认为"人的生命是有尊严的。就是说,他没有任何等价物"。教育作为人的活动而且针对的是人的活动,它不能无视生命的个性存在,其最终目的也正是为了追求人更加美好的生活和人充满自由的存在。因此,我们应给学生以有选择机会的、关注生命的教育,教育者应把个体生命发展的主动权还给学生,把尊重作为教育的第一原则,让学生的生命呈现出自然色彩,使之真正成为具有充分活动的个人主体。

(二) 个性发展是国家发展创新的根本保障

《国家中长期教育改革和发展规划纲要(2010—2020 年)》(以下简称《纲要》)的序言中分析社会发展状况时提到:"当今世界正处在大发展大变革大调整时期。世界多极化、经济全球化深入发展,科技进步日新月异,人才竞争日趋激烈。我国正处在改革发展的关键阶段,经济建设、政治建设、文化建设、社会建设以及生态文明建设全面推进,工业化、信息化、城镇化、市场化、国际化深入发展,人口、资源、环境压力日益加大,经济发展方式加快转变,都凸显了提高国民素质、培养创新人才的重要性和紧迫性。"

所以说个性的发展不仅是个人身心发展的需要,也是社会发展的需要。因为,每个人充分而自由的发展是一切人充分发展的条件。可以说,没有个性的发展也就没有社会的发展。个性是一个民族的财富,有个性的人往往能独立思考,具有批判思维能力和创造力,有较强的意志和行动能力。中国未来发展、中华民族伟大复兴,创新人才是关键,而个性化教育对创新人才的培养具有至关重要的意义。

社会对人才的多样性需求决定学校必须培养造就多样化的人才。很难想象,如果社会只有一种或一类人才,当今社会怎样才能发展,人们不同的需要怎样才能得到满足。而作为最主要培养人才场所的学校,如何满足社会需要以及满足国家民族长远发展的需要便成为一个最重要的课题。只有学校教育重视学生个性发展,社会才能拥有各具特色的人才;只有学校教育重视学生个性发展,国家才能不断增强竞争实力;只有学校教育重视学生个性发展,民族才能永远充满生机活力。

(三)个性发展是落实《纲要》的必然要求

仔细研读《纲要》,我们会发现其中对学生的个性发展有了极高的关注,例如:

第一部分"总体战略"的第一章"指导思想和工作方针"中的"工作方针"指出:"要以学生为主体,以教师为主导,充分发挥学生的主动性,把促进学生健康成长作为学校一切工作的出发点和落脚点。关心每个学生,促进每个学生主动地、生动活泼地发展,尊重教育规律和学生身心发展规律,为每个学生提供适合的教育。努力培养造就数以亿计的高素质劳动者、数以千万计的专门人才和一大批拔尖创新人才。""把提高质量作为教育改革发展的核心任务。树立科学的质量观,把促进人的全面发展、适应社会需要作为衡量教育质量的根本标准。"

第一部分"总体战略"的"战略目标和战略主题"中要求:"全面加强和改进德育、智育、体育、美育。坚持文化知识学习与思想品德修养的统一、理论学习与社会实践的统一、全面发展与个性发展的统一。"

第二部分"发展任务"的"高中阶段教育"中要求:"全面提高普通高中学生综合素质。深入推进课程改革,全面落实课程方案,保证学生全面完成国家规定的文理等各门课程的学习。创造条件开设丰富多彩的选修课,为学生提供更多选择,促进学生全面而有个性地发展。"

第三部分"体制改革"的"人才培养体制改革"要求:"更新人才培养观念。深化教育体制改革,关键是更新教育观念,核心是改革人才培养体制,目的是提高人才培养水平。树立全面发展观念,努力造就德智体美全面发展的高素质人才。树立人人成才观念,面向全体学生,促进学生成长成才。树立多样化人才观念,尊重个人选择,鼓励个性发展,不拘一格培养人才。""注重因材施教。关注学生不同特点和个性差异,发展每一个学生的优势潜能。推进分层教学、走班制、学分制、导师制等教学管理制度改革。"

《纲要》中从工作方针的制定到战略目标、战略主题的确立都体现了"个性化教育"的重要性,在课程设置、学习方式和评价体系的规定中也凸显了对"个性化教育"的关注,特别是在人才培养体制改革中对学校"个性化教育"提出了明确要求。

(四)个性发展是实施课改、落实课标的着眼点

进入新世纪以来,全国开展了轰轰烈烈的第八次课程改革。新课程改革的核心理念是以人为木,坚持学习的建构主义观,充分尊重学生的个性,为每个学生提供最适合其个性的优质教育。

新课程坚持知识与能力、过程与方法、情感态度与价值观相统一的课改理念,坚持教育的人本主义。它主张在学校教育实践中,坚持科学理念,开展研究性学习,进行综合实践,主张"变重书面与考试为重知识与能力,变重成绩与结果为重过程与方法",强调学生的"主动、参与、过程"。它提倡校本课程的建设,开设选修课、活动课,为学生个性的发展提供更为有利的条件。

课程标准作为规范学校课程与教学的基本文件,在提出一些共性要求的同时,也要留出个性发展的空间。新的课程标准关注个性化的学习权利,尊重学生有个性地发展。例如《新课标实施纲要》规定:"普通高中课程标准应在坚持使学生普遍达到基本要求的前提下,有一定的层次性和选择性,并开设选修课程,以利于学生获得更多的选择和发展的机会,为培养学生的生存能力、实践能力和创造能力打下良好的基础。"

各学科课程标准的制定也都明确提出促进学生个性发展的课程理念,保障学生个性化的学习权利。

二、现状分析:现实中学校教育存在的弊端

《纲要》的序言中分析我国教育现状时指出:"我国教育还不完全适应国家社会

发展和人民群众接受良好教育的要求。教育观念相对落后，内容方法比较陈旧，中小学生课业负担过重，素质教育推进困难；学生适应社会和就业创业能力不强，创新型、实用型、复合型人才紧缺。"综观当前的教育，主要存在以下问题。

第一，教育内容和教学方法具有明显的刻板划一性，突出的是标准的统一性和目标的一致性。我校早在二十年前便提出分层次教学的理念，其理论根源便是注重学生个体差异并尽可能做到因材施教。应该说长期的探索取得了相当显著的成绩，但我们也在这个过程中深深地感到突破统一标准、统一目标的巨大阻力。高考指挥棒的作用依旧强大，校本课程虽丰富多彩却远没有达到其应有的地位，更重要的是相当数量的家长和学生的观念仍然比较单一，盲目攀比的心理普遍存在，因材施教甚至可能被理解成对学生有薄有厚。

第二，过分地强调共性而忽视个性。虽然随着课改精神渐渐深入教育基层，发展学生个性已经成为普遍共识，但在很多实际的教育实践操作中，对个性的培养还存在明显欠缺。这一方面是因为理念转变到操作的落实必然需要一个过程，另一方面是因为教育教学过程中的许多实际困难，比如很多学校的班额还很难达到理想的状态，我校的班额目前在 55 人左右，据了解很多学校还要大于这个数字，如果一个老师负责两个班的教学，要面对一百多个学生，有些科目的老师要负责五六个班的教学，那就意味着要面对三百多个学生，这种情况下关注到个体发展实在是一个很艰巨的任务，恐怕不是教育理念转变就能解决的问题。

第三，过分重视服从而忽视了自主精神的培养，注重让学生机械地熟记知识而忽略健康个性的发展。考试至上、教材至上、教师至上的观念应该说还不同程度地存在于我们的教育工作中，相对而言，培养学生个性发展观念比较容易建立，但克服长期以来的工作惯性就要困难很多，这在一定程度上会使"个性发展"在教育实践中陷入"看起来很美"的窘境。

三、个性发展与"个性化教育"：理解和阐释

（一）个性化教育在我国历史文化中的渊源

教育观念深深植根于特定民族的文化土壤中，并深受其影响。中华民族传统文化博大精深，文化观念对教育的影响是深刻的，已深深渗透到我国各个层次的教育中，其中"因材施教"源远流长。

"因材施教"的个性化教学思想可以追溯到孔子,他提出了"有教无类"和"因材施教"的个性化教学思想,他在自己的教学中,也以这一思想来指导实践,他指出并差异性对待他的学生的个性。

但是,在我国古代真正重视个性化教育与实践的应首推庄子。《庄子》这部书是我国文化宝库中一笔难得的财富,其中针对儒家教育思想的弊端提出的观点,可谓独树一帜,极具个性化。《庄子》教育思想中最为威慑儒家教育思想的是其对个性的高度关照,主张打破儒家教育思想的樊篱和礼仪约束,任其自然,发展每个人的个性。《庄子》认为每个人都应顺应并发展自己的个性、特技、特长,诚能如此,百姓整体素质将提高一大步。如果只强调为人处事的一律性,而忽略了每个人的个性化教育,那么百姓的整体素质就将愈来愈低。

这和孔子所倡导的了解每个学生的基础差异不同,孔子也研究每个学生的本来个忤,但他不是掌握个性后去提倡宣扬个性,更不去发展个人的个性,只是针对每个人的个性去进行补偏救弊的教育。而庄子倡导自然、自由,有利于解放人们的思想,有利于冲毁思想上的禁锢,从而让人们纵观大海、青天,解放每个人的思想,解放每个人的手脚,循着大自然的安排去想愿意想的事情,去做愿意做的事情。在教育过程中诚能如此,定会涌现出一批批各具特色的出类超群的人才。有了教育上的自由、自然的条件与环境,才能培养出富有个性化的人才,才能产生出创造型的人才。各类各级人才都有其个性,即均有其特长,一个民族的整体力量才会增强。

(二)当代个性化教育的概念和通常理解

个性化教育理论和实践家曹晓峰教授组织专家组耗费长达近二十年时间对个性化教育进行深入、系统的理论研究和实践探索,他主张应将个性化教育定义为:

所谓个性化教育(Personalized Education 或 Customized Education),就是指通过对被教育对象(包括个人和企业)进行综合调查、研究、分析、测试、考核和诊断,根据社会环境变化或未来社会发展趋势、被教育对象的潜质特征和自我价值倾向以及被教育对象的利益人(个人的家长或监护人,企业的投资人或经营者)的目标与要求,量身定制教育目标、教育计划、辅导方案和执行管理系统,并组织相关专业人员通过量身定制的教育培训方法、学习管理和知识管理技术以及整合有效的教育资源,从潜能开发、素养教育、学科教育、阅历教育、职业教育、创业教育和灵修教育多个方面,对被教育对象的心态、观念、信念、思维力、学习力、创新力、知识、技能、经验等展开咨询、策划、教育和培训,从而帮助被教育对象形成完整独立的人格并优化自身独特个性,释放生命潜能,突破生存限制,实现量身定制的自我成长、自我实现和自我超越的教育和培训系统。

这里所主张的个性化教育定义中,不仅阐述了个性化教育的"目的个性化""过程个性化""结果个性化""前提个性化";而且明确指出个性化教育的中心和主体是被教育对象,个性化教育是家庭教育专业化、学校教育个性化和社会教育系统化三大教育系统的融合和统一,个性化教育的本质是一个教育和培训系统,而不是一种单纯的教育理念、教育目的和教育形式。

(三) 当今学校个性化教育的理解与阐释

学校个性化教育就是要尊重每个学生的个性,帮助学生发掘、形成和发展个性,使学生的个性得到充分发展的教育,就是教育者在承认学生在社会背景、智能背景、态度价值、情感和生理等方面存在个别差异的前提下,使每个学生都得到全面发展的教育。

学校个性化教育的实质是以受教育者的个性差异为重要依据,让每一个学生都找到自己的个性才能发展的独特领域,以"个性充分发展、人格健全"为目标的教育。

学校个性化教育应充分注意学生的差别,承认学生在智力、社会背景、情感和生理等方面存在的差异性,了解其兴趣、爱好和特长,并根据社会要求适应其能力水平地进行教育,使之得到发展。

学校个性化教育要弘扬学生的独特个性,"在发现和尊重受教育者现有个性以及有利的物质条件基础上,尽可能地促进受教育者的体能、智能、活动能力、道德品质、情感意志等素质自主、和谐、能动地发展,最终形成优良个性"。

四、我校实施个性化教育的探索

(一) 分层次教学的实践与探索形成学校个性化教育的经验与思考

学生的多样,学生需求的多样,国家需求的多样,也是学校多样化、特色化发展的要求。我校一贯倡导让不同层次的学生在原有基础上有最大限度的提高。主要有以下几种做法：

1. 综合分层次

根据学生的平时表现、入学成绩、个性特征和总体水平将学生分成 A、B、C 三个类别层次，编成行政班，配备相应的教师组和教学安排，完成相应的计划、目标。

2. 学科分层次

根据学生的特长和兴趣，组成数学、物理、化学、英语教学 A 班（视情况也可以是行政班），配备专用教室、专业教师，以发展学科纵深能力和特长为主。学校和学生结合实际进行双向选择，不提倡全面开花。相应的也有 B、C 层次，主要以课程标准和统一要求为准，并从实际出发做到一纲多本、多纲多本。

3. 课程分层次

在完成必修课程的前提下，每年都视情况开设一定的选修课和活动课，包括必选课，如信息技术、音乐、美术和心理健康，还包括更多的任意选修课和活动课，学生按自己的兴趣和今后的发展方向自由选择课程和教师，拓宽视野、发展智能、启迪方法。

4. 辅导分层次

每年的高三再选出一部分学有余力的学生和基础不牢的学生组成辅导小班进行提优补差，解惑答疑。

5. 教学分层次

教学计划、目标层次明确、具体，与学生的层次相一致，分为基本、中层和发展三档，每档都有标准、讲义，创造性地选取教法。在学法指导上，C 层次以模仿为主，B 层次以灵活掌握为主，A 层次以创造性学习、发展智能为主。C 层次的速度放慢，加强基本概念和基本知识的学习，反复训练，及时巩固。A 层次的进度、内容则完全取决于学生的需求，要快、新、难，大幅度增加专业知识，强化学科能力。B 层次主要遵循国家课程大纲、教材正常进行教学并适当提高。习题和测试做到有分有合，既体现个性要求，也能进行统一的质量分析。

6. 管理分层次

各层次学生的管理要有区别。C 层次的学生往往没有形成学习意志和良好的学习习惯，缺乏自我约束能力，但思想相对比较单纯；A 层次的学生思维活跃、精力旺盛,但有时容易有自满和自私的情绪;B层次的学生居中,比上不足,比下有余,可能有安于现状之心。在管理上,班主任和任课教师要有针对性,或鼓励、或提醒、或严厉、或民主,或要求、或自律,密切关注学生的动态,减少偏差,确保学生稳定进步,情商智商共同发展。

7. 形成合理的教师搭配

根据教师的特点及系统论整体功能、结构功能的原理实现最优的学科内教师分组和学科间教师组合,使教师在最佳的位置上尽情学习和工作,与学生特征丝丝相扣,教学相长。

8. 强调教学感情沟通

教学不仅是知识交流的过程,更是师生相互理解、相互配合的感情交流的过程。教师热爱学生,坚信不同层次的学生都能成才,"大以大成,小以小成",正面启发,循循善诱,无论补差,还是辅优都给予鼓励和支持,使不同层次的学生建立起争取优异成绩的信心,这是教学成功的基本保证。

分层次教育使学校初步找到了实施素质教育的有效途径,积累了教学管理经验,为深化学校个性化教育的实施奠定了良好的基础。

(二) 构建有利于学生个性化发展的课程体系,为学生的个性发展奠基

我们认为学校课程建设,是学校个性化教育实施的重要保证,我们在多年的探索中不断挖掘与丰富课程资源,为学生的个性发展构建了有效的课程体系,并从多个方面探索课程实施的有效途径。

1. 课程体系构建的目标——培养创新人才

面对学生个性化发展的需求,我校的目标不仅是升学,还有为创新型人才的成长奠基,具体培养目标定位为:培养基础扎实、身心健康、素质全面、个性明显,具有国际视野的创新型拔尖人才。

我校具有独特的民主开放的教风和学风,无论教师还是学生,思维活跃,个性张扬,创新意识强。学校面对个性化的学生群体,必须设置个性化课程,才能更好地满足学生的要求。在新一轮课程改革中,我们抓住机遇,主动地、创造性地实施新课程,运用科学的课程理念,架构合理的课程结构,认真落实国家课程方案,为培养创新型个性化人才奠基。这样的思考,成为我们课程建设的出发点和目标。

2. 课程体系构建的基础——遵循国家方案

以学生全面发展为统领,以培养创新人才为目的,以《普通高中课程方案》为指导,我们统筹国家课程和校本课程,构建启迪科学精神、培育人文素养、培养实践能力、提升技术素质,具有时代特征和国际视野的课程体系。

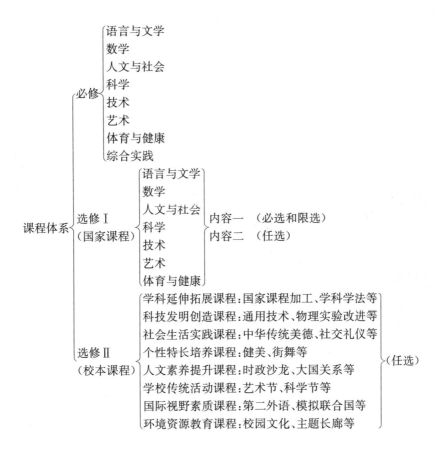

3. 课程体系构建的灵魂——注重三个统筹

(1) 必修与选修相统筹。

《普通高中课程方案(实验)》中指出:普通高中课程由必修和选修两部分构成。必修与选修相统筹,既突出了课程的全面性和选择性,又突出了人才培养的厚重基础和多样化的发展需求。

我省把选修Ⅰ分成了"内容一"和"内容二",并且规定:"内容一学校必开、学生选学,内容二要达到 10 个学分。"我校结合实际,对"内容一"全部开设,采取行政班的教学模式;内容二全部提供给学生,实行分层选修,鼓励学有余力的学生多选,对国家课程进行校本化处理,优化教学内容,真正实现用教材教,而不是教教材。"内容二"的教学实行走班教学。

在我校的课程体系中,选修课程尤其是选修Ⅱ(校本课程)占比很大。我校校本课程分八类,每学期至少开设 30 多门,保证每个学生有课可选。这些课程的开设,为培养学生的多元化、综合性、创新性特征起到了显著的作用。

在选修课建设中,我们设计并实施了学生讲坛。这是一个完全由学生自主设计的校本课程,课程计划及授课内容由学生策划,主讲人是学生,听课的也是学生。学生自愿报名做"学生讲坛"主讲人,课前试讲宣传,与自己的老师同时站在被选择的舞台上。至今被学校聘为讲师的学生共有 53 人次,"学生讲坛"开设课程 26 门,其中"简易小魔术""英语能力综合提升""原来篆刻这么有趣""身边的物理与近代物理发展""推理世界之六大不可思议"等都深受学生欢迎。

(2)**科学与人文相统筹。**

在课程设置时,既重视自然科学,又重视社会科学,确保培养学生的科学素养和人文素养全面协调。尤其是鼓励并要求学生跨类别选课,文理兼修,比如,每学期每名学生至少选两门课程,至少有一门是跨文理科的课程。

(3)**学科类课程与活动类课程相统筹。**

我们的校本课程中有学科类课程,但有很多课程已经打破学科界限,还有一些突出体现学生特色、学校特色的活动类课程,成为学生的挚爱和选修的热点。每年一度的学校特色活动课程——科学节、艺术节、大地彩绘、戏剧节等——既是学生的舞台,又是师生同乐的课堂。在实践的过程中我们为学生提供了更广泛的机会和更广阔的平台,让学生体验过程,学会学习,学会创造,让学生成为新知识的发现者和见证者。

4. **课程体系构建的保障——完善管理机制**

一套好的课程方案和培养模式,只是一个平面的蓝图,只有通过教师落实到课堂教学中,才能变成鲜活的、富有生机与活力的课程,只有通过教师创造性的工作,才能最终实现我们的培养目标。

基于以上认识,我们完善、建立了一系列的标准框架。完善了选修课管理制度,建立了教师开设选修课的管理制度,构建了"校本研修一体化"的新研修模式;建立了学生选课指导制度、学生选修课修习制度、学分管理细则、学生选修课反馈制度;并且建立了科学的教育评价制度,为每一位教师在校园网上建立记录成长的电子档案,为每位学生建立成长档案,进行综合素质评价。这些制度的建立和落实,确保了课程实施的质量,也确保了培养人才的质量。

5. 课程体系构建的硕果——提升发展品质

学校特色课程体系的实施,促进了学生和教师的全面发展,提高了学校的办学品质,促进学校的可持续发展,取得了喜人的成绩。

如我校的每届科技节,都有贴近实际的主题,并在形式上不断创新。主题技术设计大赛、专家讲坛、PMT 创意比赛、动手智力对抗赛、主题板报大赛、网页制作大赛、优秀科技论文评选等,都受到了广大师生的热烈欢迎。哈工大博士导师、百家讲坛名人、北京大学博士、南极科考队员等为学生们带来精彩的讲座。通用技术课程、信息技术课程为科学节增添了亮丽的色彩。在同学们的广泛参与支持下,科学节已经深深地扎根于师生们心中,成为哈三中的一个品牌活动。通过一件件精巧的作品、一篇篇构思新颖的论文,同学们在实践与体验中获取知识,提高能力,培养素质。

我校的创新实践教育活动虽然仅走过八个年头,但培养学生个性的成绩却不容忽视。截至 2012 年 4 月,我校共获得省一等奖 24 项、国家三等奖 10 项、国家二等奖 3 项、国家一等奖 4 项、中国青少年科技创新奖 3 人。其中,2007 级学生张岸汀的《电子噪声监测警示装置研制及公共场所等室内电子噪声污染调查》获国家一等奖;2009 年,《木工结构设计与制作》《需求与创新科技设计》获综合实践活动国家级一等奖;就在几天前,2012 年 4 月 3 日举行的黑龙江省青少年科技创新大赛中,我校高二学生孙翙文设计的"高层火灾报警器"获得一等奖,同时该发明已于去年获得了国家专利。在此基础上,依托于信息技术教研室和通用技术教研室,我们成立了哈三中创新工作室,目前有学员 100 余人。

学生社团活动丰富多彩,目前有 nm 社(又名主持人社)、国际象棋社、足球社、数学物理社、摄影社、志愿者协会、模拟联合国社团、天蓝话剧社、音乐社(有电声乐队、古典乐队、民谣乐队)、羽毛球社团、街舞社、哈三中合唱团等二十几个社团。以模拟联合国社团为例,该社团成立于 2005 年,学员先后在北大模联、复旦模联、蔚蓝国际中学生模联、HMUN China 模联、哈佛模联大会、波士顿模联等比赛中获得"最佳代表奖""杰出代表奖""最佳风采奖""最佳谈判奖"等大奖。2011 年,我校又一次举办了包括东三省学校在内的中学生模拟联合国大会,这已是第三次。共有

20 多所学校的近 200 名代表出席,受到教育界和社会媒体的广泛关注。

所有这些都给学生提供了以其个性化的兴趣为基础的选择性学习的机会,给他们以丰富的真正热爱的学习内容,给他们搭建了张扬、展示、发展个性的平台。

(三)集中学科力量探索个性化课堂教学模式并开展学科特色活动

各学科教学根据学科特点进行了"发展学生个性的个性化课堂"教学模式的探索,依据学科特点和学生需求,着重考虑激发学生的学习兴趣、发展学生的个性特长、提高学生的综合素质,采取了各自不同的、富有特色的教学模式。

数学六环节教学模式:复习导入—探究概念—设疑释疑—精讲点拨—巩固反馈—总结升华。

语文三步教学法:三环节:知识感知、探讨挖掘、实践应用;三延伸:由传授知识向传导方法延伸,由传授知识向渗透情感延伸,由传授知识向发展智能延伸;一原则:"一课一得"。

物理教学三种模式:"游戏式""实验式""建构式"。

化学自主探究、合作交流教学模式:课前延伸,课内探究,自主学习,合作交流,精讲点拨,巩固检测,课后提升。

生物实验探究式教学:提高技能,改进实验,合作学习,反馈提高。

历史口述史教学模式:将口述史料作为课程资源引入历史课堂教学,将口述史作为课题研究方法引入研究性学习。

政治"三新型"课堂教学:遵循"233 原则",即双主原则:坚持学生为主体,教师为主导;三贴近原则:贴近社会、贴近生活、贴近学生;三观培养原则:培养正确的情感、态度和价值观;以"五段式"教学为载体:导课诱趣—导学明理—导用深化—梳理归纳—运用反馈。

英语课堂教学"四创新":教学模式创新、课程设计创新、教学方法创新、课程评价创新。

地理开放式课堂建设:源自教师对学习者的情感与动机的关注:形成学生的自我完善、自我拓展和自我实现,开放式课堂要求教师收放自如。开放课堂有多种含义,它让学生以多种形式参与学习。

体育教学"以人为本":高一快乐体育,高二技能体育,高三人文体育。

艺术选项教学:改革授课方式——大课时合班制、改革选课方式——半自主选项。

心理健康——健康教学：采用 PLA（Participatory Learning and Action）方式，体验式活动重在全员参与和现场感受，团体训练强调针对性和实效性。

信息技术任务驱动教学：以评促教，以练践学。

通用技术"实践教学"：学有所思，以"文实践"的方式来发掘学生的创新意识；思有所用，以"武实践"的活动来培养学生的实践能力。

除此之外，各学科还开展了学科特色活动，以开拓学生的视野，提高学生的学习兴趣。如语文学科探索组织的学科特色活动有：诗歌朗诵音乐会、戏剧节、辩论赛、演讲赛、硬笔书法段位考评等。地理学科的学科特色活动有：课前演讲、读报时间、地球日征文、环境日签名、"地理纪念日"板报、"外星人来了"书画展、等高线模型制作、天文观测等。信息技术学科特色活动有：信息科学协会、专项竞赛等。化学学科组织的学科特色活动有：化学学生讲堂、化学实验装置图大赛、化学方程式大赛、元素周期表制作大赛等。

各学科对有利于学生个性发展的课堂教学模式的探索及学科特色活动的组织，将学生的个性发展日常化，将学生的学科个性发展纵深化。

（四）多元评价方式体系改变对教育教学结果评价与衡量的方式

能否改变对教育教学结果的评价与衡量的方式是最终能否真正落实学校个性化教育的根本，如果以学科成绩为上、学科成绩唯一的标准去评价学生的成长，那么我们所说的一切都无法真正实现。我校在这一方面做了充分探索。我们每学期使用《学生综合素质自我评价记实表》对学生道德品质、公民素养、运动健康、审美与表现等多方面进行实录，另外还有多维度的学科综合素质评价记录，分为自然科学类学科、工具类学科、人文素养类学科、体育与健康类学科、艺术类学科、技术类学科等六大类学科，根据学生学习学科知识发展的特点特别分类制定了各学科《综合素质评价标准》，无论是道德品质、公民素养方面的评价还是各类各学科的评价，都以真正的衡量学生的个性发展为尺度，并且以不同学段中学生的不同特点为前提，真正使得学生在评价与反思中能够自信健康地发展。以下是高一第一学期和高二第一学期的评价量表。

哈尔滨市第三中学学生综合素质自我评价记实表（高一第一学期）

内容	道德品质				公民素养
参照点	举止行为符合中学生行为规范，遵守学校各项规章制度	正确看待人生，规划发展目标	关心集体，有为集体争光的愿望和行动	参加学校劳动教育活动和力所能及的劳动	学习法律知识，了解法律常识
记实					
内容	公民素养	运动与健康			审美与表现
参照点	保护环境，爱护公共财产，保护公共设施	通过不同运动形式坚持每天锻炼1小时	远离不良嗜好，选择健康有益的休闲娱乐方式，健康向上		参加体育、艺术实践活动
记实					

哈尔滨市第三中学学生综合素质自我评价记实表（高二第一学期）

内容	道德品质			
参照点	谦恭礼让，注重礼节	待人诚实，表里如一，言而有信，不弄虚作假	具有对社会、集体、家庭、他人的责任意识	珍惜自然资源和劳动成果，反对浪费
记实				
内容	公民素养	运动与健康		交流与合作能力
参照点	知晓时事	关爱社会，热心公益	有自信心，有较强的意志品质	兴趣爱好广泛，生活丰富多彩
记实				

哈尔滨市第三中学学生综合素质自我评价记实表（高一第一学期、高二第一学期）

学生姓名		学籍号	
典型事例	道德品质		
	公民素养		
	学习态度与能力		
	交流与合作能力		
	运动与健康		
	审美与表现		
评语			

（说明：典型事例栏内要清晰描述事件发生过程、内容等信息。）

哈尔滨市第三中学学生综合素质自我评价记实表(高一第一学期)

内容	学习态度与能力			
参照点	课前阅读教材,搜集相关资料,做好预习笔记	课堂听课具有问题意识,积极思考,大胆质疑,认真记录知识要点	做好复习总结,及时反馈,知识要形成体系	做好课后复习,巩固所学知识,深化对知识的理解
记实				
内容	交流与合作能力			
参照点	能通过口头、书面、网络等形式,清晰表述自己的观点		注重合作学习,乐于与他人交流自己的学习心得,展示自己的学习成果	
记实				

(说明:本表供语文教学使用。)

哈尔滨市第三中学学生综合素质自我评价记实表(高二第一学期)

内容	学习态度与能力		
参照点	主动参与学习过程,克服学习困难,持之以恒	完成学习任务,形成良好的学习习惯和思维品质	养成发现问题、提出问题、自我总结、反思的习惯
记实			
内容	交流与合作能力		
参照点	积极参加团队活动,能与他人和谐相处,相互信任,主动承担责任	在追求共同目标的学习过程中,学会协作和分享,学会宽容和沟通	善于倾听、吸纳他人的意见,在交流中捕捉重要的信息,能自信地表达自己的观点和想法
记实			

(说明:本表供语文教学使用。)

哈尔滨市第三中学学生综合素质自我评价记实表(高一第一学期)

内容	学习态度与能力			
参照点	养成良好的学习习惯(课前、课上、课后)	培养良好的科学品质(理论、实践、科学态度)	形成学习方法(思维品质、质疑、总结、反思)	正确的学习态度(主动参与学习过程、学习兴趣、探究意识、创新精神)
记实				
内容	学习态度与能力	交流与合作能力		
参照点	关注国内、国外学科发展状况	通过口头、书面、网络等形式,清晰表述自己的观点	能与合作伙伴共同制订合作计划	在团队中能与他人和谐相处、互相帮助
记实				

(说明:本表供物理教学使用。)

内容	学习态度与能力		
参照点	主动参与学习过程,创造性地完成学习任务	调整学习策略	养成自我总结、反思的习惯
记实			
内容	学习态度与能力	交流与合作能力		
参照点	在学科实验中初步形成搜集材料、设计方案、制作模型等解决问题的能力	根据学习任务和需求,选择合作伙伴	主动与合作伙伴共同制订合作计划	合作学习中发挥分工协作的能力
记实				

(说明:本表供物理教学使用。)

除此之外,各种评选、评比活动的细则也完全遵照此评价表进行,自主招生推荐也不把学习成绩作为唯一的推荐依据,而是将综合素质评价作为有力参照,这种多元的评价方式极大地促进了学校个性化教育的落实。

(五)学生未来发展方向的多元选择是实施个性化教育的基础保障

除了参加高考选拔在国内高校获得人生发展之外,多年来,哈三中有近三分之一的同学在考入国内大学后纷纷选择出国,现在多数发展得很好,他们有着扎实的专业能力、深厚的实践底蕴、健康的体魄、良好的心态。哈三中在制定高中培养目标时,更关注学生的个性发展与生存能力、创造力与批判思维、交流合作与团队精神、国际视野等。基于此,我校提倡并鼓励部分学生选择高中阶段出国留学。哈三中利用自己在国际上的知名度和广泛的学术交流机会,为立志出国深造的学生搭建了全省首屈一指、全国一流的对外交流平台,我校在为学生提供多元化、宽口径的升学选择方面也做了积极探索,为学生个性化发展提供了更多机会和选择,这应该是个性化教育的延伸和保障。

1. 普渡大学直通车

该项目合作至今已有六年,哈三中有直接推荐权,经三中审核后,普渡大学直接录取。条件:①在入学前,托福≥80分可直接入读本科;②＜80分,可被普渡大学本科录取,但要经过为期不超过一年的ELP语言培训,在一年内可随时进入本科学习。

2. 日本留学预备班

2008 年哈三中面向全市考生招收以赴日留学为目的的学生,这是哈三中与日本最好的语言学院的合作项目。日本集中了亚洲地区最多的全球一流大学。学生们通过国内三年的文化课学习及日本语言的培训,有极高希望考取日本最著名的大学。条件:使用日本语检测考试(J-TEST)到达 E 级以上;或日本语能力测试(NJLPT)过三级,就具备赴日留学资格。

3. ACT—GAC 留学项目

ACT 为美国大学入学考试,GAC 为国际英语预科课程,是 ACT 美国高考的子课程。目前,GAC 黑龙江省特许中心坐落在哈三中,并只针对三中学生进行课程培训。高二阶段(高二第二学期至高三第一学期)进行 GAC 实名课程学习,并于当年的 10 月、12 月参加美国大学入学全球统一同步考试,满分 36 分,18 分以上可以申请美国大学,29 分以上可以申请美国常青藤学校。

4. NCUK 国际预科班

2011 年初,哈三中引进 NCUK-IFY 课程,该项目为英国、澳大利亚留学项目。

英联邦国家大学必须完成 13 年的基础课程后方可攻读学士学位,针对国内高中生而言,仅有 12 年的基础教育。该项目的 IFY 课程正是满足此条件而经 17 年发展,现已被众多国家采用的课程体系。

我校有意向赴英联邦国家留学的学生可以通过该项目进行为期一年的全封闭式学习而只需雅思成绩,直接获得大学的无条件录取。

5. 小语种留学项目

主要是针对韩国、德国、意大利、西班牙的留学项目。

6. 加拿大留学项目

7. 新加坡留学项目

以上几个方面的探索使学生除了参加高考选拔之外,还多了个性发展的机会,未来发展的宽口径、多元化的出路为学生的个性化发展搭建了坚实的桥梁,当然在这个过程中还有很多方面需要不断细化并更深入地研究,争取在更多领域也能为学生寻找到全面而有个性地发展的舞台与出口。

(六) 立足校本,践行研修,以教师的专业成长保障学生的个性发展

毫无疑问只有教师在思想意识、教学能力、专业素养方面达到较高水平,实施学校的学生个性化教育才有保障,各项探索才能更加有效地得到落实与发展。而这一切我们主要通过校本研修的方式不断形成集体学习与反思的习惯,我们在努力追寻一种以校本研修为主要内容的新的教师职业生活方式,以此保证学生在学校生活中能够得到更好的发展机会。

1. 努力创设良性研修机制,实现校本研修制度化

校本研修有三个切入点:制度是关键、反思是起点、行动是途径。因此,要推动学校的校本研修工作,首先要建立校本研修的导向机制、保障机制、监督机制和激励机制,整合教务处、教研组、备课组和年级的力量,建立直接服务于教师发展的、开放的教研网络。

(1)导向性制度。

以导向性制度的建立引导各科各年龄段的老师有一个自我评价和努力的方向。我校的导向性制度有:《哈尔滨第三中学教师岗位职责(分层次)》《哈尔滨第三中学骨干教师评定标准》《哈尔滨第三中学一堂好课标准(十四个学科)》《哈尔滨第三中学各学科教学基本功(十四个学科)》。

(2)保障性制度。

以保障性制度的建立保证青年教师成长、具体研修行动的落实。我校的保障性制度有:《哈尔滨第三中学学科导师制》《哈尔滨第三中学岗位大练兵方案》《哈尔滨第三中学基本功大赛题库》《哈尔滨第三中学校本教材开发流程》《哈尔滨第三中学校本课程选课指导》。

(3)监督性制度。

让监督性制度的建立在一定程度上起到约束和规范研修行动的作用。我校的监督性制度有:《哈尔滨第三中学校本研修管理与检查细则》《哈尔滨第三中学骨干教师动态考核评估管理细则》《哈尔滨第三中学教学常规管理细则》《哈尔滨第三中学教学事故管理细则》。

(4)激励性制度。

以研修活动中各种奖励制度的建立与实施激发教师参与研修、提升研修要求的原动力。我校的激励性制度有:《哈尔滨第三中学优秀论文、教育叙事、课件、课堂、选修课、教案评审方案》《哈尔滨第三中学优秀备课组、教研组评选细则》。

各种动态的人性化的评价和管理制度的建立促进了教师参与研修的行动,使教师在追求中去自主发展,去积极探索,让教师有一个专业化的"状态",使教育、教

学研究成为学校的一种生活、一种习惯、一种文化,从而有效地开展教育教学工作,促进学生个性的成长与发展。

2. 关注学生教师成长感受,追求校本研修生命化

我校的校本研修活动首先关注学生的终身成长与发展,每一个研修专题的确立、研修活动的策划都极大程度地关注了其对学生产生的意义与价值。我们研修活动的设计主线是使"教"为"学"服务,提高学生的综合能力;完善教学评价体系,淡化甄别与筛选,强调保护与激励等,这些校本研修中的课题,终点指向非常明确,那就是关注教师的成长进而实现学生的生命成长。

(1)研修机制建立在教师成长与发展的客观需要之上。

为了培养、提高青年教师的专业水平,形成良好的青年教师成长机制,有利于更深入开展校本研修工作,继承并发扬我校"传、帮、带"的优良传统,我校设立了"学科导师制"(又称带教制),极力为新教师搭建锻炼成长的平台,促使新教师快速提高教学综合素质。

我们开展组织了哈尔滨第三中学校级骨干教师的评定活动,从师德表现、示范作用、校本培训及新课程实施的引领作用、业务能力、综合素质、工作业绩和群众满意度等方面制定评比细则,从教学常规、教学工作等方面制定校级骨干教师业务考核标准。通过说课、上课与评课活动,岗位大练兵,展示主持校本研修和集中培训等形式,将骨干教师培训落到实处。

(2)培训内容确定在教师对学生的个性化教育的问题解决之上。

我们的培训内容建立在对受训教师充分调研的基础上,所选内容帮助教师解决在专业化成长过程中、在具体的教育教学过程中遇到的问题、难题,充分考虑了教师工作需要与学生成长需要。

(3)培训方案的设计在教师水平与能力的自我提升之上。

每一次培训方案的设计与实施都充分考虑了在每一位受训教师成长之路上是否会给予他们能力和水平上的提升,让教师在感受提升的同时体验职业成长带给他们的幸福感,让教师的生命绽放喜悦。

3. 立足学科特点挖掘深度,力求学科研修专业化

教研组是学校的教学业务组织,承担着校本课程开发、本组教师教学管理、教科研活动和具体实施教学计划、检查评估教学质量、总结交流教学经验、组织开展课外活动及指导教学实践等任务。它在促进教育教学改革、培养青年教师、全面提

高教学质量等方面都具有不可替代的作用。加强教研组建设是提高教师专业化水平的重要前提。教师的专业化水平是决定学生发展优劣的关键，而教研组是教师继续教育的课堂。一个学科教研组的建设水平一定意义上影响到该学科的教学研究水平、教学质量以及学生的学科发展状况。加强教研组建设是拓展教学内涵的主要途径，我校一直以来都在努力以学校的宏观文化为引导建设各教研组的特色文化，我们力争让"教研组文化"成为哈三中发展的核心竞争力之一。主要有：

(1) 教研组展示活动。

(2) 各学科根据教学要求和各学科特点确定动态化标准，并在日常工作中贯彻标准，细化标准，完善标准，发展标准。

(3) 确定校本研修日，在常态化的研修中加强各教研组专业化水平。

我们正是通过教研组校内或校外的各种学科研修活动，引领教师不断进行专业化训练，利用教研组这一阵地吸引一批人、带动一批人、激励一批人、提高一批人，不断加强我校各学科的专业化水平，以此促进学生学科方面的个性发展。

4. 全力构筑立体研修平台，促进校本研修多维化

我校的校本研修活动并不是由哪一个部门独自承担、单独负责，而是所有校长都须参与，各部门协同作战共同努力的学校根本性工作，我们整合教务处、教研组、备课组和年级的力量，建立直接服务于教师发展的、开放的教研网络，力求各部门立体化、多维度构建我们的校本研修工程，同时也力求多维度开展一系列的研修活动，使我们的研修能产生更大的效益。

高三教师组的研修力求在横向与纵向两个维度上都有发展。其中纵向研修活动安排以备课组为单位，按照相关主题进行纵向深度研讨，例如，从不同层次学生现阶段存在的问题、各阶段针对性解决策略等多个方面进行深入研讨。这种有深度的研讨有效地提高了课堂教学的效益，使我们的教学工作摆脱了经验的束缚，上升到理性的层面；它也能让我们不断学习科学的研究方法，相信这种深度探讨会将我们的教学水平不断带入新的境界。

另一方面，我们还有横向主题研修活动，主要以学年为单位，各备课组长按照主题于研修前在组内充分进行调研准备，然后在研修过程中与其他备课组进行横向研讨，这样的主题研修我们每个学期都会进行，如高三学年先后进行了小专题的横向研修活动，在这些研修活动中备课组长之间将本学科老师们的有效做法充分进行交流，对其他学科的做法也提出各自的看法与认识，在这样的横向交流中彼此

充分沟通学生的各种情况,也充分借鉴其他学科的有效做法,从而从另一层面使我们的教学更加有效。

5. 创造探索研修可行模式,加强研修模式创新化

我校的研修模式主要有:

(1)实践模式。以备课组教研组为单位,通过听课、评课、磨课,同课同构、同课异构、同课重构等方式,根据教学实践中总结归纳的问题,进行主题式研修,把大家共同研究的可操作性的策略应用于教学中。

(2)理论模式。通过专题讲座,专家或教研员、骨干教师与教师的对话,将先进的教育理念转化为教学行为,将所学到的专业知识与技能运用于教学之中,改进教与学的方式,从而促进学生的可持续发展。

(3)技能模式。围绕新课程对教师教学基本功的新要求,着重培养教师建设、开发、实施、评价课程的能力,培养信息搜集传递与应用、科学处理课标教材等内容的教学技能。

(4)评价模式。教务处定期开展主题式的青年教师汇报课、骨干教师示范课、校本课程研讨课、活动课、选修课等多种类型的教学展示课、评比课。

在坚持传统集体研修的基础上,我们总结出在网络环境下的集体研修形式。

我们以学校网络环境为基础,以"哈三中各教研组"QQ群、"黑龙江省学科教师"QQ群为网络平台,实现本校教师之间、本地区教师之间、不同地区教师之间的集体研修,使集体研修打破时间、空间的限制。在网络环境下,教师在任何时间、任何地点只要登上备课平台,就可以和其他教师交流教学思想、教学设计,这就弥补了传统集体研修的备课人数、备课时间、备课资源、备课地点有限的种种不足。我们的创新模式主要有:(1)超越文本——在同一办公环境下的网络备课。(2)超越空间——两个校区异地网络环境下的集体备课。(3)超越时间——延时备课。

6. 针对性解决现实问题,见证校本研修实效化

研修中我们以研究的眼光分析、审视教学实践中、学生成长中的各种问题,对出现的问题进行探究,对积累的点滴经验进行总结,从而形成规律性的认识。

学校在进一步深化新课程改革的研究与实践中,以不同学年的教学情况和学生特点为依据,以两个校区的不同学情为出发点,以实现学生的全面发展为核心,实现全面提升学生素养。

针对不同学年的不同问题确定研修重点,主题分别是:高一学年,调整适应。

高二学年,超越强化。高三学年,冲刺提升。

7. 发展友好学校之间交流,注重校本研修校际化

在褊狭的教育空间里,即使种子再优良、土地再肥沃,也永远长不成教师参天之树,开不出艳丽的教学进步之花,结不出丰硕的学生成才之果。

我校的研修活动既植根"校本",又连结"校际",以活动为载体,以校际研修促进教师专业发展,加强学校间互动,促进教师间的交流,为教师搭建共同成长的平台,营造"合作、交流、互助、分享"的校际教研氛围,打造富有特色的校际教研文化,促进教师"尊重互信、共同提高、学教相长、和谐发展",为学生的全面发展服务。

8. 承担社会责任答疑解惑,完成研修成果社会化

我校教师能够把校本研修的成果进行有效传播,积极参与社会公益性活动,发挥校本研修的辐射作用。应该说我们的研修活动也因为参与这类活动而提升了价值。英国诗人约翰·堂恩曾说"谁都不是一座岛屿,自成一体;每个人都是那广袤大陆的一部分",我们作为社会的一员,以承担力所能及的社会责任为己任,而且如果能够尽己之力,让有些事情因为我们的努力而更加美好,我们也会有成就感和幸福感。当然我们也把这样的活动看作难得的督促我们提升的机会。

五、实施学校个性化教育的反思与设想

(一) 反思

在几年的探索中我们能够明显感觉到学生在高中三年个性化成长的进步与喜悦,这是一种张扬与完善每一个"我"的成长,这也是伴随着真实的喜悦与幸福的进步与发展,但反思过去还有很多方面的问题需要我们在今后的行动中调整完善。在高考制度的压力下有时对应试利益考虑得还是多了些,对学生个性特长的培养发展还显得不够充分,老师们对"教师"职能的认识与把握还不能够根本改变,在课堂模式方面还不是每一个学科都能够拥有更为有效的落实个性化教育的方式,充分体现个性化教学效果的教学环节还不够细致深入,网络学习这种更为有利于个性化学习的学习方法作用发挥还显得不够有力,等等,这些还需我们进一步探索。

作为基础教育工作者跟大家交流这样几点思考:

一是差异。尊重教育者的眼里应该写满"人"字,只有教育者真正意识到站在你面前的生命个体各有各的不同,各有各的精彩,教育才会更加成功。

二是等待。教育是一种慢的艺术。慢,需要平静和平和;慢,需要细致和细腻;慢,更需要耐心和耐性。因此要学会等待,学会宽容,学会用发展的眼光看待学生。

三是成长。以学生为主体,以教师为主导,充分发挥学生的主动性,把促进学生健康成长作为学校一切工作的出发点和落脚点。

四是奠基。学校为学生搭建各种可供选择的平台,让他们有选择的自由,让他们在选择中发现自己的兴趣天赋,从而用最佳的教育方式激发他们的潜能,让他们得到最优发展,最终为他们将来的幸福奠基。

(二)展望

我们希望在未来继续探索,着重关注以下几点:

第一,继续探讨个性化课堂教学模式,促进学生个性化发展日常化。

第二,发展培育良好的家庭个性化教育,形成家校合一的个性化教育的合力。

第三,大力开展校本研修活动,进一步促进全体教师对教师在个性化教学过程中职能的认知与定位。

第四,加强网络教学资源体系建设,开发网络学习课程,建立数字图书馆和虚拟实验室等。鼓励学生利用信息化手段主动学习、自主学习,增强运用信息技术分析和解决问题的能力。

第五,改变观念、创设活动,进一步营造让学生们独立思考、自由探索、勇于创新的良好环境。

著名学者、语文教育专家吕叔湘说:"教育的性质类似农业,而绝对不像工业。工业是把原材料按照规定的工序,制造成符合设计的产品。农业可不是这样。农业是把种子种在地里,给它充分的合适的条件,如水、阳光、空气、肥料等,让它自己发芽、生长、开花、结果。"教育家叶圣陶也很赞成这个比喻,他认为受教育的人的确跟种子一样,全都是有生命的,能自己发育自己成长的;给他们充分的合适的条件,他们就能成为有用之才。所以我们说教育工作者所扮演的角色只能是农夫的角色、园丁的角色,而不是生产流水线上的车工刨工。为了扮演好农夫、园丁的角色,需要教育工作者转变观念,更需要学校教育中融入个性化教育的有效成分。

国家课程方案要求"全面贯彻党的教育方针,全面实施素质教育,大力推进教育创新,构建具有中国特色、充满活力的普通高中新课程体系,为造就数以亿计的高素质劳动者、数以千万计的专门人才和一大批拔尖创新人才奠定基础"。因此,我们要以培养学生创新精神和实践能力、为不同潜质学生的发展提供优质服务为核心，全面贯彻党的教育方针，立足哈三中实际，遵循教育规律和学生成长规律，以实施素质教育为前提，以促进学校办学特色化、课程多样化、渠道多元化为目标，科学施教，大胆实验，努力形成具备哈三中特色的创新人才培养模式，为促进普通高中多样化、有特色发展格局做出贡献。

个性化教育何以可能

教育部中学校长培训中心/王　俭

十分荣幸能与黑龙江省哈尔滨第三中学校赵文祥校长有缘,已经记不清是哪天相识,但可以肯定地说这是一位一辈子不会忘记的校长朋友。在教育部中学校长培训中心"第二期全国优秀中学校长高级研究班"中,他与我们今天召开人民教育家论坛的主会场所在的天津耀华中学任奕奕校长是同学,他的前任孔玉范校长与耀华的前任曲丽敏校长、南开中学的康岫岩校长又是中心"全国省级重点中学研修班第十二期"的同学,而哈三中的再前任校长陈光敏先生却又是我导师陈玉琨先生的好朋友,一切皆有缘。因此,赵校长虽然叫我"老师",但我时常叫他"老哥"。用东北话来说,那我俩的关系就是"杠杠的"。

今天我终于在"人民教育家论坛"上聆听了赵文祥校长关于"为学生提供选择机会,让学生个个成才"教育思想的精彩报告。顿时体会到,赵文祥教育思想的时代价值在于其正是《国家中长期教育改革与发展规划纲要(2010—2020年)》所倡导的"为学生提供更多选择,促进学生全面而有个性的发展"精神的具体体现。记得陈玉琨教授曾指出:受教育权的历史发展,大体呈现出"按权势、按钱财、按分数、按能力直到按兴趣"的过程,最好的教育,应该是按兴趣的教育,即让"人充分自由而全面发展的教育"。虽然,就目前我国基础教育整体状况而言,尚是"按分按能"的教育,"按兴趣而教"尚难以真正地实现。但是我们还是能从赵校长的思想以及哈三中的办学实践中,感受到个性化教育的曙光。因此,仅以"个性化教育何以可能"为题,就赵文祥教育思想谈些体会。

我着重从三方面展开:一是由有生命力的思想而想到的赵文祥教育思想的根与魂,二是由黑龙江肥沃的土地而联想到的新课程推进,三是从哈三中办学过程中的多样性而想到的教育的道德性。三者大体呈现这样的逻辑性：首先校长的领导，关键是思想的领导，也就是我们通常说的校长领导力的核心之一——思想力；其次就是校长再先进的思想，必须体现在学校的课程建设之中，也就是我们通常说的校长领导力的核心之二——课程领导力；再次就是校长自身的道德影响力以及指导教师有道德地实施素质教育能力的问题，也就是我们通常说的校长核心能力中的道德影响力与指导教师的能力，或者说将思想转化为教师的具体行为的能力。

一、赵文祥教育思想的根与魂

评价校长教育思想力的一个重要指标是考察其教育思想建立的根基以及其灵魂。从这一点出发，可以看出赵文祥教育思想是有其自身的根与魂的。

1. 深深扎根于中国优秀的传统文化

教育应当也必须扎根于优秀的中国传统文化，这是学校教育继承性最重要的体现。赵文祥教育思想正是继承了中国孔子、庄子、晏子等有关个性发展的优秀元素，才使其在哈三中的办学实践中体现出了强劲的生命力。

孔子的"有教无类"和"因材施教"，以及他差异性对待学生的个性：子路果敢决断、子贡通情达理、冉求多才多艺、高柴愚笨、曾参迟钝、子张偏激等。庄子认为，每个人都应顺应并发展自己的个性、特技、特长，诚能如此，百姓整体素质将提高一大步。如果只强调为人处事的一律性，而忽略了每个人的个性化教育，那么百姓的整体素质就将愈来愈低。晏子的"橘生淮南则为橘，生于淮北则为枳"以及其用人"任人之长，不强其短，任人之工，不强其拙"之道……以上种种无不体现了我国古代对人的个性的尊重。

一个校长的教育思想如果没有优秀的历史传统作为根基，这种思想终究是经不起历史考验的，也终将被历史所摒弃。

2. 深深根植于哈三中的办学实践

校长的教育思想，除了对历史的继承与批判外，还应该是建立在对当下时代精神的把握与对时弊的批判与反思的基础上的；只有这样才能更好地让思想来引领发展，让教育面向未来。正如毛泽东主席在《新民主主义论》中所指出的："尊重自己的历史，决不能割断历史……这种尊重，是给历史以一定的科学的地位，是尊重历史的辩证法的发展，而不是颂古非今。"同时，对当下问题的反思，恰恰是为了更好地面向未来。

赵文祥教育思想的产生以及到目前初步体系的形成，就是在继承我国优秀传统以及对当下教育问题的反思基础上,复又扎根于哈三中的办学实践之中的。他批判了当前教育教学中"过度重共性轻个性、过度重教师之教而轻学生之学,以及过度重内容方法划一而轻内容方法多样与选择"的弊端,结合哈三中二十多年来,实行过加强班、奥赛班、单科走班、单科 A 层次、综合 A 层次等不同形式的分层教学模式,特别是 2003 年新校区落成后,办学规模扩大,学生层次增多,他们的分层次教学更显出其必要性和有效性。经历了从尝试、取得实效、遇到挫折,到深入、到坚守的实践过程,逐步坚定了赵文祥校长的教育信念,从而也深化了哈三中个性化教育的实践。

3. 深刻地理解与贯彻国家的意志

校长是学校的法人代表,他应该是党的教育方针的忠实践行者,他的教育思想应当体现着国家意志的力量。赵文祥"个性化教育思想"可以说是深刻理解并贯彻《纲要》精神的一种体现。

正如其文章中所言:《纲要》第一部分"总体战略"的第一章"指导思想和工作方针"中的"工作方针"指出:"要以学生为主体,以教师为主导,充分发挥学生的主动性,把促进学生健康成长作为学校一切工作的出发点和落脚点。关心每个学生,促进每个学生主动地、生动活泼地发展,尊重教育规律和学生身心发展规律,为每个学生提供适合的教育……"第一部分"总体战略"的"战略目标和战略主题"中要求:"全面加强和改进德育、智育、体育、美育。坚持文化知识学习与思想品德修养的统一、理论学习与社会实践的统一、全面发展与个性发展的统一。"第二部分"发展任务"的"高中阶段教育"中要求:"全面提高普通高中学生综合素质。深入推进课程改革,全面落实课程方案,保证学生全面完成国家规定的文理等各门课程的学习。创造条件开设丰富多彩的选修课,为学生提供更多选择,促进学生全面而有个性地发展。"第三部分"体制改革"的"人才培养体制改革"要求:"更新人才培养观念……树立人人成才观念,面向全体学生,促进学生成长成才。树立多样化人才观念,尊重个人选择,鼓励个性发展,不拘一格培养人才。""注重因材施教。关注学生不同特点和个性差异,发展每一个学生的优势潜能。推进分层教学、走班制、学分制、导师制等教学管理制度改革。"

在惜字如金的《纲要》中,多次出现尊重"个性",这正是党的教育方针中"为人民服务"最好的诠释。而赵文祥教育思想或者说哈三中的办学思想,正是抓住了教育的魂。这种根与魂的统一,让赵文祥在汲取曹晓峰教授关于"个性化教育的'长'

定义"的精要后,结合哈三中自身的办学实践和自己深入的反思,个性化地将"个性化教育"理解为:"学校个性化教育就是要尊重每个学生的个性,帮助学生发掘、形成和发展个性,使学生的个性得到充分发展的教育,就是教育者在承认学生在社会背景、智能背景、态度价值、情感和生理等方面存在个别差异的前提下,使每个学生都得到全面发展的教育。"专家与理论工作者的研究结论,如果没有校长自身独特的理解,是很难转化为现实的教育实践的。

二、黑土地与新课程

赵校长根植于哈三中办学实践土壤上的教育思想,使人不禁联想到孕育哈三中的东北大地,这是祖国最为肥沃的黑土地。由黑土地的肥沃联想到新课程所倡导的丰富性;也不禁让人想到土地的改良与课程的统筹性;以及种子生长与课程的活动性。

1. 黑土地的肥沃与课程的丰富性

黑土地的肥沃、东北大米的可口,个性化教育思想深刻、哈三中办学成绩的卓著,在很大程度上佐证了"教育是农业"的判断。个性化教育的实践,如果没有学校课程本身的丰富性作为保证,其选择性与自主性都是不可能实现的。正是赵文祥教育思想在哈三中课程建设中的具体落实,依托哈三中自身的资源以及教师团队的智慧开发了八类校本课程,保证每学期至少开设 30 多门,从而确保了每个学生有课可选。

尤其黑龙江规定"选修Ⅰ中'内容二'"完全让学生自己选择,这就让学生们可以较为充分地按自己的兴趣来选择。并且他们创造性地设计并实施了学生讲坛。这是一个完全由学生自主设计、策划、主讲的校本课程。

正是课程的丰富性,为学生的选择提供了多样性的资源,让学生在选择中学会了选择,从而在实施中实现了自主的发展。

2. 土地的改良与课程的统筹性

虽说"一方土地,养一方人",新课程毕竟不是土壤。它体现着国家的意志,体现着社会主义核心价值观的要求,体现着培养人才的规定性。所以,在学生的选择中需要有规定性。我们说,尊重学生的个性,并不是一味任其发展,而是一种在规定性基础上的尊重,是社会主义核心价值观的一元与人才多样性发展的统一。为此,哈三中在课程建设过程中,始终坚持着三个统筹,即"必修与选修相统筹、科学与人文相统筹、学科类课程与活动类课程相统筹",这其实就是价值上的一元与多元、工具理性与价值理性的统一。

3. 种子的生长与课程（教学）的活动性

卢梭曾说："这种教育，我们或是受之于自然，或是受之于人，或是受之于事物。我们的才能和器官的内在的发展，是自然的教育；别人教我们如何利用这种发展，是人的教育；我们对影响我们的事物获得良好的经验，是事物的教育。"学校教育，尤其是当今学校教育，更需要增加"自然的成分"。"教育即生长"，如何让学生们"在活动中发展"，可能是克服以往过度地强调"接受式"所带来问题的一条有益途径。

哈三中在教育教学实践中，很显然地注重了课程的活动性，开展了例如主题技术设计大赛、专家讲坛、PMT 创意比赛、动手智力对抗赛、主题板报大赛、网页制作大赛、优秀科技论文评选等活动。还拥有丰富多彩的学生社团，例如 nm 社（又名主持人社）、国际象棋社、足球社、数学物理社、摄影社、志愿者协会、模拟联合国社团、天蓝话剧社、音乐社（有电声乐队、古典乐队、民谣乐队）、羽毛球社团、街舞社、哈三中合唱团等二十几个社团。

正是这种符合孩子们"才能和器官的内在的发展"的规律的课程形态，才让哈三中的学生个性得以较为充分的发展。

三、方法的多样与教育的道德

个性化教育是"有德性"的教育，因为这种教育尊重了学生的天性、爱好与兴趣。事实上，没有一个教师是不想实施有道德的教育的，教育中的不道德现象往往是由于过度的功利以及教师缺乏对教育的深刻理解所造成的。当他们面对个性丰富的学生时，往往是由于自身缺乏多样性的方法所造成的。从赵文祥校长的思想中，我们可以看出，哈三中的个性化教育是具有足够的方法支撑的，并且多样性方法的背后是有思考的。

1. 教育的合规律性与合目的性

教育既要符合规律，又要符合目的。个性化教育是一种合目的性与合规律性统一的教育。在当前我们要警惕"善意的摧残"，一些似乎看起来是为了学生的善意，其实质却是摧残学生，"吃得苦中苦未必就是人上人""总想成为人上人最终难成人"。警惕合规律，反目的，尤其在借鉴西方的一些方法中，要注意东西方价值取向的差异，我们是注重价值收敛的，而西方的价值则是个人主义的，是价值发散的。同时也要警惕合目的，反规律。杜威曾说："对手段的不考虑，就是对目的的不严肃"。手段与目的应该统一起来。

2. 多样性的方法与教育的道德

要对学生实施有道德的教育，除了对教育的德性理解外，还必须要有多样的方法来作保障。只有这样，才能尽可能地让每个孩子畅通无阻地成长。从哈三中个性化教育的方法来看，他们的个性化教育是有足够的方法来支撑的：从"综合分层、学科分层……"的多样分层方法；到涉及不同学科的，如"教学六环节、物理三模式、化学自主探究合作交流、历史口述史教学法……"的多样的教学方法；还有多样的评价方法；以及"普渡大学直通车、日本留学、ACT—GAC、NCUK"等七种出口。而这些方法的保障，则是由哈三中"多样化的教师专业发展机制"来保障的。正是这种方法的多样，才使具有丰富个性的学生的多样性发展成为可能。

3. 尊重差异、学会等待与面向世界

诚然，在当下功利过度的教育环境下，推进个性化教育任重道远。除了对理念的坚守以及努力践行外，还有许多问题值得研究与探索。小平同志"教育要面向现代化、面向世界、面向未来"的指示，对个性化教育的深化是极具指导意义的。

面向现代化，其实质就是教育的价值导向。"现代化，先化人，再化物。"人的现代化，应该是人的个性得到尊重与充分发展的境界。为此，我们要尊重差异，每一个孩子都是有价值的。价值具有公度性，也具有不可公度性。尤其在教育领域，既要用科学的思维来比较，更要用人文的思维来关爱，差异本身就是最好的教育资源。

面向未来，其实质就是教育的时间导向。孩子是成长中的个体，我们实施的是基础教育，是为创新人才的培养、为孩子终身的幸福奠基的教育。为此，我们要学会等待，要以科学发展观为指导，保护好孩子的天性、想象力与兴趣，为他们终身的可持续发展积累能量，奠定基础。

面向世界，其实质就是教育的空间导向。中国教育，在世界教育体系中，历史悠久，智慧丰富，我们需要对人类的教育贡献我们的才智；同时，我们培养的人才是"国际视野与本土情怀"高度统一的人才。

总之，相信随着赵文祥教育思想的不断丰富以及哈三中个性化教育实践的不断深入，赵文祥校长及其领导的哈三中必定会创造出如温家宝所言具有"中国特色、中国风格、中国气派"的高水平中学。

王俭，教育学博士，教育部中学校长培训中心人力资源开发研究室主任，华东师范大学副教授。国培项目专家，德旺基础教育研究院客座研究员。核心刊物《教师教育研究》责任执行编辑，中国中学校长工作研究会副理事长，全国初中教育发展研究会副理事长，上海市第二期、第三期、第四期校长课程领导力提升项目专家。重点研究的领域包括校长培训、教育评价、教师教育、办学质量改进实践研究、教育家型校长成长规律等方面。

教育:为每一位学生的终身幸福奠基

吉林市第一中学校　夏　军

夏军，1956 年出生，东北师大本科、研究生毕业，中学正高级教师。2000—2015 年任吉林一中校长，以创办国内一流高中为己任，在全国高中率先提出了"幸福教育"相关理论，确立了"为每一位学生的终生幸福奠基"的办学理念，全面实施"幸福教育工程"，取得了丰硕的办学成果。先后荣获全国五一劳动奖章、全国群众体育工作先进个人、吉林省劳动模范、省特级教师、省教育科研型名校长、省优秀教育工作者等荣誉。

幸福是最美好、最快乐的生命境界。我们的高中学生本该有最幸福快乐的校园生活,但当下的教育却使他们感到压抑和痛苦——这是教育的不幸与悲哀;基础教育本应该是面向未来的事业,但是当下的教育却不能奠定学生"终身发展"的基础——这更是教育的不幸与悲哀。

面对社会的责任,面对时代的挑战,我们必须深入思考现代学校教育的价值,我们必须不断变革学校人才培养模式,我们必须系统探究能使学生获得成功人生的理论和实践。于是"为每一位学生的终生幸福奠基"的神圣使命发乎我的内心;于是在新世纪初叶整整十年的实践中,我和我的团队坚守着这一教育信念,努力使吉林一中成为教师和学生幸福求索的乐园,努力使幸福教育成就学生的终身发展。

一、走出教育"不幸"的陷阱

新旧世纪之交,在全球化知识经济背景下,普通高中教育开始走上快速发展的轨道。在基础教育体系中,高中是具有独立价值的特殊教育阶段,新时期的学校教育将如何适应未来社会人才的需要?普通高中应该怎样实现其理想的教育价值?如何准确把握优质高中教育的真谛?2000 年 10 月,怀抱着对理想教育的憧憬和对诸多教育问题的思考,我通过竞选就任了吉林一中校长。

迈入 21 世纪的吉林一中是有着近百年悠久历史和传统文化的省示范性高中。坐落在风景宜人的北山脚下、荷花湖畔。学校学府气息浓厚,教师勤勉治学,学生热心向学。高考和学科竞赛成绩省内闻名。在 20 世纪 90 年代应试教育向素质教育的转轨中,开展心理健康教育、美育和道德活动课程等创新性研究,正向省素质教育示范校方向迈进。

作为这样一所示范性高中的校长,深感责任之重大,为学校教育的发展而欣慰,同时更为面临教育的困惑而忧虑:普通高中教育虽然迈入大众化教育新时期,但精英教育理念和模式还根深蒂固;社会对学校素质教育的呼声很高,但激烈的竞争使家长对学校的高考"升学率"寄予厚望,教师们期待着课程的改革,但"知识为本"的价值观念、"一卷定终身"的高考指挥棒总是使教育教学改革处在一种戴着镣铐跳舞的两难境地,总是使学校无法超越"分数是唯一考量标准"的限制和束缚。校园内,学生们承担着课业负担过重的压力,教师们承担着教学成绩竞争的压力,校长担负着社会用"升学率"考量办学成果的压力,家长担负着望子成龙的压力。

不幸的是这些压力最终都归结到学生身上。让他们难担重负、痛苦不堪!

以我校为例。每次大型考试之后,去心理咨询室的同学都络绎不绝。很多学生承受不了自己原是初中学习成绩的佼佼者,到高中后名次下降的压力,很多家长和老师沟通说,自己的孩子上高中后就没有笑过;很多学生排解不了面临升学考试的严重焦虑,甚至有学生因惧怕考试,离家出走;前200名的学生已很令人羡慕,可是他们自己却因进不了百名而悲观、烦躁;有学生说"考不上北大,上一中有什么用",有学生说"最使我高兴的事情就是考试成绩排在第一";学校离风景区那么近,可是谁也没心情去欣赏荷花盛开的美景;有的学生不愿意当学生干部,怕影响学习;有的学生不懂得如何和同学交往,因而心情郁闷。更令人震惊的是有的学生竟然因为放寒假"不上课没事做"感到"时间难熬",愁得和老师痛哭流涕;有学生竟然因为外婆买的礼物不是名牌而抛之窗外;有学生竟然因反感父亲而逼自己的亲人搬出去住,声扬"我上大学前你不要回来……"。

应该说,这些典型个例反映出的是教育普遍存在的病垢。钱学森教授曾说:"你看我们这些人,生活在苦难的二三十年代,但我们有着快乐的学习生活,现在的年轻人生活在新社会,但是他们的学习生活却很痛苦。"(《中国青年报》2010年3月16日)浮躁与短视的社会氛围、功利性的高中教育就犹如陷阱一样,使学生陷在深重的难以自拔的痛苦之中,从而导致了他们人生目标的迷失、生活兴趣的丧失和人格与心态的扭曲。这种教育严重地异化了教育的本质,也背离了教育的"幸福"价值。虽然从20世纪90年代开始,国家倡导并努力推进由"传统教育"向"现代教育"、由"应试教育"向"素质教育"的转变,但这种转变是一个历史过程,是受人口众多的经济社会诸多因素制约的,因而要走出这个陷阱,使学生们远离痛苦,需要我们教育工作者付出艰苦的努力和不懈的教育探索。

高中阶段是学生价值观念形成、个性与思维发展从而完成生命底色的关键时期。良好的高中教育对学生享受人类文明生活和未来人生至关重要。如果他们只有目标没有理想、只有智商缺少情商、只有自我没有他人、只有知识缺少道德,那么他们的状况确实令人担忧!他们的生命底色将如何铺就?他们的人生怎么能成功?他们又怎么能够充分享受人类的幸福与文明?

造成这种不幸的原因正如陈玉琨教授所言:"幸福的教育是相同的,不幸的教育原因多种多样,最主要的原因有两个:'反教育'和'假教育'。"反教育即"认'分'不认'人'"的违反教育规律的教育,"假教育"即假借教育之名实则追求功利的教育。学校要走出"反教育"这个不幸的陷阱，我们首先应该尊重教育的对象，遵循教育的规律：让高中课堂不仅仅是知识的海洋，更是学生奔向未来彼岸的轻舟；让高中教学不仅仅是文字、数据、图表和符号，更是教师与学生共度的生命历程！让高中教育为社会不仅仅捧上一张张高校录取通知书，更要捧出一个个有鲜明个性的活生生的人，学校不仅仅追求百分之多少的升学率，更要追求每一个学生生动、活泼、主动的发展；学校要走出"假教育"这个不幸的陷阱，作为一名校长，就必须**摆脱功利、放出眼光、迈开大步、创造教育、创造幸福的教育**！让学生们在校园里嬉笑欢腾，让学生们在课堂上青春飞扬，让每个学生都幸福快乐地成长；更要为学生的未来幸福奠基，让他们拥有创造幸福的思维、能力和品质，未来在任何职场都拥有获得成功的喜悦！为此我们的教育就必须把关爱和尊重每个学生的生命本性作为起点和基石，必须把培养每个学生丰富的社会属性与鲜活的个性作为核心内容，必须把促使每个学生的全面与可持续发展作为我们一切教育活动的终极目标。

应该说，新世纪普通高中的传统使命也发生了变化。办学规模不断扩大的优质高中所肩负的社会责任不仅仅是要为高校培养优秀后备人才，也要为国家新世纪未来的发展培养数以亿计高素质的劳动者。从某种意义上说，高中生的素质决定着未来中华民族的整体素质。因而我们高中学校教育绝不能只注重部分学生今天的成功与否，而应着眼于国家未来需要的人才素质，**注重每一位学生的发展，以"一个也不能少"的社会责任感帮助所有学生做好应有的准备。**

在这样对普通高中教育功能的思索中，在这样对教育理想与教育责任的追问中，我探寻着走出教育困境的指导思想和办学策略。经过两年多的反复思考、充分调研和专家论证，我的"为每一位学生的终身幸福奠基"的办学理念逐步成熟，2003年7月在《吉林日报》发表；2004年6月，经过再次深入论证，我的这一办学理念发表在《中国教师报》头版，同时录入《中国教育报·新世纪校长新论语》。

二、为学生幸福奠基：基础教育的根本使命

关于幸福与教育的关系，古今中外的教育家早就有过深刻的阐述。世界著名教育家乌申斯基说："教育的主要目的在于使学生获得幸福。不能为任何不相干的利益而牺牲这种幸福。"联合国教科文组织的观点是："一切教育活动都是为了学生的成长和发展，为了孩子一生的幸福。"可见教育以幸福为目的既是一种实然事实

的存在,也是一种应然价值的追求。

苏联教育家苏霍姆林斯基在批评教育时弊时曾指出:"在教学大纲和教科书中,规定了给予学生各种知识,却没有给予学生最重要的东西,这就是:幸福。理想的教育是培养真正的人,让每一个人都能幸福地度过一生。"高中教育是"真正的人"成长的关键阶段,其根本使命是塑造人、陶冶人、培养人,使人有良好的修养和完善的人格,有长远而持久的发展动力;高中教育不仅仅教给学生科学文化知识,重要的是为他们展现未来生活的理想和未来理想的生活,要让他们在这种理想的生活中学会理解幸福、体验幸福、创造幸福和奉献幸福。

(一) 幸福是生命价值的核心目标,幸福教育是生命教育的应然选择

什么是幸福? 说法有多种。通常理解为人们对物质生活和精神生活的一种满足。物质生活和精神生活是客观的,而满足感即幸福感则是主观的,幸福是客观与主观的统一,因而幸福感是一种价值的体验。价值观反映的是客体对主体特定需要的满足程度,人们会因为价值观的不同而对客观的物质生活和精神生活的满足感发生差异。救灾英雄,会为救出危难中的同胞流血流汗,即使付出生命也仍感到骄傲和自豪;社会的蛀虫即使腰缠万贯,却仍不满足,反而铤而走险。罗伯特·莱恩就曾经指出,在西方社会,自"二战"以来,"收入、教育、健康、智能都有了提高,但是这些因素并没有使我们生活得更幸福"。显然,财富的增长可以使人感到幸福。但是如果一个人只有财富而失去自由,缺少健康或者丧失人性,那么他就不会感到幸福。可见良好的品格对于幸福感的获得和增进是大有裨益的。教育家内尔·诺丁斯指出:"教育就其本性来看,应该帮助人去充分发展他们的自我……把他们培养成为具有令人羡慕的才能,有用和满意的职业,自我理解能力,健全的品格,一系列鉴赏能力和对不断学习充满热忱的人。""教育工作者的大部分责任是帮助学生去理解有关幸福的困惑和难题,学会对之提出质疑,学会负责地开拓有前途的可能领域。"[①]从这个观点理解基础教育的职能,我们不仅要关注知识、技术和技能,更要关注人的全面发展;不仅要关注学生的谋生、就业和发展,更要关注他们的自由、解放和幸福。从这种意义上说,幸福比升学更重要。

什么是"幸福教育"? 我们实施的幸福教育,就是要让学生幸福地学,学得幸

---

① 内尔·诺丁斯.教育与幸福[M].北京:教育科学出版社,2009.

福,学会理解幸福与创造幸福;让老师幸福地教,教得幸福,教会学生理解幸福与创造幸福。既要为了学生今天的幸福,也要为了学生明天的幸福奠基,为他们一生的发展负责。我们的幸福教育,就是一种关注人的生命价值,提升人的生命价值的教育。人与动物的最大区别就在于人类不仅具有动物的"种生命",而且具有只有人才具有的"类生命"。马克思说"动物不把自己同自己的生命活动区别开来,它就是'种生命活动'。人则使自己的生命活动本身变成自己意志和意识的对象,他的生命活动是有意识的"。① 高清海先生的"类生命"理论认为,人有着双重生命存在,类生命超越了自然给予的种生命的局限,是一种人的自我创造的自为生命,是人的本质所在。这种"类生命"使人不满足于像动物一样活着,而是要有意识地创造自己的价值。"种生命与类生命的区别,可以从我们平常所熟悉的个体生命与社会生命、物质生命与精神生命、自然生命与文化生命、自在生命与价值生命、本能生命与智慧生命等区别中去理解。"②这里的社会生命、文化生命、价值生命、智慧生命是一切动物都不具有的,是人对自我本能生命的延续和超越,而这种延续和超越最终极的目标仍然离不开幸福,同时这种延续和超越依然离不开教育,人类通过受教育获得类生命并提升类生命的质量。人既有物质生活的需求,又有精神生活的需求,人的幸福也分为两个层面,一是物质生活的幸福,二是精神生活的幸福,相对物质生活的幸福而言,精神生活的幸福属于更高层次的幸福,因此,学生的社会生命、文化生命、价值生命、智慧生命的成长与发展显得尤为重要。《中国教育学刊》2005年第9期曾发表了中国教育学会会长顾明远先生的文章——《又该呐喊"救救孩子"了》:

八十多年前,鲁迅在他发表的第一篇白话小说《狂人日记》中就发出了"救救孩子"的呼声,震撼了中国大地。鲁迅是要把孩子从封建礼教中解救出来,让他们幸福地度日,合理地做人。但是,谁也没有想到在八十多年以后的今天,在封建礼教已经被推翻,孩子们本来可以幸福地度日,合理地做人的时代,却又要呐喊"救救孩子"。今天的"救救孩子"不是要把孩子从封建礼教中解放出来,而是要把他们从"考试地狱"解救出来,从沉重的学业负担压力下解救出

---

① 马克思恩格斯全集.第42卷[M].北京:北京人民出版社,1979.
② 高清海.高清海哲学文存.(第1卷)[M].长春:吉林人民出版社,1997.

来,不是为了让他们将来能幸福地度日,而是要他们在眼前就能过幸福的童年。

顾明远教授的呐喊是对挽救学生文化生命与价值生命的呐喊,是对基础教育要给予学生幸福童年的强烈呼吁。这恰恰说明人的生命——幸福目标——教育工作是紧紧联系在一起的。幸福是生命的意义和目的,幸福教育是生命教育的应然选择。

(二) 幸福是教育本原的价值回归,幸福教育是以人为本的思想体现

教育的本原是什么?人是教育的出发点,也是教育的归宿点。社会学者马斯洛的人本主义思想强调人的本质和价值,强调人的成长、发展及自我实现,追求的是实现人的"内在价值"。如果能实现这些价值,便可以达到人生最大的幸福和快乐。所以我们倡导为学生终生的幸福是教育本原的回归,我们的教育就是要告诉学生,人生价值在哪里,追求怎样的人生更有意义,怎样追求人生才能获得幸福。

由此看来教育与人的幸福天然紧密。从素质教育和人的个性成长规律来讲,所有教育都应该是幸福教育,都应该着眼于让学生会感知幸福,能获取幸福,懂奉献幸福。教育以生活为目的,生活以幸福为目的,教育以幸福为目的便成为必然。站在以人为本的高度看,教育与人性密切相关,从某种意义上说,所有教育都应该是人性教育和幸福教育,其过程和目的也是人的幸福。因为完整而丰满的人性,说到底就是人的全面发展。

为每一位学生的终生幸福奠基"所回答的就是教育工作为什么发展和为谁发展,即学校教育工作的出发点和落脚点。"这里涵盖三个方面:其一,坚持以学生发展为本,面向全体学生。崇尚教育的全面性、公平性和均衡性,主张基础教育实现从精英教育向群英教育的转变。其二,关注学生的终身教育。崇尚人的可持续发展,摒弃教育的急功近利,主张基础教育由原来的重视知识传授转变为培养和塑造全面发展的人。其三,关注学生成功与幸福的体验。崇尚以人为本,关注教育的社会价值与学生的生命意义,主张把学生终生幸福视为最核心和最终级的教育目标,去塑造"完美而幸福的人性"。

由此幸福教育必须完成由知识本位向生命本位、升学率向社会价值、应试目标向人的终生发展目标的三个转变,基础教育"为每一位学生终生幸福奠基"的要旨是"三全":"全体"即"为每一位",是面向全体受教育者的教育;"全程"即"终生幸福",不仅为学生今天的幸福成长,也为他们明天的幸福发展负责;"全面"即"奠基",是对德、智、体、美、心全面素质的培养。面对知识经济和现代化的呼唤,面对党和人民的殷切期待,我们每一个基础教育工作者应该直面每一个属于我们责任的生命的存在,努力完成由"知识为本"向"以人为本"的教育转变。

(三) 幸福是个性成长的终极取向,幸福教育是基础教育的神圣使命

幸福是人类生活的永恒情结,是人一生追求的所有目标中最终极的取向。所有目标的终点都是通向幸福的起点。高中阶段是学生个性成长的关键期,是主体意识的成熟期,他们对自己的人生和未来的社会角色开始思考和设计,学校教育有责任和义务帮助他们追求远大的理想目标,也有责任和义务帮助他们奠基能够获得幸福的成长元素。

为高中学生奠基幸福的成长元素,首要的是培养学生具有幸福的感觉与思维。可以说,没有客观的物质生活和精神生活,幸福的确无从谈起;反之,没有主观上的感觉和思维,即使物质生活和精神生活的状况再好,也谈不上幸福。当今青少年绝大多数是独生子女,家庭条件优越、亲人呵护疼爱有加,但他们却有"习以为常"的思维定势,感受不到自己的幸福,表现出自私与冷漠,这种幸福感缺失的状况很普遍。我们的教育应该担负起浓郁学生已淡化了的幸福感的责任。

幸福与成功往往是一对孪生姐妹。一个幸福的人往往都有一个可以带来快乐与有意义的目标。而目标的实现,又离不开对目标的幸福感受,和由此带来的对目标的执着追求。当人们感到并追求生命的幸福时,不仅享受人生,也会产生巨大的欲望和兴趣,激发自身的潜力,实现成功的目标。丹尼尔·戈尔曼在《情商》一书里说:"心理学家们一致同意,人类的智商对于成功的帮助只有 20%,其他 80% 则来自其他的方面,其中包括我所说的情商。"美国哈佛大学泰勒博士指出:"让学习的过程本身成为一种快乐的事情,是每个学生的责任。"[①]基础教育改革的重要使命是使学生变"苦学"为"乐学",最大程度地收获学习的幸福感,这种幸福感能激励学生勇于承受生活和学习的负担,促进学生树立与提升发展的目标,增进学生对生命、对生活的热爱,可以促进师生之间、学生之间、学生与家长、学生与社会之间的

---

① 泰勒·本-沙哈尔. 幸福的方法[M]. 北京:当代中国出版社,2007.

交往,进而学会人际间的社会性联系,不仅在现阶段乐于投身到各种教育活动中去,还可以增强学生追求未来事业和生活的信心和勇气。

为高中学生奠基幸福的成长元素,关键在于加强对学生人格的培养。亚里士多德有句名言,"幸福即是某种德性",泰勒博士认为,幸福是"快乐与意义的结合",幸福离不开快乐,更离不开有意义的生活。由于当今社会物质供给优越而精神教育滞后,很多学生幸福观错位:以物欲满足为幸福,以个人享受为幸福,以现实愉悦为幸福,进而缺乏信念、缺乏责任、缺乏理想、缺乏宽容等影响他们健康发展的人格。我们的教育应担负起培养他们正确的人生观和价值观的责任。

高中阶段是人生观形成最重要的阶段,面临着成长的烦恼、升学的竞争、发展的选择等诸多问题,学生们只有具备科学的世界观、正确的人生观、健康的心理、完善的人格才能走出成长的烦恼,选择好发展的方向,进而获取创造幸福的能力,在未来的社会竞争和工作中取得长足发展。所以我认为高中学段的幸福教育应该给学生"三个世界",即:完整的精神世界、智慧的知识世界和完美的生活世界。创造让学生幸福学习的成长环境,包括学校、家庭和社会的,在教给学生知识的同时培养他们创造幸福的智慧和能力,在保证他们身心健康的同时,培养他们善良诚实、无私奉献的品格。在学生完整的精神世界里拥有正确理解生活目的、生命价值和生活意义的情怀,积极感受和体验属于自己的美好生活和人生,从而实现生命的自我发展、自我超越;学校幸福教育的使命就是要使学生不仅具有感受幸福、理解幸福的思维,同时还应该具有创造幸福的能力和奉献幸福的品格,从而使幸福真正成为"合乎德性的现实活动"。

我笃信:基础教育的使命就是要为每个学生人生的幸福大厦奠基,这是个硬道理!

三、为了学生的幸福:学校人才培养模式改革的指向

第三次全教会提出了"改革人才培养模式"的时代课题。作为优质高中,我们清醒地认识到,高中是发展学生思维和创造力的最重要的基础阶段,我们的人才培养模式改革不仅是克服"应试教育"弊端的改革,而且是满足新世纪社会发展期待的,为科技、经济和社会领域输送高素质创新人才的改革。

幸福教育是"以人为本"的教育,是为学生终身发展奠定基础的教育。陈旧的

学校人才培养模式最大的特点是"以知识为本"：培养目标上重视培养学生的知识基础，轻视培养学生特长和潜能；学习方式上重视"维持性"和"接受性"，忽视研究性和创造性；课程范式上重视文化知识课程，轻视个性发展课程；管理评价上重视分数成绩，忽视过程和激励。这些弊端的存在严重扼杀学生作为学习主体"人"的个性和潜能，使学生感到学习的枯燥与乏味；严重妨碍学生"思维能力"和"创新意识"的形成，使学生失去人生未来发展的基础。因此，学校人才培养模式改革其鲜明指向应该是使学生获得"当下"幸福快乐的学习生活，并且获得未来创造幸福人生的基础与条件。

这一改革指向的鲜明性决定了我们的幸福教育首先是要重塑学校教育教学全过程，编制蓝图，细化目标，构建体系。让幸福教育不仅成为一种催人奋进的教育目标，也成为一种具体实施的教育手段。正如朱小蔓教授在《为人的幸福而教育》书中所言："终身幸福的概念，应该包括未来远大理想的实现，也包括当下的每一个小小的成功与快乐，每一个具体的人生感悟。"因此，学校当下首要的是要"救救孩子"，从教学改革入手，让学生们快乐起来！幸福起来！

九年来，为了学生幸福的高中生活，我们营造幸福环境——探究"幸福课堂"——建设"幸福课程"；我们努力让"幸福奠基"这一教育思想固化为全校教职员工和学生们积极的心理需求，固化为学校一切教育教学工作的核心取向，成为全校师生共同的愿景和自觉的行动。

（一）人才培养模式改革的指向——幸福目标

学校是通过确切的教育载体来达到教育目标的，这个载体的构成是系统的，是多维角度的。幸福教育的总体目标必须分解为鲜明的具体的目标，使这些具体的目标成为各载体自觉承担的义务，如此实施幸福教育才能进行得井然有序、扎实有效。我们在进行学生幸福观现状调查、教师学科幸福建设调查、班主任道德教育现状调查、学生心理健康状况调查等一系列调查统计、研究分析的基础上，由学校教科室"幸福观教育理论与实践研究"课题组编制了《吉林一中幸福教育目标体系》，并制定了《吉林一中幸福教育工程体系示意表》。

幸福教育的核心意义是充分发挥学校教育功能，为学生智慧和人格的同步发展创造最佳的环境与条件，使学生在校期间幸福地学习与成长，并为学生奠基未来拥有幸福的能力和素质，从而造就高品位人才，促进个人、社会与人类的健康发展。

吉林一中幸福教育目标体系

总体目标	为每一位学生的终身幸福奠基										
具体目标	具有理解幸福的思维						具有创造幸福的能力					
分解目标	以苦为乐辩证思维	超越常规创新思维	合作互惠共赢思维	善于想象发散思维	敢于挑战质疑思维	包容理解换位思维	独立生活能力	自主学习能力	有效沟通能力	自我完善能力	探究创新能力	承受挫折能力

总体目标	为每一位学生的终身幸福奠基										
具体目标	具有体验幸福的境界							具有奉献幸福的品格				
分解目标	体验环境舒适	体验学习乐趣	体验成功喜悦	体验和谐甜美	体验家庭温馨	体验友情珍贵	体验助人快乐	体验审美愉悦	担当责任品格	分享合作品格	孝顺感恩品格	奉献爱心品格	服务社会品格	忠诚守信品格

　　如上表所示:幸福教育的总体目标是"为每一位学生的终身幸福奠基"。具体目标是使学生具有"理解幸福的思维、创造幸福的能力、体验幸福的境界、奉献幸福的品格"四个方面的基本素质。分解目标再细化,理解幸福的思维包括:辩证思维、创新思维、共赢思维、发散思维、质疑思维、换位思维;创造幸福的能力包括:独立生活的能力、自主学习的能力、有效沟通的能力、自我完善的能力、探究创新的能力、承受挫折的能力;体验幸福的境界包括:体验环境的舒适,体验学习的乐趣,体验成功的喜悦,体验和谐的甜美,体验家庭的温馨,体验友情的珍贵,体验助人的快乐、体验审美的愉悦;奉献幸福的品格包括:担当责任的品格、分享合作的品格、孝顺感恩的品格、奉献爱心的品格、服务社会的品格、忠诚守信的品格。然后我们把这些分解目标通过大讨论的方式和教师们自我探究的方式再做进一步分解,分解到具体的学科课堂教学内容和教学环节中,分解到每项德育活动任务中。我们要求授课教师在备课中要把分解后的幸福目标写进教案,德育活动必须在活动方案中明确幸福教育的分解目标是什么。比如数学教师在"牛顿二项式定理"教学中把杨辉三角奇妙的对称数阵作为开拓学生发散思维的幸福感受目标;文科教学中要设计审美素质培养目标;"幸福大家谈"的主题班会宗旨就是使大家"在交流幸福感受和认识中提升体验幸福的境界";"研究性学习"除培养探究能力外,还设有"分享合

作"的幸福教育目标。

我们知道,"幸福"是内涵最丰富外延最宽阔的概念。科学地讲我们的目标体系肯定不能囊括它全部的意义,但是,我们尽量去研究了,我们努力去实施了,把我们的思考、把我们的作为,奉献给了学生,奉献给了不曾有过先例的教育实践,我相信"存在即价值",幸福教育之树一定会结出丰硕的幸福教育之果。

吉林一中幸福教育工程体系示意表

工程目标		为每一位学生的终身幸福奠基
具体目标		使学生具有:理解幸福的思维,创造幸福的能力,体验幸福的境界,奉献幸福的品格
工程内容	德育	德育课程化:社会德育,校园德育,班级德育,课堂德育
	智育	构建幸福课堂,开发幸福课程,实现培养目标多元
	心育	心理健康课程与咨询;普及心理常识;增强求助意识;培养交往能力,增强规划意识;提高心理素质,形成健全人格
	美育	了解审美标准,养成审美习惯,提高审美能力
	体育	树立科学的健康理念,掌握科学的健身方法,养成良好的健身习惯
保障措施	师资建设	加强高端培训,促进教师专业发展;实施名师工程,营造职业幸福氛围;强化教研组建设,形成学科教学特色
	评价激励	建立促进学生素质全面发展的评价体系,促进教师素质提高的评价体系,促进校本课程开发的评价体系 设立校内奖励基金(社会捐助、校友捐助)
	科研引领	开展幸福教育理念研究和实践探索研究
	文化建设	环境育人,管理育人,服务育人

目标体系确定后,我们对目标实施的具体举措、操作程序到幸福教育的保障措施等做出了全方位的规划。将学校的一切教育教学和管理工作以及师资培训等都纳入幸福教育的轨道,从而增加了幸福教育的计划性、针对性、自觉性和实效性。

"幸福教育工程"把幸福教育的目标与人才培养措施结合起来,把幸福教育所有目标的实现与学校管理、教育、教学以及后勤服务结合起来,成为新时期学校工作的纲领性文件。

我们在编制目标体系的过程中,也在编织着学生人才素质培养的蓝图。**幸福教育归根到底就是以幸福为目标和手段的素质教育。**对学生进行幸福教育的过程也就是素质教育达成的过程,也是德、智、体、美、心全面育化的过程,学生德育、智育、体育、美育、心育全面发展的终极目标还是通向终生的幸福。从这个意义上来理解,我们的幸福教育既具有理念层面的涵义,又具有实践层面的内容,既体现了当代教育"以人为本""终生教育"的思想,又作为教育的过程和手段来实施素质教育和实现学生的全面发展。

在实施幸福教育的策略上,我们从健康、道德、认知、心理和审美五个方面做了规划。我认为:强健的体魄是获得幸福的物质基础,高尚的道德品质是人追求幸福的思想基础,认知是获取幸福的能力基础,心理发展是人把握幸福、感受幸福、体验幸福和创造幸福的素质基础,审美是人提升感悟幸福、理解幸福境界的基础。五个要素之间既相互独立,又相互作用。在学生发展过程中,每个要素并不是均衡发展的,而是和谐发展的。各种要素之间相互作用,共同促进学生素质发展,构成学生接受幸福教育的欲望需求和学习基础。

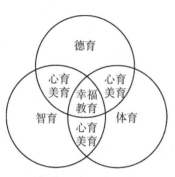

幸福教育与各育的关系

(二)探究幸福教育的首要命题——幸福课堂

以幸福为导向的人性教育在很大程度上需要依靠以幸福为导向的文化教育来实现。课堂学习是开展学校文化教育的重要时空。学生的幸福首先应该在课堂学习中获得愉悦、感受快乐、奠基幸福。没有幸福的课堂教学,就没有真正意义上的幸福教育,因而我向全体教师提出了"幸福课堂"这一重要命题。总体目标是"教师幸福地教、学生幸福地学",达到"高效、快乐"的课堂境界。

高中各学科教学对于个体人生幸福的价值是多维的,但基于教学成绩的压力,对于学生在教学活动中体验感悟进而获得综合素养,教师的关注是不够的。实施幸福课堂,首先教师的教学观念和教学行为至关重要。教师心中必须有"如何教幸福与怎样幸福地教"的中心目标及"培养学生科学幸福观和提高幸福能力"的目标。在教学过程中,变"教师教的过程"为"学生学的过程"。幸福课堂教学必须重视知识的动态生成性和学生的主动构建性,教师的备课要开发知识生成的空间,设计弹性方案拓展生成空间,在教学中营造民主氛围,引领学生思维,优化生成空间,培养学生心智。实施幸福课堂,要秉承新课改的教学价值观,加强书本知识与生活世界的整合,促进直接经验与间接经验的交融,实现教学内容的生命内涵;实施幸福课堂,更要以师生相互的交往与互动、运用发展观的评价方式和自适应式教学策略,激发学生的学习热情,激活学生的思维状态,让学生伴随着丰富而快乐的情感,主动参与教学过程,使课堂充满生机和活力!

为此,幸福课堂教学模式应该以"培养人的健康、主动发展意识和创新精神为目标",以创造"师生平等,教师积极引领,学生自主探究,教师专业发展与学生自主发展相结合的相互协调的统一体"为特征的课堂。按照这种模式,我们制定了"幸福课堂"的目标:第一,基础幸福目标具有层次性,并反映学科特色;第二,创造幸福目标具有操作性,表现为学生的主体发展;第三,体验幸福目标具体明确,切实体现"尊重生命"。评价幸福课堂的标准是:幸福课堂的教学过程要科学,学习环境要宽松,学习方式要多样,教学效能要增值。

我们从 2004 年开始不间断地开展了全校性轰轰烈烈的研讨与探究活动。九年来,不断创新全校性的"自主学习""小组合作学习""导学案""教与学优化合案"等课堂教学模式,各学科课堂也不断推陈出新,使幸福课堂的建设扎扎实实、卓有成效。

诸如:语文教学幸福的目标是让语文课堂成为一方"追求诗意的栖居地""映照天光云影的半亩方塘",学生能对传统的看法和权威的定论进行大胆的颠覆和解构,有思想的飞翔和生命力的舒张。教师不把课文的内涵解释得太实、太死,不为了过分追求师生共识而泯灭学生的创新意识,"允许学生用自己的眼睛观察,用自己的头脑思考,用自己的语言表达"。政治教师增删教材,在坚定立场基础上,使教材更加贴近生活;敢于超越教材,避免教材的"滞后性",创新"纲要信号式"板书模式,让学生感受简洁美和逻辑美,变政治的枯燥与纷纭为富有逻辑与思辨。英语课堂举行课堂英语辩论会、英语模仿秀,培养学生很强的应用能力,造福于未来。历史、地理课堂摆脱就教材讲教材的陈旧方法,撷取网络和报刊新闻、名著以及现实生活实例作为鲜活教学资料,活化课堂。

高中物理要求学生具有较强的抽象思维能力和逻辑推理能力,所以学生感觉物理学习难度太大,枯燥乏味,课堂学习没有乐趣,何谈幸福。物理组努力创设幸福课堂条件,匠心独运设计教学细节,设置教学内容的层次和梯度,让每个学生都能体验到学习上的成就感,故意设疑组织学生开展研讨、辩论,增加学生对知识的透彻理解,锻炼学生的口才和胆量;在规定的实验外设计一些在同学相互协作下才能完成的实验,让学生们享受成功合作的幸福,培养团队意识。运用音乐、影视等资料,创设各种生动直观的教学情景,印证和深化教学内容,让学生做课堂演示实验并使他们获得成功,在欣赏和享受自己的成果中增强学习的自信心。化学课堂提出:"好学生吃饱、中等学生吃好、学困生吃了"的口号,让各层次学生都有所得,都有提高,都能看到成功的希望,体会到幸福的滋味。生物组大胆喊出:"学会走在学生后面!"数学学科采取"与学生换位"创新教学方式,让学生"你也当一回老师"命考题、评试卷,使教师和学生都体验到教学相长的幸福。

所有的研究结论指向了四个关键词:"积极、和谐、高效、发展"。积极,是以师生间的移情为中介,激情澎湃、乐教乐学,生成师生在幸福情感上的相互"感染"。和谐,是以课堂活动为载体,积极探究、合作互促,生成师生在幸福成就上的相互"分享"。高效,是以解决问题为线索,面向素质、减压增效,生成师生在幸福能力上的"再创"。发展,是以课堂文化为内容,敦品励行、热心向学,生成师生在幸福品质上的"提升"。

我认为不能片面追求升学率,但是必须极力追求课堂教学的高效,这是既保证教学质量,又减轻学生课业负担的关键。每位教师都要研究"有限的时间,最高的效果",学生不仅要获得课堂生动的快乐,更重要的是求到知识获得满足进而增强学习信心的快乐!只有这样,学生在课后才有充足的时间和精力参加学校各种活动。所以我在教学年会上指出"好课堂"的标准:(1)不向课前延伸的课堂;(2)不用留课后作业的课堂;(3)让学生当堂学会,当堂达标的课堂;(4)快乐的课堂。提高课堂教学效率后,我们取消了晨读、假期补课,给学生很多发展自己的时间。为了促进"幸福课堂"的科学评价,我们引进并实行华东师大崔允漷教授"课堂观察"这一新型的听评课技术,开展了"幸福课堂高效教学模式的研究与实践"。对课堂教学中的教材、教师、学生和教育资源四个维度进行观察评价,着力解决"关注教师教忽视学生学、关注现成知识的传递忽视探究能力的培养、重视获取知识的结果忽视获得知识的过程"等问题。

"幸福课堂"的构建,在培养模式上"把课堂还给了学生",使课堂溢满生命的活力,教师们在构建中幸福地享受着求索之乐,学生们幸福地享受着成长之乐。但我们知道,课堂教学改革是个伴随着教育发展的永恒课题。"幸福课堂"是一中幸福教育永恒不懈的追求。

(三) 构建幸福教育的基本载体——幸福课程

学校教育显著特征是根据相应的教育目标设置相应的课程。一种教育没有课程做载体,就不可能系统地开展,就不可能达到应有的目标。高中课程改革是人才培养模式转换的重要标志,课程改革的最终指向是促进每位学生充分的、多元的、和谐的发展。围绕幸福教育目标体系,我们除了在完成国家规定的必修课程中贯彻幸福教育思想、培养幸福思维、提高幸福能力外,重点还进行了两项基本载体的建设工作:一是开发和完善校本选修课程;二是整合学校"德育"使其"课程化"。

1. 校本选修课程

高中新课程改革给了我们开发校本选修课程的时代机遇。我校开发校本课程,其明确方向性是幸福教育目标体系,其原则是可供不同发展潜能学生选择,促进学生个性化的发展,其内容是以学生终身学习与发展需要,以学生综合素质全面提升为价值取向。2007 年至 2010 年共开发 66 门课程。除全体学生共选的普及型校本选修课程,包括心理健康课和英语外教课,更多的是具有一定学科特色和专业特色的选修课程和学生社团活动课程。涵盖文学与艺术、人文与社会、科学与创新、技术与生活、体育与健康五大类别。比如身心健康类包括安全自救、礼仪与形体等;生活技能类有电脑制作、手工编织、园艺技术、摄影创作等;人文素养类有传媒摇篮、度假天堂、诗词鉴赏、英语戏剧等;科学素养类有机器人竞赛、精英思维、星空奥秘、生物奥妙等;社团活动有模拟联合国、雾凇文学社、"根与芽"环保协会、记者团等。学生可根据自己的兴趣、爱好、特点,在充分思索个人前途、确定个人发展方向的基础上,从学校提供的选修课中选择适合自己的科目或模块。学生可通过对课程的选择,不断培养自己的人生规划能力,自主地、有成效地发展自己。学校编写了《校本课程学生选课指导手册》,自行开发了选课软件,对开课教师进行课前培训,组建选修课教学班。

校本选修课虽然有模块、有学分,但是学习方式是自主的、活泼的、体验式的、探究式的,因而深受学生的喜爱,既开拓了快乐的高中生活,也涵养了面向未来幸福的诸多素质。

2. 德育课程化

21世纪以来,学校德育活动不断增加,研究性学习、社会实践等被纳入课程。过去开展德育活动存在着一些随意性和零散性,往往教学任务重了,德育就会被挤掉,而且由于时间和空间的有限性,参与活动的大多还是骨干学生,并不是每个学生都会受益。怎样才能保证我们的德育有可保障的时空? 如何让每一位学生都享受到学校德育的幸福? 我的想法是除了保证政治课教学质量之外,以课程的形式将德育各阶段的任务分解,以学期为单位,分年级设置内容,并赋予相应学分。即对德育活动进行整合,予以"课程化"。

我们对"德育课程化"进行了六个方面的整合:整合了主题德育和日常德育、整合了课堂德育和学科德育、整合了常态课程与动态活动、整合了显性德育与隐性德育、整合了社会德育与校园德育、整合了德育活动课的时间与空间。形成了以社会德育(包括社会实践、社区服务、家长学校、成人仪式)、校园德育(包括社团活动、阳春讲坛、业余党校、节庆活动、演讲比赛)、班级德育(班会、团会、家长会、弟子规教育)、课堂德育(德育课、美育课、心理课、研究性学习、校本课选修)为基本框架的"吉林一中德育课程化体系"。

德育课程体系设置融多样性、灵活性、知识性、趣味性于一体,寓教于乐。总体目标是围绕学校幸福办学理念,通过以课程形式实施德育,达到让每个学生都得到德育滋养、全面发展的目的。在实施策略上通过梳理原有德育活动,将有课程趋向或有特点的原有德育活动转化为具有课程外貌特征的德育课程,还将几项德育活动合并重新拟定课程名称,实现课程系统明确、课程对象确定、课程内容确定、课程载体确定的课程体系。课堂系列包括:幸福观教育、校史校规教育、弟子规教育、国学选粹、时政与社会意识、心理健康(生涯规划)、审美教育等,为学生的心灵提供丰富的给养。活动系列包括学校统一安排的军训、开学式、运动会、社会实践、特色班级评选、阳春讲坛、法治教育、艺术节、成人礼、百日誓师、德育沙龙、升旗仪式、红旗班评选、传统节日、毕业典礼等等,为学生的道德修养搭建多种平台。社团系列有爱心使者协会、模拟联合国、根与芽小组等25个社团。学生可充分张扬个性展现才华。学校还完善家长委员会建设,使家庭教育与学校教育紧密配合。体系中保留了优秀的传统活动,将其他德育内容纳入课程体系,成为常态的德育课。然后根据不同年级的特征,形成各年级德育课程:高一侧重校史、制度规范和团队教育;高二侧重人文、社会意识及个性教育;高三侧重理想责任教育。德育课程化实施过程中,突出学生每次德育活动课程的过程评价,建立学生道德课程电子档案。主题活动课程后,学生将感想和自我评价等第输入自己的电子档案中。这样老师能在第一时间发现学生的思想问题,把握学生思想动态,有效引导学生自我完善。学生德育档案同班级电子日志配合使用。班主任要对日常德育给出阶段性评价。主题德育和日常德育的等第累加形成德育学分。家长在班主任引导下加入自己对孩子的评价。德育课程学分制更加有效地推进了德育课程化的进程。

德育课程是以学生为中心、以实践活动为载体、以学生直接经验获得为主要内容的课程形式,由于它紧贴学生生活,紧贴实际,紧贴学生心理特点,极受学生欢迎。设计各项活动内容时,要坚持以学生的兴趣爱好、学生的思想素质和学生的接受能力为基础,以学生发展为中心,坚决摒弃空洞的说教,让学生在各项身心愉悦的活动中获得道德知识经验,丰富道德情感,发展道德认知能力。

比如创办"阳春讲坛"德育活动,开发社会教育资源,在校园学生与社会精英之间搭建起一座交流互动的平台,让成功人士来到校园,来到学生中间,让学生领略道德标兵的风采,见识时代英模的形象,解读杰出校友的秘籍,分享各界精英的辉煌,汲取名家典范的力量,产生了提高智商、提炼情商、提升德商的奇效;引百家慧言智语,育学子才艺德馨,达到使学生崇尚高雅、修德启智的目的。

比如"幸福进行时"德育班会确定在高一下学期进行。时间、对象确定,内容确定,形式可丰富多样,年级可采撷成果交流扩大德育效益。这一活动不仅让高一学生学会体验自己的幸福,懂得什么是真正的幸福,而且引导学生对幸福问题进行理性的思索,促进他们正确幸福观的形成。

比如"魅力班级"创建活动。通过班级管理理念、特色班级命名以及班训、班徽、班花、班级誓词、班主任科任寄语、学生自励格言的征集及展示活动,强化学生理解幸福的思维和创造幸福的能力。

在开展主题教育和社会实践活动中,结合三八节、母亲节、父亲节、教师节、重阳节、国庆节、感恩节,普及感恩手语歌等来开展感恩教育;开展诚信、礼仪、传统美德、现代意识教育,提升学生创造幸福的能力。深入到工厂、农村、军营、社区及企事业单位,全方位了解和认识社会,拓展其体验幸福的境界。成立爱心使者协会,资助聋哑学校、农村贫困学校、校内外患病和求学困难的学生,培养其奉献幸福的品格。

为了保证德育课程的质量,营造全员育人的教育氛围,我们在全校还实行了

"全员育人导师制"，由每个学生自主选择一名教师作为在校学习生活的导师。全校教师人人是导师，学生个个受关爱。我们规定了导师"思想上引导、学业上辅导、心理上疏导、生活上指导"的"四导"职能和建立学生成长档案制度、多元绩效评价制度等多项工作制度，并引入鼓励机制，每年对全员育人导师制工作进行总结，对工作成绩优秀的教师进行表彰奖励。"全员育人导师制"使教师们走进了学生的生活，走进了学生的心灵，每个学生的幸福成长都牵动着教师们的心，科任教师们不再是只管教书不管育人的"教书匠"，而真正成为学生们的良师益友。

德育课程化实施增强了德育的科学性、系统性和实效性，避免了德育的随意性与零散性，促进了学校德育向学生受益群体的最大化方向发展。幸福教育的成果越来越明显。2011年9月在省德育示范校督导评估中，我校被列为德育免检单位。

实践证明，"校本选修课程"及"德育课程"是幸福教育的重要载体。在人才培养方面，两种课程范式有利于学生个性发展和人格建构。如何更好地完善课程改革，这个问题的探讨和建设也是新时代一项永久的课题。

(四)营造幸福教育文化环境——幸福校园

文化环境是一所学校教育境界的体现，是校园文化的重要组成部分。幸福作为生命教育的最高境界，充满文化气息的幽雅、和谐、幸福的校园是幸福教育赖以存在的大时空，是成功进行幸福教育的前提条件。正如著名教育家蒋孔杨先生所言，它使受教育者"像呼吸空气一样，把四面八方吹来的美的风，吸进自己的肺腑，渗入自己的血液，从而使心灵得到净化、人品美化、感情高尚化"。

文化环境包括显性文化环境和隐性文化环境。显性文化环境主要指校园静态文化环境，或者说是物质文化环境。2003年吉林市政府决定将吉林一中异地重建。我们抓住这个校园环境建设的有利时机，不仅合理开发和配置了学校现代化的办学资源，更是在校园的文化思考上匠心独运：在校园楼群整体设计上显其"凝聚和谐""探究创造"之意，在主体建筑构思上显其大气磅礴、学子展翅高飞之意，色彩蓝白相间，寓于学府安宁静谧的文化旨意。校园门口的钟楼高耸着办学理念和校风两行遒劲的大字，昭示着学校的旗帜和灵魂；与之错落有致的校园南隅雪白的大理石镌刻着《建校百年志》，使现代化校园映照着百年名校历史的光辉；楼群间幽静的甬路旁有数座著名校友的雕塑，走廊中墙壁上悬挂着著名校友的事迹和画像，令学生们骄傲地感受母校悠久厚重的文化积淀；23.6万平方米的校园绿化面积近

10万平方米,校园不同地带绿化、美化、彩化、香化风格各异,展示了丰富多彩的文化内涵,给学生以充盈的心灵陶冶。校园春有草,夏有荫,秋有累累果实,冬有青松翠柏;学子湖碧波荡漾、荷花艳放、游鱼嬉戏,湖畔溪水潺潺、曲桥通幽,夜晚华灯初上,月移花影。我们精心营造着美丽的校园,让无生命的物质散发出生命的气息,使疲惫的身体在这里得到栖息,使紧张的情绪在这里得以释放,使烦躁的心灵在这里得以休憩!

校园的隐性文化环境即学校精神文化环境,包括人际环境和教育传承。对于幸福教育来说,如果把物质环境比喻成静态文化育人的"音符",那么精神文化环境可以比喻成高效的"引力场",吸引着、渗透着、陶冶着每个一中人感受幸福与奉献幸福的心灵!

作为校长,我们的思想,可以让力量无边;我们的亲和,可以让感动无声;我们的磊落,可以让魅力无限;我们的大气,可以让温暖长驻。我们只能自省:我们是否时时在尊重生命;我们必须自律:我们面对万家期待的眼神。带头为患重病的教师献血,为学生捐资,为家长排忧,我都视为尽自己幸福的工作义务。我把"人梯"二字高高矗立在全体教职员工都经过的综合大楼,我期望它矗立在每位教师的心里。只有校长视自己为教师的"人梯",教师视自己为学生的"人梯",才能营造宽松的、温馨的、团结的、和谐的,具有高尚情操的人际环境,从而收到"渐于礼义而不苦其难,入于中和而不知其故"的"引力场"效果。

幸福校园不仅是人文的、民主的,具有奉献品格内涵的,也是秩序的、规范的,具有传统积淀内涵的。2007年是吉林一中百年华诞,我们借此契机,撰写《百年一中》校史,编写《百年一中优良传统》,建设校史展览馆,谱写校歌,设计校徽,完善学校规章制度,重温"敦品励行、热心向学"之校训,提炼"相助为理、争自磨砺"之校风,强化"勤奋、自勉、敏捷、实效"之学风和"严谨、负责、精深、进取"之教风,宣传"志存高远、追求卓越、自强不息、沉潜治学、诚信严谨、博学多才"的校园精神,让一中校园文化之精髓成为一中幸福教育发展之魂。

承继校园文化之脉,为富润幸福教育浓郁氛围,我们开展了《幸福大家谈》征文活动,召开了系列幸福教育主题班会,观看了有关幸福教育的影片,编写了《幸福教育手册》等等,还为幸福教育开辟了特别的宣传交流园地——创办《幸福教育》双月校刊。该刊为师生开辟了研讨幸福的园地,搭建了体验幸福的交流平台,加大了幸福教育宣传的力度,提高了教师和学生对"幸福"的理解和认识,浓郁了学生们已淡化的幸福意识。为学生智慧和人格的同步发展，创造了最佳的舆论环境与文化氛围。

我们的校园是绿色的花园、求知的学园，也是情感的家园、和谐的乐园，她似无声的语言，宣告着文化环境于幸福教育之要然！

四、学生人格与智慧的提升：为学生终身幸福奠基

幸福教育的核心意义是充分发挥学校教育功能，为学生智慧和人格的同步发展创造最佳的环境与条件，使学生在校期间幸福地学习与成长，并为学生奠基未来拥有幸福的能力和素质，从而造就高品位人才，促进个人、社会与人类的健康发展。

实际上，对教育来说，一切的今天都是为了明天；对幸福教育来说，创新课堂、课程、环境，营造今天幸福的学校生活也是在为学生明天的幸福奠基。这毋庸置疑。我之所以把我们的实践分为两个内容来谈，意在阐明幸福教育只有"放开眼光"才能"迈开大步"；只有"面向未来"才能努力地摆脱现实中难以摆脱的功利，**给予今天那些看起来离"应试"远而离"素质"近的教育以最大的投入和最宽广的空间**！有人说，你不担心失去今天吗？"升学率"可是学校的生命线啊。我非常认同江苏锡山中学唐校长的话："教育是今天，更是明天，但如果不能从对明天的眺望中来坚守今天，那么，失在今天也必将误了明天。"我还要补充的观点是："**教育为了明天，也未必会失去今天；教育面向明天，也一定会赢得今天！**"

未来时代是人力资源被空前开发的时代，是人的思维与生活更加多元而丰富的时代。未来所需要的人才素质，除了人文素养、科学素养、身心健康、人际交往、自我认知和生存能力等基础素质外，还需要诸如卓越领袖气质、开阔国际视野、执着创造精神、独特智能品质、自主研究能力等个性素质，也就是说，适应未来社会的人才应既具有人格魅力又具有高超智慧。

高中时代是学生人生观世界观形成的关键阶段，是青年学生性格修养形成的关键时期。"远大的人生理想、开朗的人生态度、高尚的人格修养、光明的内心世界、崇高的审美追求、多维的思维品质"是高中教育的培养目标。我们把人生观教育、心理健康教育、审美教育作为幸福教育中具有独特价值意义的实践体系来加以优化，其宗旨正是提升学生的人格和智慧，为学生的终生幸福奠基。

（一）坚持人生观教育，为学生幸福成长导航

人生观是幸福观、道德观的基础。具有积极的人生观才能有正确的幸福观和良好的道德观，消极的人生观会使人生航向产生偏差，最终会失去幸福。

人生观往往是由价值观决定的。当今社会价值观由一元向多元发展，原主流价值系统主导地位受到了挑战，新的主流价值体系尚未形成，不同价值观的冲突严重地影响着青年学生的抉择，尤其是现代媒体的开放性给尚不成熟的青年学生传递了一些不健康信息，所以，高中学生人生观教育的必要性和艰难性不言而喻。

2003 年，我们对 1 200 名学生的思想状况进行了抽样调查所以，调查结果显示：绝大多数学生有较强的国家观念和民族意识；80％的学生关注社会、关注国计民生，对反腐败问题比较敏感；70％的学生对传统道德观念持肯定的态度，对"助人为乐吃亏论""艰苦奋斗过时论""金钱万能论"等持质疑态度。但现实是学生中还存在严重自私自利、感情淡漠，以及以自我为中心的个人主义倾向。

我们确定人生观教育的目标是"教育学生变'小我'为'大我'，使他们具有奉献幸福的品格"。我们开展人生观教育的途径是：(1)政治课堂认知；(2)"阳春讲坛"引领；(3)道德课程导航；(4)党校学习培养；(5)自主发展提升。

发挥政治课主渠道的作用，对学生进行方向性和认知性教育。人的高中时代对社会的正确认知，对党的正确认知，对人生的正确认知特别重要，涉及到学生未来发展的政治方向。所以我们特别重视政治课教学。比如紧密结合改革开放三十年的回顾，及时对学生进行理想信念教育。紧密联系国家政治生活的实际，紧密联系学生个体精神生活的实际，教育学生坚定信念、正确对待社会时弊，培养学生辩证思维，以便将来更好地融入社会、造福社会、创造未来的生活。

学校创新"阳春讲坛"。连续聘请全国十大杰出青年、中国维和警察队长、我校校友吴强做《树立中国警察形象，不辱国际维和使命》的报告，吉林军分区首长于坤做《立志与勤奋是实现人生价值的动力和源泉》的报告，全国首届道德模范、中国十大杰出青年、感动中国十大人物之一的洪战辉做《只要脊梁不弯，就没有扛不住的大山》的报告，市首届"道德模范"白金做《立足本职岗位，实现人生价值》的报告。这些发自英模们内心深处的演讲，向学生们展现了一幅幅感人肺腑的生命画卷，引发了学生们精神世界的强烈震撼。有同学感言："虽然他们的生活很艰苦，困难重重，可是他们有方向，而舒适的生活让我们迷失了自己的方向。""人生的关键不是站在哪里，而是面向何方。""我愿把一路的困难收录到人生宝典，成为人生宝贵的财富和回忆。""英雄们的事迹催人奋进。"

我校参加了国家基础教育实验中心关于"新时期青少年思想道德教育研究"课题,成果出版为《中学生道德教育活动课读本》。我们把该读本作为校本教材整合到德育课程化体系中。以《读本》为本开设德育课程。用精品德育课,精品班会的展示活动来落实德育工作的实效性。我认为让高中学生去感受幸福并不难,对于现在几乎百分之百的独生子女的成长来说,让他们拥有奉献幸福的品格是很难也是很重要的。每年新生的德育课,我亲自上课。我向他们宣讲我的观点:"大家学习天分是有差异的,不能苛求同学们都是高端人才,但是良好的品格、积极的人格却是幸福人生必备的条件。"人生需要"八心"才能幸福和成功:道德之心、责任之心、平常之心、宽容之心、感恩之心、知足之心、诚信之心、奉献之心。围绕着"八心"教育,学校开展"幸福阳光"工程,对学生"奉献幸福"品格的培养起到良好推动作用。团委以"五项团字号"工程为载体,在全市率先开展了"青年志愿者"活动。在道德中体会德,在善行中拥有善。一中学生大多数家庭经济条件较好,不懂得艰苦。通过"志愿者行动",在帮助别人的同时教育了自己,提高了"关注他人,关注社会"的责任感。

我校1984年开始就为"培养共产主义者雏形"开办了学生业余党校。我认为学生业余党校对培养青年学生远大的理想、崇高的信念具有很大的作用。于是2001年开始不断使学生业余党校发展壮大,每年都有近800人成为党的积极分子,2001年至2011年共培养了93名优秀学生加入中国共产党。党课学习使学生更多地了解在现实社会中党员的先锋模范作用以及党在现代化建设中的领导核心作用,坚定学员共产主义信念,增强社会责任感,从而确立正确的世界观、人生观及价值观。人生观教育夯实了学生对人生幸福追求的基点与支点。

学生自主发展教育对学生人格的完善和智慧的提升起着举足轻重的作用。我们倡导学生继承"自觉实践,修身成材"的百年一中光荣传统,践行"五自"育人的德育模式,学生在各种活动的自主设计、组织、开展中,提高自信、自强、自励、自律品格,同时促进他们的智慧和创新人格充分发展。如在"模联社团"活动中,自己设计角色,自行组织模拟训练,在北京模联大会上表现卓越而获奖。"爱心使者协会""校园管理实践""校长助理"等活动也完全是学生们自己倡导组织并开展的。实践证明:活动内容形式新颖、风格独特,富有创造智慧。一批批学生干部在自主发展实践中学会了合作、学会了尊重、学会了沟通,增长了才干。近些年来脱颖而出了很多学生领袖和杰出人才,他们上大学后都表现出非凡的才能。

(二) 发展心理健康教育,为学生插上飞翔的翅膀

高中生正值如诗如梦的青春妙龄,他们憧憬一切的美好;重点高中的学生又因为一直学业优秀而被"捧"着长大,他们承受不了落差和挫折;家长们对孩子的过高期望值,给学生们带来双重的学习压力;青春期的萌动,对异性不理智的追求,失败后的压抑;父母的离异,心灵的创伤,家庭教育的缺失……如此种种,使很多孩子内心迷茫、失衡、压抑、痛苦,甚至出现心理疾病。

心理健康是幸福的重要指标,心理不健康的孩子是不可能体会到人生的幸福的。美国《不让一个孩子掉队》的教育改革法案,对我的启发很大。实现教育平等,提高教育质量其意义之一就是绝不能放弃任何一个孩子,要让他们的心里都充满阳光,让他们都享受学校教育的幸福快乐成长。面对"当下",健康的心理是学生幸福学习的保障,面向未来,更是学生成人成才的标准。一个人只有在心理发展水平上达到正确与充分的程度,在人格的形成与发展上才能表现出全面与和谐的特征,在发挥潜能和适应环境方面才能有智慧和成功的表现。我们开展幸福教育,必须把心理健康教育作为重中之重,加大教育投入,调动教育资源,提高教育水准,为每一位青年学生的人生飞翔插上幸福的翅膀。

我们在新建校区的综合楼建立了占地约500平方米的心理健康教育中心。设有心理办公室、咨询室、宣泄室、放松室、档案室、团体训练室、心理阅览室等七大功能区;陆续投入十几万元增加优良测试软件、宣泄椅等先进设施。四位专职心理教师有三位是教育学、心理学硕士研究生。我积极给他们提供出国考察、参加国家级培训的机遇和条件,九年来,心理组四人先后55人次外出学习培训,造就了一支爱业、敬业、精业、勤业的心理教师队伍。

心理咨询在我校已开展20余年了。心理咨询室被学生誉为"心灵驿站",帮助学生增强学习信心,提高人际交往能力,走出"失恋"阴影,调整学习的焦虑,使很多同学释放了压力,轻松起飞,考上理想大学。

为学生的未来幸福奠基,在心理方面就要塑造高中生有认知自我的良好心态,有适合自己个性发展的人生愿望,有能够面对挫折和失败淡定的心理素质和善于自我调节的方法与智慧,有善于和周围各种角色和谐共事的人际能力,有对爱情、婚姻的正确认识和适度把握。我们立足于这样的心理健康教育目标,不局限于被

动地心理咨询工作,而是转换心理健康教育的思维方向,把更多的心理工作由被动解决心理问题转换为主动塑造学生美好心灵,增长学生心理成长智慧。

1. 利用契机,传授常识,进行团队心理培训

在学生刚刚跨入高中的新生军训中,增加了心理组教师指导下的"团体心理训练"活动,不仅对形成班集体的凝聚力起到促进作用,而且教给了学生们很多人际交往的常识,训练不同情况下为了团体利益处理同学关系和处理师生关系的方法。学生进入高三下学期,焦虑状态严重,心理教师组织"重度焦虑学生集体心理训练",不仅明显降低了学生的焦虑水平,而且培养了学生在面对失败和挫折时诸多自我调适的心理方法。

2. 依据目标、结合特点,设置教学模块

我校心育课程始终立足学生长远发展确立教学目标,依据学生实际需要选择教学内容,按照学生年龄特点确定教学方法,使他们学会做人、学会做事、学会学习、学会交往,培养其健全人格,促进其健康成长。不仅助学生顺利愉快地度过高中阶段,更为其一生的幸福与发展奠定坚实基础。心理健康教育课程作为必修课,由过去的阶段性课程到现在每周一节。以教师自编的《高中生心理健康读本》为基本教材,又根据不同年段学生心理需要随时编写新教学内容,把新教学内容根据目标组成模块。如针对高一上学期学生对新环境的不适应和对高中学习的迷茫,推出《信任盲行》《心理暗示》《认识你自己》等课程;针对高一下学期出现异性交往过密现象,为帮助男女学生树立正确爱情观,顺利度过青春期,奠基未来美好的爱情与婚姻生活,推出了《书包里的玫瑰》《青春红绿灯》《"爱"的代价》等课程;为了奠定学生终身学习的意识和基础,推出《我的未来不是梦》《学习潜能开发》等课程。这些课程内容都是老师选取现实生活中生动的事例自己编写出来的,不仅帮助学生解决共性心理发展问题,而且对纠正心理偏颇,培养良好心态,完善学生人格,提高生活智慧都起到很好的作用。心理课堂采用心理游戏、角色扮演、情景讨论、案例分析、心理测验、演讲辩论、行为训练等多种适应学生的生动活泼的教学方法,所以心理课成为"最受学生欢迎的课"、心理教师成为"学生最喜爱的老师",心理老师一走进教室,就有雷鸣般的掌声和欢呼声,课堂上学生们乐得前仰后合,美得手舞足蹈。心理课完全成了师生共享幸福的过程。

"心理课为朦胧的我们拨开了云雾,为无忧的我们树起了警牌。""在青春的岁月里刻下了不朽的篇章!""让我们懂得了快乐的秘诀,明白了幸福的方法。""我相

信,我们以后的人生会变得更精彩、更完美!"学之于课堂,益之于人生。选择一中,我真的没有错!"……这些都是来自学生的幸福的声音!

3. 关注发展、引导未来,开展"生涯教育"

心理组参加了生涯教育国家规划课题研究,拿出培训计划后,我倡导年级组、学生处、团委等部门共同统筹规划。我认为这是帮助学生在正确认识自我的基础上自主规划人生的教育,是关注学生自我发展的教育。作为教育的主体,学生必须学会尊重自我,尊重他人,理解做人的真谛;学会生涯选择,适应社会竞争和自我发展,提高自我选择能力,形成可持续发展的心理和精神动力。所以我全程参与校园生涯教育系列活动,如生涯规划大赛、创业设计大赛、海报展览、生涯博览会、生涯讲座等,这些活动有效地提高了学生创造幸福的能力。

4. 扩展队伍、提升水平,营造幸福心理氛围

为加强心理健康教育的力度,我考虑到专职心理教师人数有限,就倡导心理组培养兼职心理教师,首先从班主任开始培训,定期培训和专题培训相结合,不仅扩大了心理教师队伍,而且提升了班主任工作的水平。再通过青年教师协会对全体青年教师进行定期和专题心理健康教育知识的培训,提高全体青年教师的心育知识和水平。"让班主任都成为学生的心理教师,让全校教职员工都成为学生的良师益友。"这是我的理想。为营造良好的校园心理氛围,提升心理健康水平,不仅全校范围内开办校园心理广播与心理小报、设置心理橱窗,还成立心理协会、举办"心理健康教育活动周"、建立心理网站,而且建立与家长沟通合作的"幸福通道",转变家长教育观念。这些活动的宗旨都是立足学生的长远发展,促进学生学会做人、学会做事、学会学习、学会交往,培养其健全人格,促进其健康成长,为他们一生的幸福奠定坚实基础。

我校的心理健康教育因成果显著,获全国心理健康教育十佳学校、全国"健康杯"中小学心理健康教育先进学校、全国中小学心理健康教育理事会常务理事校、国家基础教育实验中心重点课题实验基地学校、中科院心理所重点课题优秀实验校等多项荣誉。

(三)深化审美教育,为学生提升幸福境界

苏霍姆林斯基说:"美是道德纯洁、精神丰富和体魄健全的有力源泉。"审美教育最重要的是教会学生从周围世界的美中看到精神的高尚、善良、真挚,并以此为

基础确立自身的美。从这个意义上说,美育是幸福教育的极致。一方面我们以"审美"为教育手段,以美辅德,以美启智,以美激情,使学生体验幸福的境界达到一个新的高度;更重要的是在陶冶学生人格情操的同时,用我们的"美育"课程培养学生富有审美的逻辑思维,不仅懂得美学的基本常识,而且修养审美价值心理、审美认识心理,提高审美感受力、鉴赏力、创造力。一个有审美标准和鉴赏水平的人,他的未来无论是形象上还是气质上都会是"立美"之人,会增加职场的诸多机遇;一个会欣赏美、善审辨美、富创造美的人,他的未来无论是在工作中还是在生活中都会追求高质量、高境界、高品位。科学家彭加勒也说过:"发明就是选择,选择不可避免地由科学上的美感所支配。"创造智慧来自美感,美感当然来自美育的培养。

为此,在"美育"暂时还未成"大气候"的时候,我们却一直给"美育"以最大的时空,让美育同德、智、体一样有独立的课程。新世纪以来,我们以构建"五圈审美课程"的方式把美育融入了学校教育的全过程,不仅为学生的审美素质培养、审美能力的提高奠定了良好基础,也促进了其他几育的高品位发展,成为我们学校的办学特色之一。

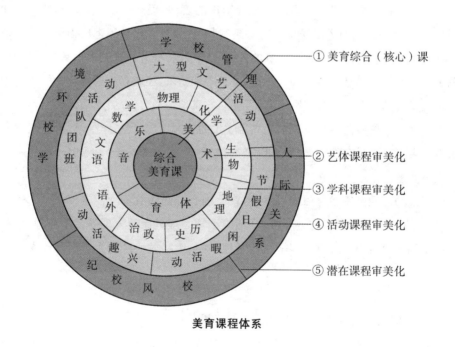

美育课程体系

美育核心课程是"综合美育课"。2005 年我校教师自行编写了《高中美育》校本教材,在高一开设美育课。教材设置自然美、生命美、社会美、科学美和艺术美五个单元38课时内容。比如生命美的内容有"珍爱——为生命擎起绿伞""善良——人性最美的花朵""亲情——生命永远的港湾""奉献——价值王冠上的宝石"等。每篇选取典型美的形象、贴近生活的新美形象、有文化底蕴的经典形象,激起学生审美感知,进而对美的人文内涵联想理解,一步步在审美活动中实施对学生的陶冶和育化,教学效果非常好。2005年全省青少年教育工作现场会上,我们的一节"生命永远的港湾"体现亲情美的美育公开课感动得全场400余人都潸然泪下。我校为东北12校科研协作体展示了"携手相伴人生路"美育课,大家也深深感受了美育对学生幸福成长的价值。的确,美育课堂教学内容距离学生的高考很远,但是,它离学生的幸福需求太近了——很多毕业生说:"美的观念、美的思维、美的品格、美的能力对我们的发展太重要了。""咱校的美育课给了我们很多营养和积淀!"

第二圈是艺术体育课程。除提高音乐美术课堂教学质量外,我校的军乐队、合唱团在省市中学中是一流的。丰富多彩的美术、书法、航模等课外小组和一年一度的科技艺术节发展了学生的特长,给学生奠定了多才多艺的基础。2010年我校被评为全国艺术教育先进学校。

第三圈是审美化的学科课程。我校连续参加国家"八五"至"十一五"美育科研课题研究,造就了一大批热衷美育事业的教师。在全国著名美育专家的指导下,这些教师对所有学科教材都进行了逻辑审美设计。编写了《审美化教学设计方案》。所有学科都注重知识传授的逻辑审美,增加了学生们课堂学习的幸福感,培育了学生们的形象思维和逻辑思维。如政治学科研究的《视点结构教学法》使得我校的政治课堂充满逻辑美感和知识活力。由于各学科教学都努力去做到教学审美化,在延伸视点结构中培养了学生的发散思维、联想思维,塑造了他们终身发展的思维品质。

第四圈是审美化活动课程。每年都创新诸如中学生仪表形象大赛、魅力班级评选、校园明星竞选等各种文化实践活动,为校园生活注入生动活泼的元素舒缓学生学习生活的紧张,也培养了学生的审美气质和高雅形象。

第五圈是美育隐形课程,即美好的校园环境建设。这是无声的文化陶冶,给学生自然、纯净、典雅、深厚的学府滋养。

我们的"五圈美育课程"把美育落到了实处,为学生未来高品质的幸福奠定良好的基础。正如陈玉琨教授所言:"学校是提升人的地方,美是提升人性最有效的手段之一。"

有专家评价我校的"三育":"如果说德育是吉林一中幸福教育的主体,那么心育和美育就是幸福教育的双翼。"

(四) 加强国际教育交流,为学生推开世界之窗

视野决定高度,交流提高智慧。面向明天,幸福教育还要为学生推开世界之窗,让他们提前拥有世界的视野和关注全球的思维,从而主动地发展自己,主动地适应未来。

为此从 2006 年开始我校与日本、新西兰、澳大利亚、英国、韩国、加拿大、美国的教育机构陆续建立了交流合作关系,先后有几百名学生出国游学。有学生感受到国外的守时观念、环保意识和敬业精神,"见贤思齐,见不贤而内自省",提高了认识。诸多见闻激发了学生们学习奋斗的动力,他们表示"总有一天我们这一代人会让我们的祖国更加繁荣、强大和文明"。学生们赴美国游学,目睹了美国的绿色和文明,体会了寄宿家庭的善良和友好,感受了异国学生学习生活的丰富和个性,引发了他们对和平的呼唤,为情感品格和创新思维涵养了世界文化,促进了思想的成熟。我校 2008 年开始举办"中加国际高中班"。每届学生都到加拿大进行 21 天的冬令营活动,他们亲眼目睹加拿大的教学模式,也学到了很多课本以外的知识。学校也同时引进了国外一些精品课程,开启了一扇语言学习之窗,建立了一条文化体验之廊,对学生优秀人格的淬炼和创新智慧的提升大有裨益。目前,我校在韩国全罗北道华山中学建立的孔子课堂进展顺利。近期,还将在美国建立 1 所孔子课堂,进一步扩大学校国际影响,有力推动国际化发展的进程。

五、强化幸福教育保障体系——以教师幸福引领学生幸福

幸福教育作为一项工程,应该是各实践内容相互联系、相辅相成的总体。为使幸福教育和谐、稳步、科学地发展,我们逐步形成以人本化管理为核心保障、以教育科研为引领保障、以评价制度为机制保障、以教师队伍建设为根本保障的"幸福教育保障体系"。

人本化管理,是学校管理优质化的时代走向,也是幸福教育所有实践取得成效的核心保障。"以人为本"的管理即"尊重人、解放人、发展人"的管理。将校务公

开,让教师参与学校重大发展决策;解放教师思想,知人善任,人尽其才;发扬吉林一中学生"自主发展"优良传统,支持学生做"校长助理",参加校园管理实践;等等。这些"人本"管理,既保障了师生"当下"生活在和谐人文的幸福之中,又保障了他们未来的发展,学会生活、学会管理、学会创造。

教育科学研究是学校一切工作的先导,也是幸福教育实施与发展的引领性保障。我们参加了吉林省哲学社会科学"十五"重点规划课题"幸福观教育理论研究与实践探索"的研究。撰写了《吉林一中学生幸福教育问卷调查报告》《解读幸福教育》《实施幸福教育塑造绚丽人生》等科研论文,完成了对"为每一位学生的终生幸福奠基"的办学理念的论证及阐释工作。几年来,我们围绕"幸福教育的界定、幸福教育的指标体系研究、构筑幸福课堂的研究、幸福班级的构建研究、幸福教育校本课程的开发与实践、幸福教育的学校文化建设研究"等课题不间断地开展研究,使研究愈加深入、愈加具体、愈加有可操作性,引领着幸福教育不断向纵深发展。

制度本来是"刚性"的,任何有群体的地方都不可能没有制度。但如何把刚性的内容转化成"柔性"的力量,这是我们在幸福教育实践中着力探讨的难题。我的想法是:幸福的校园首先应该是有序的、规范的、和谐的、充满生机和活力的,学校的规章不应该成为师生的枷锁,而应该成为大家塑造自我的镜子;尤其是"评价"制度,不应该使师生失去自尊自信的心态,而应该激励更多的人去追求个性的发展与智慧的创造。所以我们在评价方面以**"三个关注"**为前提予以改革。**一是关注个体差异,评价标准变单一为多维;二是关注过程评价,评价效果变结论为发展;三是关注集体评价,评价方式变"鲜明"为"模糊"。**如教务处出台"多维奖励",在原来"优秀教师"单一评价基础上,增加"学生最喜欢的教师奖""教学能手奖""红烛奖""绿叶奖""优秀青年教师奖""科研名教师奖"等,激励教师把自己的长处发挥到极致。学生处注重学生发展过程评价效果,增加两项学生评价方式:运用成长记录袋评价和表现性评价,在促进学生发展方面起了重要的自省自律作用。我们在教学质量监测、监控过程中主要采取"团队捆绑式"质量评价方式,教师的付出有许多是不能硬性地鲜明地定量评价的,"模糊评价"有时反而是科学的、人文的。我们注重评选"优秀教研组""优秀备课组"就是倡导一种团队精神,让每一位教师获得集体荣誉的快乐,乐在其中则更能激励自己,这就是"柔性"的力量。

学校人本管理最中心最重要的群体就是教师。对于学生幸福的生成来说,一切的课堂、课程、环境、心育、美育,都要通过教师去实施和传递,没有教师的幸福,前面所谈的一切都将是"空中楼阁"。一支高素质的教师队伍是开展幸福教育的根本保障。著名教育家叶澜教授说："没有教师生命质量的提升，就很难有高的教育质量；没有教师精神的解放，就很难有学生精神的解放；没有教师的主动发展，就很难有学生的主动发展；没有教师的教育创造，就很难有学生的创造精神。"[①]学生的幸福和教师的幸福息息相关。那么幸福教育只有提升教师的幸福指数，才能提升学生的幸福指数；只有教师感到幸福了，才能引领学生幸福地学习与成长！

就"幸福"具有"主观感受"的特点而言，教师对学生的"引领"几乎很少是"教诲"，更多的是依托于"影响"：教师的微笑让学生愉悦，教师的快乐感染学生，教师的创造激情激荡着学生的创造激情，教师的爱传递给学生，让学生感到温暖，感念回报，升华大"爱"……从教师"引领"学生的方式而言，重要的也不是靠"说教"，教师高尚的道德情操可为生师表，教师精湛的教学水平可令学生钦佩而产生浓厚学习兴趣……因此教师幸福对学生幸福的"引领"犹如阳光之普照、雨露之滋润，通途之桥梁，是感染、是润化、是传递……

（一）提升教师职业幸福感，以快乐传递快乐

我校一位老师在她 2010 年 5 月的 QQ 日记中曾这样描述自己的一天：

> 清晨，披着霞光，迈着轻盈的步伐，走进美丽的校园，油然而生这一天里最早的幸福；踏进宽敞明亮的办公室，翻开教科书，打开电脑，到网上去搜集最先进的教育信息；夹着教案，拿着 U 盘，走进专业化教室，那一张张充满智慧、求知、友爱、敬重的面孔调动着我们全部的身心；打开多媒体课件，我们语言的流淌、学生诗情画意的回馈如行云流水般展开；下课后，走进设备先进的羽毛球馆、健身馆，一天一小时的运动让我们的身心如沐春风；坐在教工食堂里享受着不断翻新、营养合理的八菜一汤，饮着甜美的豆浆，大家嗔笑着后勤主任总让我们吃多发胖；批完作业，到应有尽有的图书馆，徜徉在书山文海中，尽情汲取着知识带给我们的幸福……

这位教师的描述真实地展示了一中教师特有的职业幸福感：美丽的校园、先进

---

① 叶澜.教师角色与教师发展新探[M].北京:教育科学出版社,2001.

的教学设备、良好的工作环境、广阔的发展空间、优秀的教学对象、浓厚的学府气息、和谐的人文氛围。我认为，学校教育人性的源头活水就是让教师获得这样一种职业幸福感，这样一种"生命的质量"。

为提升教师生命的质量，校长要为教师创造优越舒适的工作环境，千方百计地给教师提高待遇，尽量亲自参加教师家庭的婚丧嫁娶，保障教师的饮食、体检、疗养、保险、通勤、旅游，开展丰富多彩的教工活动。这些都要视为自己工作的义务而雷打不动。我校人文化管理中两项细节令老师感动：一是允许教职工家属与老师一道来校早餐。因为我不忍心看见家属送我们老师到教工食堂吃早餐，自己还不得不找其他地方就餐。二是倡导教师每天抽出一个小时，在不耽误正常工作的情况下去学校体育馆打球、瑜伽、健身锻炼，增强体质，放松情绪。一中教师的生命幸福感是非常强烈的，尽管每天工作脚步是匆匆的，但是心情是轻松的、温暖的、幸福的。

我认为教师是一个文化群体，这个群体对于自身行为准则有着较多的理性思考，对心理愿望的追求有着较高的层次。所以教师的幸福，也如叶澜教授所言，重要的是"精神的解放"。即：老师们感觉到自己是一中群体中被尊重、被信任、被关注的人，是能够获得公平的人；不为职称所困，不感待遇不公，不因工作而烦，不以付出而苦；不因为校长是"老大"而不敢说话，也没有因个人利益的需求而与领导拉关系。领导尽量满足教师对工作年级的挑选，尽量满足教师对自己子女的照顾。教工代表大会提出的所有意见和建议，班子都予以重视，能解决的马上解决，不能马上解决的要向教工代表说明情况；学校设施设备都由"内行"教工去选购；制作校服，教师和学生代表去和厂家见面；中层干部竞聘，首席教师评聘，教师职称评定一律公开、公平、公正，按规定程序办理；对因教育资源整合而分流来的教师一视同仁……

当所有的教师被尊重和被信任的情感需求得到满足的时候，他们每个人的心里都充满了阳光，他们的音调、他们的眼神、他们的表情、他们的幸福感，都会给学生无声的影响与幸福的体验。他们会更多地去喜欢自己的学生，他们会常常去和学生说"你们是最棒的"之类的语言，他们绝不会在讲台上随意地发脾气，他们会给家长以耐心的指导。如果每位教师都是一束阳光，那么，在每位学生面前，在每节课堂上，在每个活动过程中，他们微笑的力量将是无穷的，影响的力量也将是无限的！正如中央教科所朱小蔓所长所言："只有幸福的教师才能培养出幸福的学生；

只有快乐的教师,才能培养出快乐的学生。"①

(二)促进教师的专业发展,以智慧点燃智慧

教师具有独特的职业幸福——"得天下英才而教之,其乐无穷。""收获学生的成长,其乐无穷。"但是正如陶行知先生所说:"我们做教师的人,必须天天学习,才能有教学之乐而无教学之苦。"所以我强调我们一中教师首先是"人师、能师"。让学生因"得天下能师而学之,其乐无穷"!

为又好又快地培养能师,我们开展名师工程,发掘和培养一批有独特建树,在全市、全省有较大影响的教育教学专家和教坛名师,使我校名优教师的数量、质量、结构、分布都能基本满足教育改革和发展的需要;八年前我们开始"教师专业成长促进工程",对全体教师逐人梳理教学风格、特色、优势和不足,然后制定《个人发展规划》;七年前制定了青年教师成长的"一、三、五、八规划",即一年胜任,三年成为组内骨干,五年成为学校的学科带头人,八年成为专家型、科研型教师;六年前制定了《青年教师新星工程五年规划》。还为教师提供"在职学历深造""学科专业培训""教师发展学校""教师博客群""优秀教学案例校园网交流"等发展平台。

在提高教师专业化素质方面,我主张"他山之石,可以攻玉",给教师们创造去国外考察培训、到国内先进学校学习交流的机会。我校外语教师90%都在英语国家进行过培训,全校五分之四的教师都出去考察参观交流学习过。我认为,只要对学校发展有利,对教师发展有利,多投入一点儿也值得。我们努力打造教师团队具有高屋建瓴的教育眼光、与时俱进的教育智慧,紧跟社会和时代发展的步伐,立于国内外教育的前沿。教师们的视野促进了他们主动发展的高度,在对精湛的教学艺术的追求中提升着自己的智慧,也点燃着学生的智慧。

教育是一个把人的创造力、想象力和全部能量、智慧发挥到极致的,永远没有止境的事业;教学是教师对教材审视之后的再创造,课堂是一种富有生命张力的精神活动。我校提出"教师即研究者",提倡教育教学创新,实现"优质教育品牌"的转型。当教师在幸福课堂探究中,变关注分数为关注生命,变知识传授为文化传承,变整齐划一为个性发展,变教条灌输为灵活诱导的时候,那么教育教学的每一个细节就都洋溢着创造幸福的味道,教育教学的每一个新构思就点燃了学生创新思维

---

① 朱小蔓. 为人的幸福而教育[J]. 今日教育,2010.

的火花,教师的每一次教学机智就如同清晨的露滴滋润着学生渴望求知的心田,悄然育化学生的智慧人生。从这个意义上说,教师专业的每一步发展都关乎着学生的学习幸福,都奠基着学生的终生幸福!

(三)加强教师的师德修养,以人格涵养人格

孔子曰"志于道、据于德、依于仁、游于艺"。教师的学识水平、行为举止、价值取向、情感态度是影响学生最直接最有效的教育资源。当教师们将自己的幸福根植于对教育事业的追求,和学生的幸福共融共生的时候,他们就会满怀爱心地去引领自己的每一个学生走向幸福!教师与学生的对话是生命与生命的对话,教师和学生的沟通是心灵与心灵的沟通,教师与学生的交流是情感与情感的交流,彼此的碰撞、传输与互动,潜移默化地完成增长知识、提高素质、锻造人格、磨砺意志的教育宗旨。所以有人把崇高伟大的"师爱"比作通往学生心灵世界的桥梁。

教育是需要情感投入的事业。教师为学生的学习成长付出满腔心血的时候,没有得到尊重、没有得到成果的回报,会心灰意冷而产生职业倦怠感;人世沧桑,哪能没有悲欢离合和烦恼不悦?教师的社会形象压力也是很大的,所以,教师的幸福指数还应该包括教师良好的职业心态。为让教师们的心灵变得深刻和丰富起来,我提出师德建设的"三高"境界,即"爱岗敬业精神高尚""教书育人水平高超""为人师表品行高洁",引导教师对所从事的事业具有光荣感、责任感和使命感。在师德师风建设中,我们不是只垂青"名师"的打造,而是关注全体教师的发展,给全体教师搭建展示的舞台,给全体教师创造成功的机遇。在教育学生尊师、爱师、敬师的同时,开展自编文明用语500条活动,促进教师自省、自觉、自律。组织全体教师进行师德建设签字仪式,面向社会公开进行师德承诺,引导教师在职业发展中体验教师神圣的责任和义务。情感是相互的,教师道德修养的高尚表现在热爱学生、表现在资助学困生、表现在对工作的创新与负责,孩子们自然给教师以"亲其师""信其道"的爱的回报。有教师这样写道:幸福是学生信任的目光;幸福是学生灿烂的微笑;幸福是学生一声声的问候;幸福是教师节收到的贺卡;幸福是课堂上精彩的发言;幸福是毕业的学生打来的电话;幸福是桃李满天下!……

"相助为理、争自磨砺"是吉林一中百年传统校风,我利用百年校庆的契机使之发扬光大,倡导团队精神,搞好教师组"传、帮、带",学校定期表彰"优秀教研组""优秀备课组""优秀师徒";各班级开展"小组合作学习"等等。我校的校风传统载入了

"中国名校优良办学传统"史册。相助为理,也促进了教师良好的职业心态的养成。

在"幸福大家谈"的活动中,我们的教师是这样诠释自己的感受的:"最大的幸福是与学生一道成长""收获是一种幸福,施与也是一种幸福""幸福就是付出爱,同时享受爱""幸福是幸福着学生的幸福""幸福是教学相长、乐在其中"……

无怪乎,有老师天天开车上班要"顺路"载上三个家远的学生;有学生离家出走老师和家长半夜在十几公里以外找到她时,学生不是奔向父母而是扑到老师的怀里;无怪乎,甲流盛行时,高三班主任天天用自己的额头"亲吻着"学生的额头,关注着他们的体温;心理老师把学生带到家里照料,直到调整好他的心理障碍,才把一个恢复健康的孩子交给家长;学生背着老师来采访校长,让校长评价一下他们的班主任,是为了给亲爱的老师意想不到的感恩颁奖……爱是桥梁,爱是纽带,爱是幸福的种子! 学生们在师爱的引领下,也自觉地把爱传递给周围的同学:比如高二的同学带着高一的同学开展科技创新活动,他们很快乐;竞赛获奖的同学给学弟学妹们讲一些竞赛的经验,他们也很快乐。幸福从时间和空间得到了延展,作为校长,我感受着"理想付诸实践"的那份收获的幸福!

在一中校园中形成领导和教师、教师和教师、教师和学生、学生和学生温馨和谐的幸福传递的氛围,在这个氛围中师生都快乐地工作、快乐地学习,快乐地交流、快乐地创造——作为一校之长,这是憧憬,也是责任,更是学校人文化管理的真谛。

结语

不久前,一个班主任兴奋地告诉我,他们班级去年的毕业生有 31 位同学在大学里当上了班长。这个数字让我联想起许多数字:2006 年以前我校考入重点大学的人数大约 500 人,2007 年达到 875 人,2010 年达到 941 人,去年超过千人达到1 069 人。继 2003 年我校文理科同时出现省高考状元、2006 年出现理科状元后,2010 年又出现理科并列高考双状元。继 1996 年获得两枚奥林匹克国际金牌后,2001 年至今我们的学科竞赛先后获 66 枚国家级金、银、铜牌。

一个班就出现了 31 位大学班长,可以推想这 31 个孩子未来的发展,这个信息也引起了我对学生关于"母校"生活回忆的感悟:高考状元李春晓说:"我在美国发展很快,是一中养成了我乐学与上进的品行。"2008 年考入香港理工大学的石翰,用不足一年时间成功竞聘上了学生会主席的位置。他说:"我很自信,一中培养了我赢得成功的能力。"2011年毕业的宋佳阳回忆母校:"一中的学习氛围是浓郁的、合作的。我在母校懂得了幸福。"

有一次我在与几位香港中学校长交流时,谈到了幸福教育。不料,几位香港校长异口同声地问:"内地这样重视升学率,幸福教育真的可行吗?"

我们卓越的高考成绩、我们毕业生回忆母校的感言都是这个问题的答案!**真正的教育是一种境界,当理想的光芒与现实的努力紧紧相依,任何的不可能都会成为可能。**幸福课堂调动了学习的兴趣、提高了求知的效率;幸福课程激发了探究的勇气,提高了个性的魅力;幸福环境培育了人文素养,幸福德育提升了人文品格,心理健康,考场上就有了超常的发挥,"志愿者活动"使作文内容有真情实感,"结构美"的审美意识使学生造出了漂亮满分的"仿句"。**由此,我们幸福教育的真谛就是:按"科学发展观"使学生得以发展,按"人才成长规律"使学生得以成才!**

有思想无实践,幸福不会从天而降,思想一旦付诸实践,幸福就会来敲门:吉林一中不仅教学质量赢得赞誉,还先后获得了全国文明单位、全国精神文明建设先进单位、全国学校艺术教育先进单位、全国体育场馆向公众开放先进单位、全国美育课题先进单位、全国教育教学管理示范校、国家体育传统项目学校、全国心理健康教育"十佳学校"和"先进学校"等各类荣誉百余项。2009年我作为全国教育系统先进集体、全国群体工作先进集体与个人的代表,两次受到胡锦涛等党和国家领导人的亲切接见。

回首来路,我清醒地知道:对于幸福教育,还有许多的问题要思考,还有许多的困难要面对,还有许多的策略要调整。学校教育无疑会受到社会教育和家庭教育的影响和制约。让学生在学校幸福地学是我们学校应尽的责任,同时还需要家庭的幸福和社会的幸福做支撑。我认为:幸福教育理念还应跃升为社会教育理念,拓展为家庭教育理念。

面向明天,幸福教育的确任重而道远——不过,幸福的列车既然已经上路,我们就会一直向前!——尽管幸福没有终点。

分享幸福、传递幸福

教育部中学校长培训中心/刘莉莉

夏军校长以精彩发言分享了他的幸福教育观,他的学生、家长、校友代表动情的表述,让我们深刻地感受到发乎内心的幸福的绽放。什么是幸福?怎样达成教育的幸福,怎样奠基学生的终生幸福?吉林一中给我们做了全方位的立体的诠释。

从某种意义上说,人们对幸福很难捕捉和感悟到,往往觉得很遥远。但今天我们仿佛抓到了幸福的精髓。第一是夏军校长发言的题目告诉了我们:教育是为学生的终生幸福奠基。每个人都渴望幸福。家长的幸福是孩子出人头地,某些老师和校长的幸福是有很高的升学率。这不是一个教育者应该追求的幸福。我们不能把家长和教师的幸福强加给孩子,这样孩子就不幸福了。第二是夏校长让我们看到了,不同孩子对于幸福的理解是不一样的。有的孩子觉得学文科是幸福的,有的孩子学理科觉得幸福,有的孩子觉得参加模拟联合国是幸福,有些孩子觉得参加各种活动是幸福。认识到每个孩子追逐的幸福不同,我们的教育才能让他们体验到幸福,才能帮助他们追逐幸福。第三是幸福可以引导。苦瓜是苦的,但医生告诉你苦瓜有利健康,有利美容,人们就会产生新的渴望和祈盼,愿意尝试。幸福教育就是引导学生具有正确的幸福观,从而自觉营造自己的幸福。

教育孩子具有正确的幸福观是第一个层面。

第二个层面是怎样奠基学生的幸福。首先吉林一中的幸福目标体系、幸福课程设置让我们看到,学生们成长的环境是宽松的、理解的、自由的。没有自由,何谈幸福。王老师的孩子入学成绩低于录取线40分,但这个孩子被老师接纳,受到老师的鼓励,后来有了那么好的发展。美国有研究发现,影响人的幸福有三个方面。第一是遗传因素;第二是生存的环境;第三是影响幸福的行动和体验。被尊重、被关注、被呵护的环境是至关重要的。其次吉林一中给我们呈现的是很多有意义的体验和活动。这些体验和活动能让学生有幸福感,孩子们在介绍当中,讲到军训虽苦虽累,但是快乐的,军训后老师给的一根雪糕,孩子们品尝着老师细心的呵护关爱,体会和感悟被爱的幸福。吉林一中的心理宣泄室,是孩子们克服消极心态、强化积极心态的好地方。幸福教育需要一次次积极的、愉快的体验。另外吉林一中的幸福教育是一个系统。他们做了三个层面的探索。一是生活世界,二是知识世界,三是精神世界。这种立体探索让孩子们真正感受着幸福给予他们的力量。让孩子们从理解幸福思维入手,进而培养创造幸福的能力,引导学生具有体验幸福的境界,最后到达具有奉献幸福的品格。高尔基曾经举过一个大海与太阳对话的例子。太阳在上面,高高在上,它有四射的光芒,两者相比,大海暗淡了许多。换一种视角,大海可以反射太阳的光芒,它和太阳一样有独特的魅力。如果我们的老师,我们的学校,给我们孩子更多,能够从思维方式上转换,我们的孩子会对幸福,对人生有新的思考。从思维方式的转换,到人生境界的提升,这是幸福的不断追逐。在对幸福的追逐当中,需要知识、生活、活动和体验。那么这个学校66门课程供学生去选择,他们的丰富多彩的社团活动、仪式、成人礼、毕业礼等等,这些内容就是给了孩子幸福的力量,让我们的孩子在学校里面绽放幸福。第四是吉林一中以课堂教学作为突破口。这种开放式的课堂教学让孩子们有了驰骋的舞台,他们在和老师的对话中感受到平等与自由,感受到学习的快乐。吉林一中的老师们把课堂还给学生,让孩子们在探索当中,享受着学习的快乐。第五是校长通过提升教师的幸福感,来感染和促进学生的幸福感。大家都跟我一样,感受到了吉林一中老师的幸福。发言的王老师作为学生家长,她的女儿在这里学习是幸福的,作为学校的一名普通教师,她在这里工作的幸福感也是很强烈的。这里有领导的关怀,更有教师精神的追求、专业提升和专业智慧。所谓幸福引导是教者对学生实施感染、润化和传递的过程。

吉林一中的实践是扎实的、是让我们折服的,也给我们留下了些许思考:第一,幸福中总会掺杂着不幸福。幸福常常不是那么纯粹,就像苦瓜,当你吃起来,它不像甘蔗那么甜,重要的是怎么吃,用雪碧浸润后,再放到冰块里,味道会有不同。所以,幸福中有时会有不幸福的东西。我们用什么样的好的手段,尽可能地让我们感受到我们对甜美的渴望,对满足的渴求,这是留给我们的第一个思考。第二,尽管我们的方法让人觉得是那样的有智慧,但是我们相信,在对孩子的教育当中,特别是高中阶段的教育，需要关注的是，孩子们对不幸福的坚忍。内尔·诺丁斯有这样的观点："要想获得真正的幸福，我们必须培养学生对于不幸福的容忍能力，以及减轻他人痛苦的意愿。"我觉得很深刻。学生必须学会对不幸福的坚忍，才能真正对幸福满足。

今天，给我们更多的不仅是吉林一中幸福教育的实践，更重要的是传递着作为教育工作者的一种深邃的思考。吉林一中的孩子们，不仅仅是在这样一种思考当中得到了关爱，更重要的是在扎扎实实的教育当中感受到了温暖。我们相信吉林一中会在这样一种思想的引导下越办越好，我们相信吉林一中的学子们一定会在这样的呵护下茁壮成长。

谢谢大家！

刘莉莉,华东师范大学教育学部教授,博士生导师,教育部中学校长培训中心副主任。郑州市人民政府督学。先后主持教育部人文社会科学规划课题、全国教育规划课题、上海教育科学规划重点课题等 6 项。

目前主持全国教育科学规划国家级课题"卓越校长个性特质与成长机制研究"和上海市教育规划重点课题"集团化办学的路径选择与政策设计"。先后出版专著两部,2006 年和 2016 年先后获得第二届和第五届全国教育科研成果三等奖和二等奖,发表论文 40 多篇。主要研究领域为教育人力资源管理和学校经营与管理,为本科生和研究生开设"学校公共关系""教育人力资源管理""有效沟通"等课程。

教育：让每个孩子充满自信

四川绵阳外国语学校　唐江林

唐江林，1965 年 9 月出生，四川岳池人，大学本科，中共党员，1999年评为中学高级教师，2006 年获四川省中学政治特级教师光荣称号，2017 年被评为四川省首批中学正高级教师。

　　现任绵阳市第七届人大教科文卫工委副主任，四川省特级教师、四川省首批正高级教师、四川师范大学硕士生导师。曾先后担任绵阳南山中学等 3 所市直学校党委书记、校长；曾任南山教育集团总校长，下辖五个学校，学生近三万人，教师近两千人；参与创办绵阳外国语学校、绵阳外国语实验学校、攀西南山国际学校、广元万达国际学校四所学校。四川省首届"中小学名校长"、四川省优秀校长、绵阳市明星校长、绵阳市突出贡献校长、绵阳市优秀教育专家、四川优秀工作者（省劳模）、绵阳市十大杰出青年、绵阳市拔尖创新人才、教育部首届领航班学员、卓越校长领航工程名校长领航班——唐江林校长工作室领衔人、四川省首届名校长工作室——唐江林名校长工作室领衔人。曾任全国创新人才教育研究会读书专业委员会副理事长、四川省中学校长协会副会长、中国中学生体育协会网球分会主席。

《国家中长期教育改革和发展规划纲要(2010—2020 年)》(以下简称《纲要》)序言中指出:"当今世界正处在大发展大变革大调整时期。世界多极化,经济全球化深入发展,科技进步日新月异,人才竞争日趋激烈。"为适应当今世界发展对人才的要求,作为教育者,我们需要以主动和开放的心态与胸襟,关心每个学生,促进每个学生主动地、生动活泼地发展,尊重教育规律和学生身心发展规律,为每个学生制订适合的教育方案,为每个学生寻求最佳的发展空间,为每个学生插上自由翱翔的翅膀,为每个学生自主发展注入强大的精神力量,从而为创新型国家建设和国家发展战略做出自己的贡献,自觉承担起自主型人才和创新型人才培养的社会责任。

　　绵阳外国语学校创办于 21 世纪初,地处中国科技城——绵阳,是一所集小学、初中、高中教育为一体的十二年一贯制的全寄宿制学校。我很庆幸自己从学校筹建开始便担任这所全新学校的校长,从而能够全面地、完整地、毫无牵绊地实施自己"让每个孩子都充满自信"的教育理想,能够以基础教育的三个学段建立完整的、系统的研究样本,探究基础教育阶段不同学段教育的普遍性和个体性及各学段教育之间的有机联系和衔接。在建校之初,我便带领班子成员广泛调研、请教国内外著名教育专家,结合自己的教育理想,提出了"学贯中西,彰显个性"的办学宗旨和"培养以民族复兴为己任,具有全球意识的现代人"的育人目标,在教育实践中始终围绕这一核心,以培养学生自信为主体,为不同学段学生制订层级发展的教育方案,信心百倍地带领全校师生从自发学习走向自觉学习,从被动学习走向主动学习,从"大一统"的教育模式走向"百花齐放"的个性天空。十年教育实践经历和如今显现的教育成果充分证明:教育不是改造人而是培养人,是培养学生自觉学习、自主学习的思想意识,是给学生注入强大的学习动力和提供自主学习的平台与手段,从而培养受教育者的学习意识、学习能力。

　　"培养人"是教育的本质使命,它定义了教育要"以人为本",以教育对象为主体,以教育对象成为自主发展的终身学习者为最终目的。我认为,自主发展的真正内涵是适应性与超越性的统一,适应是手段,超越才是目的;教育学生认识现代社会的特征及对人才的要求,引导学生自主学习,培养综合能力,以适应现代社会发展的要求,是现代教育的首要任务,但是我们还需要引导学生认识社会发展的趋势,洞察社会发展的未来,培养创新能力以引领未来社会向更先进的方向发展,因为现代教育不仅要培养能够适应社会发展的人,更要培养能够主动改造社会、引领社会发展的人,这才是现代教育的最终目标。因此,在这样的理念基础上,我坚定地认为,学生要适应尤其要超越社会发展,自信是基石,自信是动力,自信是成就未来人生的关键的教育元素。绵阳外国语学校十年办学历程中,正是紧紧抓住自信教育这一关键元素,全面科学制订各学段的教育方案,遵循学生身心健康规律全面开设各项课程,开展提升学生自信心的各项教育活动,从而取得了显著的教育成效。

一、多元启智——全面奠基孩子的自信大厦

自信是什么? 自信是一个人对自我的评价,对自身能力的信任,也就是学生对自己的成长能力抱有信心。培养学生的自信心是让每个学生快乐成长的关键,也是让学生保持理想与追求的关键。

素质教育认为心理素质是促进学生和谐发展的内部基础,也是全面发展的最后归宿。这是因为,人的各种素质的形成和发展,都要依赖心理素质的水平。而自信作为一种心理现象,它对学生性格的形成、成绩的优劣、事业的成败等具有十分重要的影响。现代心理学、教育学的研究成果表明:人的自信心只有很少的一部分受遗传因素影响,而环境和教育对个体自信心的形成与增强有着不可替代的作用。自信是人的一种内在的基本需要,若是这种需要得到充分的满足,那么人也就会有健全和充分的发展。而自信教育贯彻了素质教育的理论,它从增强学生自信心入手,相信每个学生都有成功的潜能,对每个学生都抱以积极的期望和要求。培养学生的自信心,不只是每天空洞地讲要自信的道理,而是需要通过各种手段培养学生的自信品格,带领学生寻找广泛的自信源泉,引领学生具备自信的资本。因此,全面地、多元地开启学生智能,培养学生自信的学习能力,让他们自信地规划未来,确立自主发展目标而为之奋斗,教育者责无旁贷。

(一) 多元化的自信开发理念

绵阳外国语学校十年的自信教育实践首先是受到多元化智能理论的启示,以每个生命个体为教育样本,根据每个学生的身心特点、发展潜力为他们提供适合的教育,让每个学生都对自己的未来充满信心。《纲要》中指出,"尊重教育规律和学生身心发展规律,为每个学生提供适合的教育",这让我们更加坚定了要多元化地

开发学生的自信。

多元智能理论，是由美国哈佛大学心理学教授加德纳在 1983 年提出的。以前，语言、数学、空间推理能力，被认为是决定一个人智慧高下的标准，加德纳驳斥这样的观点论，认为智慧是用来学习、解决问题及创造的工具，而人的能力非狭隘地限制在语言及数学学科上。加德纳把人的智能划分为八个方面：语言智能、空间智能、身体运动智能、人际交往智能、内省智能、自然观察智能、逻辑—数学智能、音乐智能。这些智能都是很重要的，是决定人们各方面特长的主要因素。有些人，能成为演说家、作家，是因为他具有很好的语言智能，它能使人具有很好的表达能力；有些人，能成为数学家和画家，是因为他具有很好的空间智能和数学逻辑智能。然而，仅具有某个方面的智能是否可行呢？答案是否定的。仅有某个方面的智能，只能使人的思维限制于一个很小的空间内。某个方面的智能是人先天就有的，其他的方面的智能有可能先天不具备，如何使他具备呢？我们需要在后天培养所缺失的智能，这样就有助于提高我们对各个方面的综合运用能力。多元智能理论认为，人的能力是多种智能的组合，人与人之间存在差异。社会需要的人才是多方面的，不要因弱势而消极，发挥优势，也可以成为有用之才，也可以促成弱势向优势发展。这一理论体系为我校的自信教育提供了强有力的理论支撑。因此，我校在自信教育实践中始终认为学生是多样的，能力是多元的，社会是多彩的，它们之间有着必然的联系和有机的对应。学校以此为基础合理安排或重组课程结构和教材内容，通过多样化的教学策略的实施，以获得学生多元智能的充分发展，从多元智能教育角度为每个学生找到自信，为每个学生提供适合的教育。

适合的教育，是当今教育的基本命题，更是为每个学生找到信心源泉、增强自信动力的根本途径。用联系的、整体的观点来看，"教育的适合性不是孤立的，它是一个开放的系统，和其他命题紧密关联"。不适合学生的教育，必将影响学生的发展，最终也就影响学生的学习信心；不适合学生的教育，影响着学生的终身发展，实质上是影响着教育发展的可持续性。相反，"适合学生的教育，一定是适合生命规律、发展规律的教育，包括适合学生的心理发展特点"。也就是说，适合学生的教育，才能以学生的发展为根本，才能与学生的自信相契合，才能尊重学生与生俱来的内在活力，才能让学生在自我的评价中获得信心，才能让学生在自主发展的道路上拥有无穷的动力。所以，"适合教育"观点又为我们实施自信教育提供了有力的佐证。

结合上述的理论观点，我们得到这样的启迪：人的智能是多元的，我们的教育就应该多元化地去对应、去迎合人的多方面智能。人的智能又有强势智能和弱势智能之分，不同的人表现出来的智能强弱点或面又不尽相同，那么如果一味地以统一的标准、统一的模式去教育人，很多人的强势智能就会被忽略甚至否定。因此，多元化教育理念其实就是去发现、去挖掘每个人的强势智能，使每个人都能够在自己的强势智能领域获得自信，有了自信，人的强势智能就会不断去影响他的弱势智能，去促进他的弱势智能向强势智能转化。由此可见，自信对于一个人的智能开发是多么重要，有了自信，强势智能会更强，弱势智能也会逐渐转化为强势智能；相反，如果一个人在哪个智能领域都找不到自信，那么，强势智能会转化为弱势智能，弱势智能也会显得更加弱势。

(二) 多元化的自信开发平台

受传统教育观念的影响，我们现在的教育基本上沦陷在"大一统教育模式"的漩涡中，统一的课程标准、统一的教学模式、统一的评价尺度、统一的成才道路，凡是不符合这个"统一"的学生便成为所谓的学困生或后进生。而在这"统一"标准的背后，一些学生或许在学习成绩之外的其他方面有着独特的优势和巨大的潜能，但是它们却被"统一"的标准掩盖甚至否定了，于是这些学生从心理上和精神上失去了对自我评价的信任，对自我发展失去动力，从而成为让老师和家长非常头疼的真正的学困生和后进生。

多元智能理论告诉我们，每个生命体都有自己的强势智能和弱势智能，每一个孩子都是"一片不同的叶子"，他们都有自己的强势智能领域，只要教育得法，每个孩子的潜能都能得到开发，他们中的每个人都是可造之才，因此教育就是关爱生命，关注每一个生命体的独特发展。为学生搭建多元化的自信开发平台，目的就是关注学生强势智能的发展，充分挖掘每个学生的潜能，充分张扬每个学生的个性，为每个学生构建开发自信的载体，提供增强信心的手段，从而努力促进每个学生的成功。那么，学校又应该从哪些方面来为每个学生搭建自信开发的平台呢？绵阳外国语学校十年发展中主要着眼于以下几个方面。

1. 建设多元化的课程体系

关于课程建设，《纲要》中指出："学校在执行国家课程和地方课程的同时，应视当地社会、经济发展的具体情况，结合本校的传统和优势、学生兴趣和需要，开发或选用适合本校的课程。"绵阳外国语学校在自信教育实践中,全面落实国家义务教育课程计划和高中阶段课程计划,结合学校"学贯中西,彰显个性"的办学理念,进行重组与创新,实行国家课程、地方课程、校本课程、发展性课程相结合的课程体系,推行分层教学、分人教学的新型教学模式。

一是为了使"教学永远具有教育性",在新课程背景下,学校进一步加强德育课程建设,实现学科渗透,使德育途径畅通。在教学中,学校尊重学生在学习中的主体地位,融入多种学习方式,使课堂学习内容丰富、富有创造性和生命活力。学校全方位整合校内外资源,设置了涉及文学与艺术、人文与社会、科学与创新、技术与生活、体育与健康五类40余门校本选修课程。目前,学校德育课程的"五朵金花"(亲情教育、感恩教育、礼仪教育、体验教育、心理教育)已经享誉省内外。

二是根据学校的实际情况,全面梳理构建我校的课程计划,努力做到学校的课程实施与课题研究相结合、课程实施与学校办学方向相结合、课程实施与学校办学特色相结合,全面推进学校课程改革,全面整合学校的基础型课程、拓展性课程、探究型课程,让全体师生和家长有一个清晰的学校课程框架,明白每一门课程的要求,让学生自主选择自己感兴趣的课程,在这样的课程中获得知识技能,尤其是获得自我价值的充分认同。目前,学校的省级科研课题"现代教育技术与中小学教学审美化整合的研究"已经顺利结题,科研成果被广泛地运用到各学段各学科教学中。

三是对教师实施通才教育,以适应特色课程教学。一直以来,师范教育是"以专业为中心,以学科为目标"的专才教育,忽视了不同学科之间的横向培养,使很多教师知识面狭窄,综合素质不够,不能适应学校的发展和基础教育的需求。因此,我校搭建了多元化的通才教育平台,在学科建设上既有横向拓宽、又有纵向发展,培养"基础厚、知识博、能力强、素质高"的通才,使之在特色课程教学中能够训练学生的综合分析能力,培养其创新性、自主性思维。

总之,在多元化课程建设上,学校确立了明确的课程理念:让课程成为学生的"理想坐标",全力构筑有效、自主、多元、精致的特色课程,让每一位学生在丰富多彩的特色课程中去赢得属于他的自信空间。

2. 开展多元化的教学活动

新课标提出"为了全体学生的发展,为了学生的全面发展,为了学生的个性发展",多元智能理论对实现"三个发展",尤其是为个性化教育提供了一个开放的平台。在这个平台上教师可以开展民主性、主体性、创造性、和谐性的个性化教学活动,满足学生个性化的学习需要,使每个学生在"因材施教"中受益,得到最大限度的发展。

每个人在各个智能区的发展可能存在不平衡性,这就要求我们的教学活动更趋宽泛性、多元性,要考虑是否能激起学生多个智能区的兴奋,发现、开发学习的潜能,增强学生对自我评价的肯定,整体运用智能理论发现、解决问题,从而达到引导学生自主发展的目的。我校的具体做法如下。

一是构建多元课堂。课堂教学的目的,是引导学生自主学习,培养学生的学习能力,而不仅仅是教学内容的完成和知识点的落实。"授人以鱼不如授人以渔",学习的目的在于应用。在课堂上,一方面培养学生的兴趣,使学生感觉到他们在课堂上学到的并不是空洞无物的东西,而是和生活密切相关的、有价值的知识和能力;另一方面通过应用又可以反过来检验学生的能力和对知识的掌握情况,进而加深对知识的理解;第三是促进学生学习习惯的养成,在知识的形成、联系、应用过程中养成科学的态度,获得科学的方法,在探究实践中逐步形成终身学习的意识和能力。因此,多元的课堂不是老师一个人的课堂,也不是某个学生或某些学生的课堂,而是整个班所有师生的课堂,在多元智能理论的指导下,整个课堂以知识能力教学为主线,针对班级学生个体特性呈现出"百花齐放"的课堂教学模式。经过十年探索与实践,绵阳外国语学校多元课堂主要呈现出了知识能力线索化、教学内容开放化、课堂情境民主化、教学过程活动化、教学评价人性化的特点,在这样的课堂中,每个学生都有自己的思维空间、活动空间、迁移空间,每个学生都能在自己的强势智能方面得到充分的肯定。

二是构建多元的教学模式。"教研融入课堂教学,才有生命力;课堂教学融入思想,才有生机与活力。"如何让那些灵动的、充满活力的教学方式从点到面,逐步走向普及和常态,让更多的学生和教师从中受益是我们所思所想。近年来绵阳外国语学校以打造"智慧课堂""多元课堂"为目标,从彰显教师教学特色入手,努力探索新型的多元化自主学习型课堂教学模式。学校各学段主要采用启发式教学、讨论式教学、演示实验式教学、分组实验式教学、仿真实验式教学、课件演示式教学等模式,努力构建课堂教学校本化、教学过程活动化、课外活动人本化、社会实践生活化、对外交流国际化的多元教学模式。这里尤其值得一提的是教学过程活动化模式,在全校各学段广泛采用,而且取得了很好的效果。苏联数学教育家斯托利亚尔指出:"活动教学的主要内涵,是把儿童作为教育的出发点,主张儿童在丰富活动中学习。其最突出的特点就是强调学生的自主参与,其活动是以学生学习兴趣和内在需要为基础,以主动探究、改革、改造活动对象为特征,以实现学生主体能力综合发展为目的的主体实践过程。"因此,教学活动过程化的实质是探究性教学,它注重知识的形成过程,将科学探究引入课堂,让学生在教师的指导下进行自主探究活动,获得学习过程的亲身经历和体验,教师仅给予适时提醒、恰当点拨、积极引导。

三是积极推进课程融合。多元课堂性质决定课堂学习信息、内容的多元性。我们将多种学科相关信息重组、相融,形成多元信息融合呈现。根据教学目标,使这些信息以主辅线的形式或显性或隐性,齐头并进,立体安排,以利于学生有效学习的可能性。教师是引导者,同时也应该是学习信息的提供者。从这个角度说,教师的教学除了让学生学会学习的方法以外,本身就是一个信息库。在一些设计的信息点上集聚多感官的、多角度的、多学科的,即多元的、立体的、融合的信息,而不是单纯的一堂课就是一个方面的信息。多元的信息才能引起多元学习活动,一个足够的信息群才能保证学生更为有效的学习。这些信息不是简单的堆砌,是融合在一起的,只有融合在一起,才显得更为自然。这就是课程融合。我校的做法是先局部融合,然后整体融合。局部融合就是将这些需要整合的信息按相关情况落实信息点。如美术综合课《美丽的鱼》导入:请你穿上潜水服(教师和学生一起做模拟表演),到大海里去,(录像,海浪的音效,音乐渐轻成轻音乐)有美丽的鱼游过,鱼的大家庭里正在进行"模特大赛"呢,(换成较强烈音乐)……这里设计"模特大赛"为信息点锁定相关的音乐艺术、美术艺术和科学等多个信息,有机融合,达成了初步的学科整合。整体融合是指整堂综合课必须纵向考虑,使每门学科信息科学地形成学习线。同样以这堂美术课为例,科学与美术的整合,提供了有利于学生多元智能发展的智能环境。学生能进行文字处理、数据分析、作图绘画、编曲欣赏等,更是能利用网络实现各种信息的传递与交流。因此,教师应为学生设计出能体现出整合课的学习任务,且设计的任务要顾及学生现有智能水平的差异,要尽可能涉及一些不同的智能领域,让学生享受到"智能公平"。加德纳认为遗传基因决定了智能可达到的程度,可能有一个最高值。在现实生活中,人的智能逼近这个极限的可能性很小。然而,如果我们能多为学生提供有利于某种智能发展的条件,那么几乎每个人都能在那一种智能的发展上取得一定的效果;反言之,如果学生始终不被接触开发某种智能的环境,那么无论其生理潜能有多大,都不太可能被激发出来。这就告诉我们：只有为学生提供多元化的学习环境，采用多元化的教学模式，开展多元化的教学活动，他们的多元智能才有可能被激发出来。

3. 建立多元化的师生关系

师生关系，是指教师和学生在教育、教学过程中为完成共同的教育任务进行交往形成的相互关系，包括彼此所处的地位、作用和对待彼此的态度等。长期以来人们的印象中，对于教师概念的典型代表是韩愈在《师说》中所提到的："师者，传道授业解惑也。"即教师是向人传授道理、讲授知识、解惑答疑的人，而学生是明白道理、学习知识、追求真理的人。教师对学生可以赏罚，有绝对权威，学生对教师只能绝对服从。从古代的读书人家中往往供有孔子的画像也可以得知，在传统的师生关系中，教师被赋予了崇高的地位。在传统教育中，教师作为知识的传递者，扮演着传承文化的角色。教师按照教材和教学大纲的要求进行教学，教师和学生之间的关系是被动的、对立的。一方面，教师被动接受上面指派的教学任务而"照本宣科"，另一方面，学生被动接受知识，学生的不同个性和不同的学习兴趣往往被扼杀。教师和学生在这种知识的学习过程中，失去了"自主"的权利，也丧失了主体性和创造性。在这样的师生关系中，大多数学生的学习自信很难建立。

当今的师生关系，是指在继承"师道尊严"传统的基础上，丰富师生关系的内涵，强调民主、平等，"尊师爱生"的新型多元化师生关系。这种关系具有明显的互动性、多向性和及时性，师生的交流也有了更新、更及时、更方便快捷的途径。尊师与爱生是密切联系相互促进的。教师受到学生的尊敬会产生教育工作者的光荣感，会更加热爱学生和教育事业，更加自励，处处以身作则，成为学生学习的榜样。而学生受到有威信教师的关怀会更尊敬教师，努力地学习其所教授的知识，仿效教师的品德。

所以我认为，只有在这种新型师生关系背景下，学生的自主发展信心才能得到充分的提升，因为学生不再被动地等待教师的肯定与否定，而是通过教师的赏识与激励，在自己的强势智能领域积极评价自己、积极鼓励自己，使自己主动、乐意地参与到学习探究中去，去获取能够提升自己强势智能的知识与技能，去获取弥补自己弱势智能的有用信息。在绵阳外国语学校十年发展中，我们努力促进师生建立：

① 知识学习关系：在教育教学活动中，教师处于主导地位，学生是活动的主体。教师必须首先承认学生的主体地位，只有这样，学生才有作为主体活动的机会；另一方面，学生也必须积极主动地参与到教育教学活动中，才能确保自己的主

体地位,并得到不断地发展。

② 教学相长关系:"教学相长"原指"教然后知不足,学然后知困。知不足,然后能自反也;知困,然后能自强也,故曰:教学相长也"。而在我校教育实践中则强调师生在交往中相互作用而实现提高,教师直接影响学生对学业的态度及认识成效;学生的认知和发展,实际上也在启发促进教师的进步和提高。

③ 情感关系:教师与学生不是工作的机器,而是活生生的人,他们也通过教育教学活动、通过与他人有意义的交往,满足自己的情感需要。一般而言,教师与和自己有相同经历、成绩好、各方面表现突出的学生更易形成积极的情感关系;与学习成绩差、调皮并且经常违规的学生易形成消极的情感关系,要提升学生的学习自信,就要求教师运用多元智能理论把这种消极的情感关系转化为积极的情感关系。

④ 伦理关系:教师和学生是站在同一立场,相互尊重的合作者,教师与学生如同父与子、母与女一样,本身就包含着极强的伦理关系。师生关系是除血缘关系以外最亲近、最需要伦理关照的一种关系,它是基于教育教学活动建立的,却又是成人与孩童间的关系。它是一种去功利而人道的关系,可能在活动中形成类似于母子、母女、父子、父女、兄弟、姐妹等伦理关系,而这种伦理关系的形成,使得师生间的交往带有种亲情的色彩,相互之间更容易包容和谅解。

(三) 多元提升自信的评价方式

评价是导向,直接影响学生的价值取向和具体的学习行为。新课程标准明确指出:"评价的主要目的是全面了解学生的学习历程,激励学生的学习和改进教师的教学。评价要关注学生学习的结果,更要关注他们学习的过程;要关注他们的学习水平,更要关注他们在学习活动中表现出来的情感和态度,帮助学生认识自我、建立信心。"由此我们认识到,对学生的评价必须从只关注学生对基础知识和基本技能的掌握情况,转移到全面关注学生的情感、态度、个性、认识、能力等各方面的发展上来。

多元智能理论也认为,每个人都同时拥有八个方面的智能,只是它们在每个人身上以不同的方式、不同的程度组合存在,使得每个人的智能都各具特色。因此,世界上并不存在谁聪明谁不聪明的问题,而是在哪一方面聪明以及怎样聪明的问题。因此,对学生的评价首先应该确立正确的学生观,学校里没有所谓"差生"的存在,每个学生都是独特的,都是出色的。这样的学生观一旦形成,就使得教师乐于对每一位学生抱以积极、热切的期望,并乐于从多个角度来评价、观察和接纳学生,重在寻找和发现学生身上的闪光点,发现并发展学生的潜能。

鉴于上述思考,绵阳外国语学校确立了学生评价的指导思想:改传统的横向评价为纵向比较,尽量去发现和挖掘学生的增值价值,在教育过程中培养学生人格上自尊、行为上自律、学习上自主、生活上自理、心理上自强,多元构建学生强大的自信精神体系,从而达到引导学生自主发展的最终目标。

1. 用不同的尺子评价学生。多一把尺子就多一批优秀学生。我校充分运用多元化智能理论指导实践,从多角度来评价、观察和接纳学生,从而发展学生的潜能。评价上关注学生的个性差异是因为学生的个体差异具有客观性,因此致力于发现和挖掘每个学生独特的优势,给予他们相应标准、不同角度的肯定与鼓励,从而使他们在不同智能领域获得巨大的自信力量。

2. 用组合的方式评价学生。著名教育家苏霍姆林斯基认为:"只有促进自我教育的教育,才是真正的教育。"为了每位学生的发展,更好地激发学生的内驱力,我校力求把学生的自主发展与多元评价结合起来。评价方式以学生的自我评价为中心,同小组评价、教师评价和家长评价结合起来,及时反馈,关注学生的点滴进步,并通过一定的形式让学生知道,然后提出下一步的努力方向。

3. 用发展的眼光评价学生。用发展的眼光来看待每一位学生,不只是停留在学生目前的状况如何,更应通过现状给学生分析未来的发展方向,给予学生改变现状的建议和方法。同时把学生的发展划分为细小的单元,对于每一个单元的改变和进步,及时给予赏识与激励,它必然会带动其他单元的改变与进步。

4. 从个性化角度评价学生。我校各班级都建立了学生成长档案,把每一个学生在学习方面取得的每一点进步都记录在里面,学生可随时打开自己的成长档案袋,也可以打开别人的成长档案袋,他可以随时知道自己的进步,也可以知道其他同学的进步。成长档案袋里所收集的内容结合多元评价体系,不一而足,可以是一张优秀的试卷,一篇优秀的作文,一张获奖的证书、一张照片,还可以是最近的达到优秀的考试成绩……让每个学生都记录下自己成功的足迹。

综上所述,教育的成功与否在某种程度上取决于是否建立起了学生的学习自信、发展自信,因为自信是成功的必要条件。自信不能停留在想象上。要成为自信者,就要像自信者一样去行动,要让学生充满自信,教育者首先就要自信地行动起来,去培养学生的自信。学生在生活中自信地讲了话,自信地做了事,时时能够对自己的思想和行为做出认同、自省、肯定的评价,他的自信就能真正建立起来。面对社会环境,我们培养学生的每一个自信的表情、自信的手势、自信的言语都能使他们真正树立起自信。因此,培养学生的自信心,多元化地开启学生智能,既要有足够的理论依据,还要有丰富的实践手段,更为重要的是,我们不能只停留在理论研究上,要在教育实践中积极地行动起来。

二、阶梯引领——可以跳摘的苹果促进孩子自信发展

自信是一种心理状态、一种精神力量,通过对学生多元地施加教育影响,学生的这种状态与力量是发自内心的,但是它也需要外界来激发。自信对一个人来说不会无缘无故地拥有,这源于别人对他的欣赏,否则这种状态和力量就始终停留在精神和心理层面,而无法落实到学生的学习、生活实践中来,就达不到影响学生自主发展的效果。因此,要将巨大的自信力量转化为强大的学习、发展能力,就需要教育者采用科学丰富的手段,赏识、激励促进、引领学生不断地形成自己的发展能力。绵阳外国语学校十年教育实践中,主要吸纳著名教育专家、阶梯式学习法创始人程鸿勋教授的阶梯学习法,根据他《生命发展阶梯》的指导,结合我校具体情况,为每个学生搭建适合的成长阶梯来促进他们一步一步自信发展。

(一)"阶梯引领"与"多元启智"的关系

"阶梯引领"是建立在"阶梯学习法"理论基础上的一种教育手段。它的前提是强调尊重学生个体差异,强调教育应遵循相应的科学规律。其目的是促使每个孩子都在阶梯式提升中体验成功的快乐,进而充满自信地成长。

因为我是差生/教室有两扇门/前门和后门/我想从前门进/但/我不能/因为我是差生/班上有两种人/抬头的人和低头的人/我想抬头/但/我不能/因为我是差生/老师有两种感情/喜爱和冷落/我想得到喜爱/但/我不能/因为我是差生/我曾想改变/处于差生地位去改变/但/我得到的是冷眼/数落/因为我是差生/我知道/挣扎无用/无论你是否有另类功能/你都无法改变/因为我是差生。

这是一名"后进生"的内心独白,字里行间流露出的无助和挣扎,令为人师表者情何以堪?在当前教育大环境中,类似的心声并不鲜见,令人心酸;"后进生"或"学困生"因得不到快乐的成长而沉沦的例子比比皆是,触目惊心。毋庸回避,现行的教育模式对于他们来说存在很大一部分缺失:教育者缺乏对他们起码的关注,更不要奢望会针对他们的个性做具体研究与详细分析,给他们指明健康成长的道路了。漠视"后进生"其实就是听任他们搭乘教育的"顺风车",由此种下学也学不懂、越学越吃力、越学越没信心、最后放弃学习的恶果;与此同时,学优生也在等待中懈怠,在知识的获取中长期处于"吃不饱"的状态,失去了将学习能力转化为学习策略的契机和勇气。忽视学生个体差异的教育不是"诲人不倦",而是"毁人不倦"。长此下去,不思变革,作为教育工作者的我们怎么去承担为国家培育更多的人才,早日把我国建设成为人力资源强国的历史责任?这种现象的实质就是教育者未能从"多元启智"角度为"后进生""学困生"或者"学优生"搭建好他们各自相对应和适合的阶梯。

　　教育效果的达成,知识的获取本身就是一个循序渐进的过程,要遵循一定的科学规律,除了被动地汲取知识外,还需要主动思考、体会、感悟、实践,学习能力和效果都需要阶梯式的提升。现实的教育存在"急功近利"的一面,忽视学生的成长规律,片面强调"容量"和"时间";在素质教育大旗的掩饰下,应试教育大行其道,与科学的教育规律渐行渐远,甚至背道而驰。大容量的讲授,剥夺了学生思考、讨论、实践、应用的机会;长时间的学习又让学生疲于应付,无味的重复伤害了学生学习的积极性,直至学习兴趣完全丧失。目前,"厌学"已是教育界世界性的难题,厌学者纵是成长也是建立在以损害身心健康的基础上的,这样的"成长"有何意义?诚然,影响学生健康成长的因素是多方面的,学生、家庭、学校、社会都负有不可推卸的责任。但教育者未能以人为本,遵循科学的教育规律,给每个学生创设相应的成长阶梯,鼓励他们都能充满自信地成长,让其都能充分体验成长的快乐应是主因之一。

　　著名教育家魏书生鼓励语文考试只得8分的同学充满自信地主动学习,这对我们有很大的借鉴意义。一个只能考8分的同学在魏老师的鼓励下重新找回了自信,敢于面对失败,思考成功,就迈出了成长的第一步,这也是魏老师给他创设的第一级成长阶梯。接下来,通过魏老师的不断鼓励,他静下心来,找到了学习的乐趣,更重要的是体会到了成长的快乐。他先突破了汉字读音的2分;然后一步一个脚印,稳扎稳打,再突破文学常识的6分;从不写作文的他还在写作上得了20分。这样一次次地努力,一次次地涨分,直到后来能考及格了。由此可见,正是魏老师针对这位学生的具体情况,为他搭建了相对应的、适合的阶梯,使他在每一步的突破中获得了自信,从而将其被掩盖的强势智能给一步一步地开发了出来。

所以,我们的"阶梯引领"是建立在"多元启智"的基础上的,前者是方法论,后者是核心理论。在自信教育的实践中,我们针对学生各自不同的强势智能领域,根据学生的个性特色创设适合其自主发展的成长阶梯,使其有目标、重过程,一步一个脚印,稳扎稳打,充分体会成长的乐趣。当然,实施"阶梯引领"并不能转化所有的后进生,也不能让所有的学优生都更上一层楼,但在践行阶梯式成长的过程中,每位学生都会收获自己的沉淀,获取成长的快乐。因此,实施"阶梯引领",其核心就是在教育过程中坚持以人为本、尊重教育规律,因材施教、循序渐进,让每个孩子都充满自信地成长。

(二)"阶梯引领"如何促进自信发展

《纲要》在其战略主题中强调,教育要"坚持德育为先……坚持全面发展。全面加强和改进德育、智育、体育、美育"。但现实情况却是:家长只关心孩子上课听讲认不认真,作业有没有完成,考试考了多少分;老师关心的是学生获取知识有多少,有多少丢分是可以补救的,所教班级教学任务完成得好不好,质量高不高;教育行政部门关心的是升学率、名次。基于以上种种原因,教育长期只重视学生的智育,忽视对学生德育、体育、美育的培养已是不争的事实。造成的结果便是:学生有了困惑不会求助师长的指引,而是信任同样有困惑的同学,不求甚解;长期沉迷电视和网络,不愿与现实环境交流,缺乏关爱;没有正确的人生观、价值观和世界观,遇事容易走极端,缺失理性。为此,我校在教育实践中,首先将自信发展划分为"德育阶梯""学习阶梯""家教阶梯"三个类别,其次再从"初级阶梯""中级阶梯""高级阶梯"三个层次逐步引领学生在自己的强势智能领域中快乐成长,并以此来对其弱势智能不断地施加积极影响。在这个成长过程中,有摸得着的目标、有得心应手的方法、有看得见的效果、有中肯及时的评价、有向更高层级发展的鼓励,学生这一路下来是顺风顺水、春风得意,自主发展的信心日益增强。

在这里,我以"德育阶梯"为例来介绍我校"阶梯引领"促进学生自信发展的实施情况。

"德育阶梯"的初级目标是引领学生做一个有良好习惯、遵纪守法的公民。在现代生活中,每个人都同时扮演着多种社会角色。但是无论怎么变化,"公民"始终是人们最基本的、共同的社会角色。《公民道德建设实施纲要》指出,"学校是进行系统道德教育的重要阵地"。各级各类学校必须认真贯彻党的教育方针,全面推进素质教育,把教书与育人紧密结合起来。要科学规划不同年龄学生及各学习阶段道德教育的具体内容,坚持贯彻学生日常行为规范,加强校纪校风建设。要发挥教师为人师表的作用,把道德教育渗透到学校教育的各个环节。要组织学生参加适当的生产劳动和社会实践活动,帮助他们认识社会、了解国情,增强社会责任感。为此我们每学期都会开展公民道德教育、法治教育、体验教育和礼仪教育等主体活动,针对不同年龄阶段的学生,活动形式也不尽相同。有普法讲座和常规宣传活动,我们专门聘请学校所在区域的派出所所长担任我校的法制副校长,邀请他定期到学校来面向全体学生举办法制讲座,讲述鲜活的案例,回答学生关心的法律问题;定期邀请交警和消防救援人员来我校宣讲交通法规和消防安全知识,组织全校性的消防安全疏散演练;定期在学校宣传栏宣传法律法规知识,加强学生的法律意识;相继开展禁毒教育、防艾教育等主题活动,教育学生关爱生命,夯实学生作为守法公民的自觉要求;组织高年级学生深入社区开展志愿者活动,通过体验帮助学生认识社会、了解社会,增强社会责任感;加强礼仪教育,让学生争做知书明理的好公民。通过这一系列的活动,不同年龄阶段的学生都明确了做一名守法公民的重要性。

"德育阶梯"的中级目标是引领学生做一个有孝心、有爱心、有感恩之心、有爱国之心的人。学校通过持续开展亲情教育、感恩教育、爱国主义教育、心理辅导等活动,努力引导学生重视人文关怀。学校教育的最高目标就是教会学生"爱",让学生在充满关爱的环境中身心健康地成长,同时也能够对身边的人和事表达出足够的关爱与热情。为此我们建立了"心语轩"心理辅导站,由具备专业心理辅导资质的教师担任心理辅导员,负责学生的心理健康;在每年的"三八"国际妇女节、母亲节、教师节、重阳节等节日里,我们会利用主题班会这一平台引导学生感恩父母、尊敬师长、关心老人,还会安排学生用实际行动来表达自己对成长环境的感激,比如给父母写一封感恩信、打一个感谢电话、陪爷爷奶奶外出等;爱国不是空谈,是每一位公民内心的一种自觉,是感情与思想的高度统一,爱国主义观的根源在于学生能够孝敬父母、关心他人,传统文化一直重视"老吾老以及人之老,幼吾幼以及人之幼",真正的爱国主义教育是建立在引导学生学会关爱身边的人和事的基础上的,只有这样，爱国才具有丰富的内涵和广阔的外延。一个具有人文关怀的守法公民是思想道德教育的最高要求，也是建设和谐社会的必然要求。

"德育阶梯"的高级目标是引领学生做一个有修养、会审美、爱科学、勤动手、敢创新的人。学校持续开展礼仪教育、体验教育等活动，通过一年一度的艺术节、体育节、读书节、科技节等平台加强学生的修养，提升学生综合素质。每年的艺术节，学校都会鼓励全体学生广泛参与，同学们自编自演，充分展示自己的风采；体育节是对全体学生身体素质的一次检阅，在体育活动中，同学们懂得了集体协作，增进了友谊；科技节活动的开展调动了学生爱科学、学科学、用科学的热情，有助于科学精神的形成。一个拥有较高的综合素质、懂得人文关怀的守法公民就是建设人力资源强国必须的人才，这就是我们创设非智育阶梯，在基础教育阶段对学生进行阶梯引领的最高目标。当然，这个目标的达成同样需要一步步地来进行，尊重学生的个体差异，遵循科学的教育规律。只有这样，阶梯引领才有其特殊的价值。

在引领学生实现各级目标过程中，我们会为每位学生制订一个阶梯表，细分学生学习、生活习惯、创新能力、个性特色的各项指标，每周在教师、同学中进行一一互评，同时结合"家教阶梯"与家庭、社会互动。根据得"√"的数量分类对每个学生做出评价，并引导每个学生制订达到各级目标的时间表；对自控能力差、难以持之以恒的学生分派教师或同学进行个别性督导和帮助，及时公布其"√"数量增加的情况。当某位学生某个级别的目标完成时，将全校张榜公布，并及时通报给家长；低段学生发一朵小红花佩戴在身上，高段学生发一枚小勋章佩戴在身上，让他们在愉悦中成长、在自信中发展。

在"学习阶梯"和"家教阶梯"的引领中，与"德育阶梯"一样，我强烈感受到：学生的学习状态、生活状态、精神状态决定着他的学习成绩和发展能力，决定着他的生活质量。让每一个学生找准自己的准确定位，找到自己的自信源，为他们搭建好适合的成才阶梯，那么他们就会像爬楼梯一样一级一级地发展。

三、自主发展——尊重生命个体彰显孩子个性

多元启智、阶梯引领是为了达到学生自信、自立、自强、自主发展的目标，这是教育的终极使命，也是教育的重要功能。绵阳外国语学校在多元启智、阶梯引领实践中，始终围绕培养学生自主学习能力、终身学习能力、自主规划人生、自主发展能

力这一中心进行,使我们的教育实践有理论指导、有手段支撑、有目标效能,从而呈现方向明、措施实、效果好的态势。

什么是"自主",在《辞海》中解释为"自己作主,不受他人支配"。心理学中"自主"就是遇事有主见,能对自己的行为负责。自主发展,泛指学生依靠自己的努力,自觉、主动、积极地获取有利于自身发展的信息,从而形成能力,促进自身再提高。具有这种能力的学生突出表现为:具有强烈的求知欲,善于运用科学的学习方法,合理安排自己的学习活动。善于积极思考,敢于质疑问难,在学习过程中表现出强烈的探索和进取的精神。《基础教育课程改革纲要(试行)》鲜明地提出"以提高国民素质为宗旨""突出培养学生的创新精神和实践能力"。以学生发展为中心,重视学生主体地位,是新课程改革的核心问题。培养学生自主发展的能力是素质教育的要求,也是人的全面发展和适应21世纪生活的需要。

自主发展也就是自信力量的转化,更是自信心通过"阶梯引领"多元沉淀的终极释放。

(一)自主发展的特性

学习的"自主性"具体表现为"自立""自为""自律"三个特性,这三个特性构成了"自主发展"的三大支柱及所显示出的基本特征。其中,自立性是自主发展的基础,自为性是自主发展的实质,自律性则是自主发展的保证。这三个特性都说明了同一个思想:学习主体是学习的主人,学习归根结底是由学习主体自己主导和完成的。承认并肯定这一思想,对于改革矫正曾有的诸多不合理的教育教学手段、模式,从而探索创立崭新的教育教学手段、模式,无疑具有特别重要的现实功能和意义。联合国教科文组织国际教育发展委员会编著的《学会生存》中明确指出:"未来的学校必须把教育的对象变成自己教育自己的主体,受教育的人必须成为教育自己的人,别人的教育必须成为这个人自己的教育。"在世界范围内,自主教育已经成为现代教育发展的趋势,因此,教育活动需要高度地关注学生的主体地位,素质教育构建的模式必须充分体现学生主体性、和谐性的原则。

(二)自主发展实施途径与成效

1. 创设环境,构建学生自主管理体系

让学生自主管理,积极搭建学生自主管理舞台,充分发挥他们的自主性和创造性,能促进学生的主动发展、全面发展和个性发展。

一是完善学生自我管理网络,让学生做学校的主人。成立学生自主管理组织,构建以少先队、学生会全面负责,班主任队伍为主导,全体学生为主体,学生之间互相监督、互相激励的学生自我教育管理网络。在班级管理中,实行校警队检查制、班干部竞选制、轮值班长制、学生文明行为自评互评制、小电教员负责制。在课堂活动中,形成组长、小组长、组员的课堂学习自我管理网络,有分工、有合作地参与讨论、操作、研究、学习。由政教处牵头,对以班级为参赛单位开展日评、周评、月评,提高班集体凝聚力,实现自我管理、自我教育。在学生的自主管理基础上,日常的校园卫生、课间秩序、寝室就寝、食堂就餐、校园广播宣传橱窗等全由学生值周班级分班轮流管理,让学生真正成为学校的主人。在我校,每日的晨练、课间熄灯、卫生保洁,都由学生负责;近千名学生在食堂用餐,秩序井然,取餐窗口前的一米线,没有人会随便超越;食堂中"节约粮食"行动小组倡议大家爱惜粮食从我做起;寝室中"文明寝室"旌旗处处飘扬,生活用品叠放得整齐划一,室内干净整洁得让家长赞口不绝;校园内"文明岗"学生教你讲卫生;甚至连教师的办公室卫生也全由学生检查,教师的停车秩序全由学生管理,学生们在参与学校管理的过程中,在观察、对比、体验中培养了自我管理的意识和辨别是非的能力,也提升了责任感。

二是尊重学生差异,促进学生自主发展。学生之间是存在发展差异的,在构建让学生自主发展的教育体系时,首先面对的就是如何处理好面向全体与尊重差异的关系。我校努力构建一种"面向全体学生,坚持全面发展,承认个体差异,充分发挥学生的能动性"的育人机制,创设条件让学生获得最佳的发展。当前,我校设有科技工作室、舞蹈训练室、射击馆、家政室、校园电视台、网球队、足球队、篮球队等,培育出了大批品学兼优、合格加特长的优秀学生。邓钧池获得 2009 年第 33 届意大利卡斯特费达多国际手风琴比赛第一名被中央音乐学院附中录取;胥力引获得 2010 年四川省中学生网球赛女子乙组单打冠军,由香港慈善机构赞助 41 万留学世界最好的网球学校美国尼克学校;2012 年 3 月唐晨阳入选国家射击队一线队员;李艺雪 2011 年考入美国南加州大学。学校高三每年 10% 学生出国留学,10% 学生考艺术专业。绵外八届高考,年年保持 50% 的重点大学上线率,最高重点大学上线率达 76%,保持绵阳市目前重点大学上线率的最高纪录。迄今为止,绵外已有 2 000 多人次获全国英语、数学、物理、化学、生物、科技竞赛一、二等奖。

三是开展健康多元的校园文化活动，引导学生主动参与。学校积极构建了以"校园节日"为支柱的校园文化活动体系，营造一种高雅、丰富的校园文化氛围。学校每年有3月的"读书节"、4月的"科技节"、5月的"成人节"、6月的"英语节"、9月的"感恩节"、10月的"体育文化节"、11月的"校园艺术节"、12月的"国际文化节"等。每个节日都有鲜明的主题，并做到全校动员、全员参与，注重学生的体验，注重活动的特色。丰富多彩的校园活动，顺应学生个性发展需要，让他们在主动的参与中充分享受学习的乐趣，让他们走出课堂，增强综合实践能力。校园文化艺术节是学生才艺展示的大舞台。迄今，我校《王二小》《哭泣的仙鹤》《蹄儿的节拍》《虎年玩虎》等节目曾上榜中央电视台播出；学校多次荣获国家、省市创新大赛和"三模"比赛最高奖项。

2. 挖掘资源，构建以培养自主能力为目标的自主性课程体系

一是让学生走进个性化学习，锻炼自主学习能力。在教学实践中，我校使用"教学案"，合理分配学生课堂学习时间，腾出大量时间进行学生个性化的自主学习设计。学生有了自主支配的学习时间，还可以对自己的作业进行自我鉴定、相互评价。倡导个性化学习，学生可以做到"四自"：即自读，通过各种自学方式，读通教材，读懂教材；自探，让学生自己探索问题，学生相互探讨问题；自练，在教师的指导下，学生自己练习，锻炼能力；自结，通过学习，学生自我进行总结评价，形成新的认识。在课堂教学中体现"四允许"，允许学生以各种不同的方式去学；允许学生在学习中出现错误；允许学生质疑问难；允许学生在课堂上充分表达自己的见解。教学预案体现"五化"，即教学目标层次化、教学氛围民主化、教学方式多样化、教学过程活动化、教学手段多媒化。

二是开设综合实践活动课程，让学生有选择地发展。我校开设的选修课和综合实践活动课程，较少强调学习知识的功能和方法，关注激发学生参与的兴趣，特别注重培养实践能力的方法和途径，让学生在综合实践活动过程中有选择、有判断、有运用，从而有所发现，有所创造，使学生在选择过程中逐步朝着最佳方向发展。目前，我校已建立校园电视台、百家讲坛、鹿鸣文学社、小记者团、动漫时代、环保小分队、广告创意社、服装设计社等优秀社团组织。学生社团是学生工作的重要的"抓手"，是学校联系学生的桥梁和纽带，是学生自主发展的重要载体。

三是开发"科技绵阳"校本课程，探索学生自主教育体系。从地方资源和我校现有资源出发，根据学生的年龄特点和学生的自身实际，开发"科技绵阳"校本课

程,自编教材读本,每周在小学、初中开设一节校本课程研习课,拓宽学生学习渠道,培养学生科学、人文精神,促进师生创新探究能力的提升。

3. 探索重视学生自主教育的师资队伍建设体系

一是加强培训,让教师做自主教育的先行者。通过组织专题学习讨论、开辟专题讲座、参观学习交流等活动形式,让全校教师充分认识到自主教育是促进学生全面发展和健康成长的主要载体,是素质教育的主渠道,以理论来指导实践。迄今,学校先后邀请了程鸿勋、刘京海、陈忠联、王文湛等教育专家到学校讲学,学校从制度上规定学科教师每学期至少一次到课改实验区学校听课学习,规定教师每学期撰写教育论文一篇。

二是改革课程,让教师做课堂教学的改革家。课程开发是学生自主学习的核心内容,教师和学生都应当成为课程开发的主体,教师不再惯性式地根据自己的设计思路进行教学。教师是学生学习的合作者、引导者和参与者。教学过程是师生交往、共同发展的互动过程。因此,教师对教材进行再开发,利用身边的资源进行课程的生成性开发,紧密贴近学生和他人的生活实际,通过有意引导、主动交往、平等对话,形成师生共同开发课程、丰富课程的过程,使课程变成一种动态的发展的创造过程,也就是"放大课程开发的每个环节,缩小课程实践的直接距离"。以研究课为载体,改革课堂教学模式,突出学生的主体地位。每学期确定相应的研究主题,如"同课异构""学生的自主学习习惯与课堂教学"等,运用"自主学习策略""平等互动策略""设疑促思策略""参与探究策略""评价激励策略"等,引导学生学会学习,学会反思。

4. 实施多元评价,推动学生自主发展

一是坚持学生的每日评价,促进学生养成自我教育的良好习惯。学校自编《绵阳外国语学校学生自评手册》,让学生坚持每日进行一次自评。学生在每天评价前都要对自己一天的生活、学习和活动的参与作一次反思,分辨哪些事情是好的,哪些事情是坏的,自己的表现哪些是可取的、成功的,哪些应吸取教训或值得去总结。把各方面的表现结合所见所闻的感受,用简短的语句表达出来,并进行综合的自我评价。这样使学生在每日评价中有所感悟,触动灵魂,这本身就是一种自我教育过程,促进良好的自我教育习惯的养成。

二是充分利用德育目标评价的教育平台,促进学生养成良好的行为习惯。学校开展德育目标评价实验过程中,每周家长对子女一周的学习、生活、表现作一次评价,并及时将孩子在家的表现及意见反馈给班主任,得到互相配合进行教育,让学生在家庭教育以及家长的关爱、评价中健康成长。每双周班会课组评,学生通过集体环境教育,在小组评议中,合作互动,明辨是非,展现自我,聆听他人对自己的评价,正确对待自己的过错,在评价中纠正不良行为,在评价中享受别人对自己良好行为表现的赞赏。一学期进行一次综合评价(包括自评、家长评、师评),在评价中让学生先写出一个学期的收获和存在的不足,有什么心里话要对老师和同学讲,然后老师对其全面评定和教育,家长的话再次与子女心灵沟通,使学生在每一个成长的阶段得到启迪,得到帮助。

三是在德育目标评价下,学生的自主管理得到充分展现。 在德育目标评价下,我校学生的自主管理意识得到明显提高。学生的卫生习惯得到彻底改变,乱丢纸屑垃圾现象少了,买零食少了,爱穿整洁衣服,勤洗手、勤梳理、勤打扫的多了。学生文明礼貌蔚然成风,学生互相问好,互相礼让,和睦相处,见到老师行礼问好,随处可见。在德育目标评价氛围下,学生的学习兴趣、自信心、成功感增强了,课堂沉闷的现象克服了,学生主动参与学习活动,主动举手发言,主动提问,主动回答问题。作业完成率大大提高了,形成了良好的学风,促进了学生的自主发展。

《第三次浪潮》一书的作者托夫勒有一句耐人寻味的话:"未来的文盲不再是不识字的人而是没有学会学习的人。"社会发展到今天,现代教育相对传统教育显现出教育的出发点、教育的起点、教育形式等明显的不同,教育经历了从灌输知识为主转变为突出开发人的智力为主的过程,教育的形式也从讲授主宰课堂代之以学生为主、自觉为主、读书为主、训练为主,注重挖掘学生学习能力为主。只有这样的教育才会更加适应社会发展对人才的需求,才会增强学生学习、培养自身学习能力的信心,才会增强我们培养创新型人才和自主型人才的信心。

普天之下的教师和家长都希望每一个孩子能拥有幸福的未来。孩子今天在学校读书,就是为未来拥有幸福的人生打基础。我们都要时刻铭记:"自信"对一个人的发展十分重要,它是心理品质的重要部分,是人格的核心,是做人的重要基础。只有自信的人才会有自主发展的空间与能力,才会百折不挠地去迎接人生的各种挑战,克服困难,去争取成功,才会有幸福的人生。绵阳外国语学校是一所办学历史只有十年的年轻学校,在无文化积淀的前提下,我们尝试着创新性地以自信教育去探索进一步开发学生潜能的手段与方法,去寻找开启学生智慧的钥匙,目前看来取得了一些成效。但是国家的教育改革之路尚远,还需要我们继续不断地努力,去探索更加有利于学生自主发展的途径与方法。有着 7 000 余名充满自信的师生的绵阳外国语学校,一定会满怀信心继续探索与实践自信教育,为我国教育改革,为培养更多的自主型和创新型人才做出贡献。

自信的力量

教育部中学校长培训中心/吴志宏

教育让学生充满自信。听了这个主题报告,又听了校友代表、家长代表和学生代表的发言,我深受感动。确实,唐校长以及外国语学校对学生充满了关爱,充满了关心。教育怎样让孩子充满自信心?我的点评将围绕自信心谈一点自己的想法。

《国家中长期教育改革和发展规划纲要(2010—2020年)》中有这么一段话:"关心每个学生,促进每个学生主动、生动、活泼地发展,尊重教育规律和学生生命发展规律,为每个学生提供适合的教育。"我特别关注和感兴趣的是最后一句话,"为每个学生提供适合的教育"。我在有些学校曾看到另外一个类似的命题:学校要提供一种适合每一个学生的教育。这两个命题中"适合"的位置不一样,我觉得,《纲要》里提得更科学——为每个学生提供适合的教育。因为提供一种适合每一个学生的教育意味着有一种教育能够适合每一个学生,而我们知道这样的教育是不存在的,因为每一个学生的基础不一样。那么,这里讲为每个学生提供适合的教育,言下之意实际上就是我们的教育应该是不一样的,会因为每一个学生而不一样。那么我就在想,什么是适合的教育?当然,有很多很多标准可以用来辨别这是适合或者不适合的教育,但我觉得,即便标准再多,至少有一个标准是我们必须用来衡量的,那就是这所学校在传授知识的同时,有没有培养起学生的自信心,有没有使学生相信自己,相信自己将来能发展能成功。如果有,即使这所学校升学率不那么高,我也觉得这所学校给学生所提供的教育是比较适合的;反过来,即使这所学校升学率再高,但每个从这所学校里出来的学生是那么不自信,那么自卑,那么一天到晚为分数忧愁,我会说这样的教育也许不太适合。因此,从命题上看,我想到了这么三个问题。我们今天的教育给了孩子自信心没有?为什么我们要把自信心的培养看得那么重要？教育中怎样才能培养孩子的自信心？

首先第一个问题，我觉得如果要问我们的教育有没有给孩子自信心，我的一个基本评价是：不能说没有，但是远远不够。这其实不是一个理论问题，不是一个思辨问题，它是一个实践中应该正视的问题。我想举几个小例子，来说明我们的教育给学生的自信心远远不够。这是两天前《解放日报》上的一个报道：一所学校一年级的一道语文阅读题，素材中有一个"孔融让梨"的故事，题目中有这么一道题，如果你是孔融，你会怎么做？学生回答"我不会让梨"，结果被老师打了一个大大的叉。这张试卷被孩子的父亲拍成照片发到微博上，引发网友的热议。这位父亲就在家里问儿子，说你为什么这样回答？儿子说，我想这种事情不可能发生，因为孔融只有四岁，他哪会去让梨？我们现在想一想，这是孩子他自己的思考，而老师是不允许他有思考的。因为标准答案是要让梨的。那老师至少应该问一下，孩子为什么会这样回答。然而也没有。难得有一次独立思考的机会就被老师一个粗暴的叉给扼杀了。如果每一次都遇到这样的老师，施行这样的教育，孩子的自信心怎样去培养？再举一个小例子，也是最近在报纸上看到的。有个孩子读小学两年级，语文考试考得一头雾水。有一道题，天空是_____？这是一道填空题。孩子回答，灰灰的。结果老师批错，扣了两分。老师说答案应该填蓝蓝的。孩子感觉，现在天不蓝嘛，全国大部分城市的天空都是灰灰的，那么天空是灰灰的没错。然而不行，因为标准答案是蓝蓝的。类似这样的事情太多太多了，那么在这样一种教育环境下，我们到底能不能培养学生的自信心？我们给孩子自信心了没有？再举一个小例子，这也是《解放日报》报道的，很有意思。上个月复旦大学自主招生面试，一位女生抽到这样一道题，《西游记》里玉皇大帝和如来佛谁大？这个女孩答不上来，有点委屈，说堂堂大学教授怎么会出这样无厘头的问题。后来，记者采访了教授，问你们怎么想到了这样的题目。教授说，这道题就是要看学生的信心和独立思考能力，其实这道题学生完全可以从多种角度进行回答。比如说从逻辑角度回答，玉皇大帝是道教，如来佛是佛教，没有可比性。也可以当场向教授提出质疑，这个问题不成立。不是所有问题都有标准答案，例如这个问题就没有标准答案。可惜没有一个学生提出异议，因为这需要质疑权威的勇气。再举一个例子，更有意思。北京的一位特级教师张思敏做了一个测试。她找来一批学生，有小学生，有初中生，有高中生，给他们两个圆圈，两个三角，两条线段，要求他们组成各种各样的图案，随便怎么组。老师还做了一个示例，画了一个猫脸，这个猫脸上面刚好有两个圆圈，两个三角,两条线段,然后让学生按照自己的想象组合图案。大家猜一猜结果如何。第一行的答案,是高中生做的。因为高中生非常清楚考点在哪里,只要把所给的要素用上就行了,要在最短的时间做更多的题,得更多的分,他们的指向非常明确。所以高中生做的,全是圆脸。第二行是初中生做的。他们组成了这些图案,"猫对老鼠的态度""猫头鹰的忏悔""流泪的眼""唐老鸭",比高中生想象力丰富多了。再看看小学生的答案,我们真是佩服,小学生想象力比初中生和高中生都要丰富,他们组成了"决斗""亲爱的,靠近点""母与子""独钓寒江雪",下面是"坏了的自行车""邻居对什么的警告""金鱼""猫的背影""飞鸟""跳绳"……你看小学生想的"领班",两个眼镜框,一个小领带,非常形象。当时我们正在听专家做这个报告,我想,我们的教育到底怎么了?为什么随着教育的加深,孩子们的想象力反而在减弱呢?想象力的背后是什么,是自信心,没有自信心不会有很好的想象力。

我们的学生每天在学校里感受着两种体验。一种是"使人疲惫,使人压抑,使人自卑,使人受挫",这个可能要占到百分之七八十;还有一种是"使人快乐,使人开朗,使人自信,使人成功"。两种教育体验给学生带来的影响到底哪种更多一些,我们可能不得不承认,前面一种可能更多一些,后面一种不是没有,但是远没有前面一种来得耀眼,来得明亮,来得彰显,我们的学生确实非常的压抑,非常的自卑。因此我很赞成唐校长提出的这个命题,教育要让孩子充满自信。这是唐校长刚才讲的两段话,我在这也特别引用一下。我觉得现代教育确实要培养孩子的自信心,因为将来要依靠他们去改造社会,去引领社会的发展,而自信心是动力,是基石,是影响未来人生关键的教育因素。

第二个问题,在教育中,我们为什么要把自信心的培养看得这么重要,我觉得一方面自信心是一个人积极的心理品质,没有自信心将来很难发展,它是未来健康发展的动力基础,除了这个以外可能还有更为重要的原因,就是只有每一个个体自信心的增强才有集体自信心,有了集体的自信心才有国家和民族的自信心,我们千万不能把自信心看作孩子个人的事情,它涉及国家的发展和民族的命运。为什么这样讲,现在只要出国,就可以看到全世界都是中国制造的产品,但少有中国创造。所以外国对我们中国有一个评价,就是说中国人善于模仿,善于制造,就是不善于创新。那么创新人才从哪里来,应该从童年开始培养。我想到钱学森之问。钱老对温总理说,现在中国没有完全发展起来的一个很重要的原因是中国没有一所大学能够按照培养科学技术发明创造人才的模式去办学,没有自己创新的东西,老是冒不出杰出的人才。这个钱学森之问真是使我们教育界感到痛心,我们为什么培养不出创新型人才。我们讲创新,创新的前提是什么,创新的前提是敢于怀疑,敢于质疑,敢于批判。没有这样的精神不可能有创新,如果一个人连自信心也没有,他怎么敢于怀疑,敢于质疑,敢于批判。著名的社会学家费孝通甚至把这个看作文化的一种差异。他说西方的文化善于"养己",东方的文化善于"克己",所以我们的孩子,很多从小就被要求要听话,要守规矩,要"克己"。在这么多要求的压力之下,我们的自信心在很多情况下就被丧失殆尽。我想,在今天,在经济全球化的时代,我们要"克己",遵守必要的社会礼仪规范,但是,在"克己"的同时,我们也要鼓励学生"养己"。要给他们一些自信心,要让他们觉得我能行,我能发展,我虽然进不了清华北大,但我也能为国家发展做出贡献,为我自己的人生去努力。因此,在教育中培养自己是如此重要,它不仅是个人的问题,也是国家、社会、未来和民族的问题。

第三个问题,如何培养自信心。我想今天唐校长的这个介绍已经说得很清楚了。绵阳外国语学校在这十几年来做了很多有意义的探索,也取得了很多有意义的经验。我把它的内容概括为如下几点:培养主人意识,倡导自主学习;注重个别差异,提升发展潜力;改革评价方法,采用多元评价;完善课程体系,适应多层次需要;改革教学方法,构建多元化课堂。我甚至认为,培养学生自信心,多元课程多元方法等等,是衡量一个教育是好的教育、适合的教育还是糟糕的教育的一个标准。什么是适合的教育?什么是好的教育?绵阳外国语学校实践充分说明,适合的教育就是让学生各得其所、各展其长的教育;适合的教育就是让姚明成为姚明,让郭晶晶成为郭晶晶的教育;不好的教育、糟糕的教育就是让姚明去跳水,让郭晶晶去打篮球。那么绵阳外国语学校确实在让学生各得其所、各展其长方面做了很多很多的努力,也取得了一些成功。有手风琴获得意大利比赛第一名的学生,也有成绩非常好,进入北大的学生,各方面的人才都有。适合的教育就是要给学生以选择权,要满足不同学生的不同需要,要使每个学生都取得成功。就如多元智能理论创始人加德纳所说,每个人都有自己的优势智慧,增强学生的自信,让学生的优质智慧得到发展,这是衡量学校教育成功的基本条件之一。这里我还想说的一句话就是"失败是成功之母",我觉得这句话我们还要从另外一个角度去思考。这句话用在科学实验上是正确的,多次失败最后走向成功,但是用在教育上可能还不太准确。孩子毕竟还小,对于学生而言,相较于失败,成功才能让他们更自信。因为成功能提高他们的自信心,激励他们去追求更多的成功。所以我们教育成功的一个很重要的条件，就是最好让学生从成功走向成功。当然，失败一两次没有问题，但是如果我们的教育一再让学生受挫，感受强烈的失败感、自卑感，认为自己不行，那么很难培养出成功所需要的自信心。在实践中培养学生的自信心，教师需要尊重和激励。自信心的培养需要尊重和激励。尊重是培养学生自信心的前提，一个受到别人尊重的人，才会对自己充满信心。有感于刚才几位校友们的介绍，包括第一位校友的介绍，包括家长的介绍，满怀对绵阳外国语学校的热爱。因为他们的孩子，因为他们自己在学校学习期间受到了激励，受到了尊重。学校为他们的发展创造了一个非常好的前提条件。所以我觉得培养学生的自信心，应该像绵阳外国语学校那样，倡导一种能给孩子自信心的教育。给一点空间，让他们自己去选择；给一点时间，让他们自己去想象；给一点问题，让他们自己去争论；给一点平台，让他们自己去锻炼；给一点机会，让他们自己去发展。如果我们在设计课程时，在课堂教学中都按照这种想法，我们的老师在备课的时候都能按照这些去构建课堂的话，那么我们的自信心就能充分得到发展。

最后是我们期望的教育。我们渴望这样一种教育，这种教育能使每个孩子阳光灿烂，他们快乐地学习、自信地成长、多元地发展。我们预祝绵阳外国语学校能够在培养学生自信心，促进学生健康成长，还有夏校长所说的在为孩子的终身幸福奠基方面走得更远，走得更超前，走得更成功。

吴志宏，华东师范大学教授，博士生导师。主要研究方向教育行政学、学校管理学、教育法学、教育政策等。毕业于华东师范大学教育系，曾在加拿大维多利亚大学、美国密西根州立大学从事访问研究。主要研究著作《教育行政学》、《教育政策与教育法规》、《新编教育管理学》(主编)、《教育管理学》(主编)、《中小学管理比较》(主编)等。另有《两种教育行政体制及其比较》《探讨新世纪教育管理学研究走向》《关注教育政策出台过程的研究》等多篇研究论文发表。

让乡村孩子热爱学习

江苏省东庐中学　陈康金

陈康金，江苏省东庐中学原校长，"讲学稿"创始人，现任华东师范大学芜湖华师实验学校校长。十几年来，"导学稿""研学稿""教学案""学案""助学案""学练卷""学历案"等这些影响各地教育教学改革的教学法，或多或少受到过东庐中学"讲学稿"教学法的影响。曾获全国优秀教育工作者、南京市名校长、"陶行知奖"获得者、南京市基础教育专家等荣誉。担任中国教育学会初中教育专业委员会副理事长、中国陶行知研究会教学法（讲学稿）研究专业委员会理事长、中央教育科学研究院国内访问学者、教育部中学校长培训中心兼职教授，南京师范大学课程与教学研究院、数字化教育评价研究中心兼职研究员，教育部中小学名校长实践导师、华东师范大学"影子校长"培训计划项目导师、江苏省干训师训特聘专家、江苏省中小学教师培训学会校长与学校发展专委会理事长。先后主持了国家、省规划、重点课题 16 项；50 多篇文章在核心期刊和省级以上刊物上发表；参与了《高师院校本科教材：数学教学论》的编写，组织编著了《文汇教育书系：东庐讲学稿》等专著。

有一个重要事实人们无法回避:在基础教育学段里,有三分之二的学生在乡村,在偏远或欠发达地区。人们在困惑,在求解:"乡村教育"的价值追求是什么?"乡村教育"路在何方?

自 1999 年以来,我和同事们立足乡村,转变观念,坚定不移地推行并不断完善以"讲学稿"为载体的"以人为本、教学合一"的教育教学改革,学校坚持以素质教育思想统领管理,追求全面、全员、全程的质量管理,着力培养爱生活、会学习、不缩水、营养全、有潜力的"庐中学生"。实现了"六无":一是学生无辍学;二是优质生源无外流现象;三是无快慢班之分;四是无不开课程;五是无加班加点,不赶进度,不补课;六是不买教辅书,不用练习册。而在这"六无(不)"状态下,学校探索出了一条教育观念新、教学方法活、学生负担轻、教学质量高的教改新路,形成了以"讲学稿"为载体的教育教学方式,构建了以校本教研为中心,教学、教研、培训三位一体体系,减少了教师的无效劳动,减轻了学生因过重的课业而带来的身心负担,校园生活回归了常态,学校成为教师发展的沃土,学生成长的乐园。在短短的几年时间里,我的母校东庐中学由一所原来硬件差、师资差、生源差、质量差的"四差"学校一跃而成为一所方向正、质量高、特色明、在全国有良好影响的农村初中。

第一部分 乡村孩子辍学的背后

一、使命:不让一个乡村孩子失学

失学指的是:失去上学机会或中途辍学。农村初中学生失学是世界各国特别是欠发达或发展中国家初、中等教育所面临的一个非常棘手的难题。目前,在我国失学现象仍很严重。因此,我们从社会、学校以及文化等多角度全面地揭示学生失学之现状,剖析其辍学之症结,探寻解决之策略,无论在理论上还是在实践上都具有重要的意义。

(一) 不让孩子失学是国家战略和法律赋予的责任

1986 年,我国颁布并实施《中华人民共和国义务教育法》,其中第五条规定:"凡年满六周岁的儿童,不分性别、民族、种族,应当入学接受规定年限的义务教育。

条件不具备的地区,可以推迟到七周岁入学。"并在第四条中指出:"国家、社会、学校和家庭依法保障适龄儿童、少年接受义务教育的权利。"

2006年6月29日第十届全国人民代表大会常务委员会第二十二次会议修订的《中华人民共和国义务教育法》中进一步规定:"第四条　凡具有中华人民共和国国籍的适龄儿童、少年,不分性别、民族、种族、家庭财产状况、宗教信仰等,依法享有平等接受义务教育的权利,并履行接受义务教育的义务。"更明确指出:"第五条　各级人民政府及其有关部门应当履行本法规定的各项职责,保障适龄儿童、少年接受义务教育的权利。适龄儿童、少年的父母或者其他法定监护人应当依法保证其按时入学接受并完成义务教育。依法实施义务教育的学校应当按照规定标准完成教育教学任务,保证教育教学质量。社会组织和个人应当为适龄儿童、少年接受义务教育创造良好的环境。第六条　国务院和县级以上地方人民政府应当合理配置教育资源,促进义务教育均衡发展,改善薄弱学校的办学条件,并采取措施,保障农村地区、民族地区实施义务教育,保障家庭经济困难的和残疾的适龄儿童、少年接受义务教育。国家组织和鼓励经济发达地区支援经济欠发达地区实施义务教育。"

无论是1986年颁布的,还是2006年修订的《义务教育法》,都明确指出:"实行义务教育,必须面向全体学生。"根据《义务教育法》,国家对普及九年义务教育提出了要求:义务教育阶段学生辍学率不能高于国家控制的3%的标准。因此,杜绝流生,是每个教育工作者义不容辞的责任。

(二) 不让孩子失学是社会发展的要求

教育公平是社会公平的重要内容,在某种意义上可以说,教育公平是实现社会公平的重要保障。目前,实现教育公平已经成为世界性教育发展的主题,推进教育公平始终是我国的教育基本政策。

1954年我国颁布的第一部宪法明确规定:"中华人民共和国公民有受教育的权利。"其后的半个多世纪中,我国宪法虽经过了1975年、1978年、1982年的修订及1988年、1993年、1999年的修正,但公民享有受教育权利这条规定始终没有变化。同样,无论是1986年颁布的,还是2006年修订的《义务教育法》始终明确指出:"义务教育是国家统一实施的所有适龄儿童、少年必须接受的教育。"这些都是为了确保"起点"教育公平。

《国家中长期教育改革和发展规划纲要（2010—2020年）》（以下简称《纲要》）的实施和我国政府正在着力推进的义务教育均衡发展政策，是在确保"起点"教育公平的同时，推进"过程"教育公平，最终实现"结果"教育公平。

2006年修订的《义务教育法》中有要求："采取措施防止适龄儿童、少年辍学"，规定："县级人民政府教育行政部门或者乡镇人民政府未采取措施组织适龄儿童、少年入学或者防止辍学的，依照前款规定追究法律责任。"《纲要》中要求："努力办好每一所学校，教好每一个学生，不让一个学生因家庭经济困难而失学。""采取必要措施，确保适龄儿童、少年不因家庭经济困难、就学困难、学习困难等原因而失学，努力消除辍学现象。"为什么要作这些要求与规定？因为，如果不能保证入学率，提高巩固率，就没有教育起点的公平，更没有教育过程的公平和教育结果的公平。因此，不让孩子失学是教育公平的必然要求。

（三）不让孩子失学是农村家长的诉求

我国农村教育源远流长，历来就有"耕读传家"这样的传统。中华文明起源于农耕社会，中华文化的根脉在农村，教育是传承文化的主要途径。中国农村的每一个家庭都懂得，物质上的贫穷只是暂时的，只要孩子有文化、有知识就能改变人生和命运，生活就会有奔头。

网络上有一篇流传甚广的文章《我奋斗了18年才和你坐在一起喝咖啡》，文章生动地描述了一个农民子弟通过怎样的艰苦努力才和城市白领坐在"星巴克"一起喝咖啡的经历。农家子弟求学路上这些让人举步维艰的障碍，是许多学生和家长"知难而退"的原因。孩子们的教育梦可能因此而断送！

事实上，对农家子弟来讲，能否和白领阶层一起喝咖啡并不重要，重要的是使每个人都有成功的希望和公平的机会。让每个乡村孩子有学上而且上好学是父老乡亲的期盼。为此，我们要坚守教育的使命与责任，决不能放弃任何一个孩子，要为每一个学生的成长负责。

二、挑战：居高不下的辍学现象

关于辍学，联合国教育科学与文化组织的定义是："任何一阶段的学生，在其未修完该阶段课程之前，因故提早离开学校者。"

(一)辍学率居高不下

我国的基础教育中,辍学问题一直是一个比较严重的问题。据统计,1950年到1988年期间,全国共失学中小学生38 080.3万人,约占该时期全国人口的1/3,平均每年失学976.42万人,失学率达32.23%。

1986年,我国颁布并实行《中华人民共和国义务教育法》,我国普及九年义务教育取得了很大成绩,其成果是显著的。"从1980年到1996年,小学学龄儿童入学率从93%上升到98.6%,小学毕业生升学率从75.9%升至92.6%,1996年,全国已有92%以上人口的地区普及了小学教育,在全国2400多个县(市、区)中,已有1 482个县(市、区)和行政区划单位普及了九年义务教育,九年义务教育的人口覆盖率达到了52.5%,初中阶段入学率也从90年代初期不到70%提高到82.40%。"

《义务教育法》颁布以后,其成果是可人的,但同时我们也应看到,失学状况仍很严重,尤其农村初中学生的大量辍学正在严重困扰着农村教育的发展。自1996年以来,农村初中学生失学情况持续回升,并有愈演愈烈的趋势,个别地区的失学率已经高达20%以上。农村初中学生的大量失学不仅阻碍了"普九"工作的进程,加大了"双基"工作的难度,也直接影响了农村地区的发展,甚至贻误了整个国家的发展。

(二)辍学大军成为社会不安定的重要因素

辍学率居高不下,这么多失学学生到哪里去了?

(1)今日辍学生,明日少年犯。

孩子辍学后很容易"冲动"犯罪。 据2012年2月13日《扬子晚报》报道,因为自己的工作性质,省人大代表、徐州市贾汪区人民法院少年庭庭长岳敏说:"这次两会我把精力集中到了辍学青少年身上,建议对没有学业、没有工作、没有人监管的三无青少年进行登记造册监管,预防他们违法犯罪。"这是因为"这些年,我接触了大量的辍学学生犯罪案件"。岳敏对这些案件进行梳理后发现,这类案件的少年犯多数对学习不感兴趣,主动放弃学业,怕苦怕累,虚荣心极强,常常聚集于游戏厅、台球室、网吧等娱乐场所。岳敏说,学生辍学后失去了学校的监管,家长忙于生计或者外出打工,无暇对孩子进行监管,他们年龄小,法治意识淡薄,不能工作,没有收入,就开始偷窃。"得了赃款大家一起吃喝上网等挥霍。"除了偷窃,打架斗殴也很多,岳敏在调查中了解到,很多辍学的小团伙通过 QQ 联系,"一旦一个人在网吧发生纠纷,QQ 上一说,一呼百应,有些孩子碍于情面或出于哥们义气参与了打架斗殴,构成了犯罪"。

(2) 今日辍学生,明日贫困户。

事实表明,文化水平低直接影响到新一代农民的脱贫增收致富,今天的辍学生即使不是明日少年犯,也很可能是明日的贫困户。因为这些孩子"种地不如老子,喂猪不如嫂子",缺乏对新技术、新知识的认识,只能过日出而作,日落而息,土里刨食的日子,生活困难。

总之,如果我们不重视这问题,那么我国的辍学生很可能成为 21 世纪世界上最为庞大的"盲流"大军。由此带来的危害深远,不容忽视。除了会引发青少年犯罪:辍学——失业——犯罪,构成了恶性循环,给社会稳定带来了很大隐患外,还不利于"普九""普高"的顺利实施,违反了《教育法》《义务教育法》《未成年人保护法》,影响了党和政府的施政形象,不利于民族整体素质的提高,导致了教育资源的浪费,带来了新的就业压力。

三、根源:厌学是辍学的主因

虽然研究表明,从造成学生辍学的原因来看,学校因素固然远低于其他因素,但是许多学生辍学的个人因素中,有很多是与学习有关的。因此我们不免要问的是:假如学校是学生最喜爱的场所,老师也都是他们所喜爱的人,学生会辍学吗?我们认为从学校教育来看:学生辍学的主要原因是厌学,而厌学又由失望所致。

(一)厌学导致辍学

厌学,顾名思义就是讨厌学习,具体来说,厌学是指学生在主观上对学校学习失去兴趣,产生厌倦情绪和冷漠态度,并在客观上明显表现出来的行为。轻者,厌学的孩子对上学不感兴趣,但迫于家庭或外界压力又不得不走进学校。在校学习状态消极,学习效率低下,人也会变得烦躁不安,多思多虑,容易发怒,注意力不能集中,甚至看什么都不顺眼,对自己和别人都感到厌烦,每天如生活在水深火热之中。重者,当觉得自己无论如何再也学不进去的时候,当觉得上学学习简直就是一种折磨的时候,他就可能会从心底产生对上学和学习的厌恶情绪,最终可能会选择退学、离家出走等极端行为。

在影响人的身心发展的因素中，内因是主要因素，起决定作用。所以，学生厌学是产生辍学现象的主要原因。

（二）失望导致厌学

厌学的表象是对学习没兴趣。**厌学**现象的形成主要是因为学生对文化课的学习丧失兴趣。人们常说兴趣是最好的老师，因此一旦失去了学习兴趣，学生自然就对学习产生了厌烦的心理，长期失去兴趣的学生，必然影响学习成绩。学习没了兴趣、成绩差，最终必然导致辍学。

厌学的根源是对自己学习的失望。造成厌学的根源，可以说从幼儿就开始了，急于求成地强迫幼儿写字、记忆，强迫小学生读这个班、学那门课，很容易让孩子滋生抗拒学习的情绪。这些都是为了不让孩子输在起点的教育误区引起的。

不让孩子输在起点就是想让孩子将来有希望，而在初中"读书无用论"不仅让"差生"失望，而且社会对"差生"的歧视眼光，给孩子造成很大的压力：考不上重点中学，进普通中学或"职中"读书的孩子会感受到周围的轻视，不少家长对孩子失望之余，也抱着"随便读三年初中，考得上高中就读，考不上就去找工作"的想法。

失望，表面看是学生对自己学习落后的失望，其背后隐藏着的是对学校对教师的失望。为什么对自己失望？因为自己考不上普通高中（我们农村学生的观念是上高中才有出息，所以人人都想上高中），就对不起家长，对不起老师，对不起自己，对不起国家。为什么对学校对教师失望？因为学校是个没意思的地方。学校满足不了他们这个年龄段喜欢探索世界的好奇心，学校不是当地最美最快乐的乐园，不如到外面逛逛街，看看景色，玩玩游戏，聊聊天，打打牌等。初中阶段是一个多彩的季节，而他们却长时间被禁锢在枯燥的地方，与无味的书本打交道，他们太需要自由的空气和空间了。大家想一想，一棵小树的成长只有水，够吗？有的学校教育设施齐全，可又怎样呢？为了完成上级下达的升学指标，为了提高同类学校之间的竞争力，为了毕业班的升学奖金，学校把仅有的活动课都取消了，有的学校干脆只开中考要考的科目，只有在上级来检查的时候才贴个临时的假的标准的课程表应付应付。所以，学校没意思的根源在于义务教育阶段的升学压力。

人们在关注新的辍学原因时都把新的"读书无用论"归为造成学生辍学的原因

之一,我们认为,与其说是"读书无用"导致辍学,还不如说是"读书无望论"促成了农村中学生如今居高不下的辍学率;"读书无用论"不过是在"读书无望论"基础之上产生的,读书无望必然导致对自己学习的失望,对自己学习失望了就一定没有了学习兴趣,进而厌学,最终导致辍学。

"失望——厌学——辍学",故失望是辍学产生的根源。

第二部分　我们的追求:让乡村孩子热爱学习

去年,《江苏教育》要我给案例《他们为什么要撕书?》作一个点评:现行教育撕毁了什么?

这个案例描述了高考结束后出现的"漫天飘雪"景观,表达了一位新教师对现行教育的困惑与思考:"我在瞬间感受到深深的挫败,我无法回看自己当时的表情,但我知道,我的心情是黑暗的,个体永远无法面对和制止集体的疯狂。""撕书、卖书的诱因是什么? 这种行为为什么会很快成为一种集体的行为,一种全国性的行为,一种不需要任何宣传和鼓动就群起而撕,群起而卖,成为一种自觉自愿的行为,而且觉悟相当高,场面相当宏大,为什么? 不是说'书中自有黄金屋,书中自有颜如玉,书中自有千钟粟'吗,他们为什么把书的命给革了,不要黄金屋不要颜如玉也不要千钟粟了,难道香车美女洋房乃身外之物,富贵于他们真的如浮云?""为什么要撕书,我不得不在疑惑中反思这样一个问题:学生的生活,什么时候可以因学习而变得五彩斑斓? 知识的天空,什么时候可以回到它原初的湛蓝?"

《江苏教育》要我来点评,是因为多年来,我们东庐中学没有转学、逃学、辍学的学生,更没有考试后疯狂撕书等"发泄"行为,有的只是学生都会在最后一场考试结束后,认真打扫教室,细心整理自己的书本、"讲学稿"和其他学习资料,整整齐齐地打包带回家;有的只是在毕业典礼上同学间、师生间、家长和孩子间相拥而泣的"依恋"场面。

就中学而言,学生在校读书三年快乐与否,能够反映出一所学校的教育生态;而考试完毕的一刹那,毕业离校的一刹那,更能折射出一所学校的教育价值。

一、让乡村孩子生活在希望之中

失望,是产生厌学的根源,而厌学的结果是导致成绩落后,落后则又强化了厌学情绪和失望,最终结果是辍学。要想不让厌学耽误乡村孩子的幸福之路,就要让乡村孩子不失望。

这些年,东庐中学没有拒绝过一个年龄大的、智力差的或是被视为"差生"的孩子,并且做到了十几年没有一个学生流失。做到这些靠的是:**让学生生活在希望之中**。

"培养人就是培养他对前途的希望"是影响我一生的教育理念。我们的学生不一定都能学有所成,但我们可以努力让每个学生都拥有一份对生活的热情和对人生的自信,这也许就是根本意义上的成功教育。为此,我们确立了"播下自信,收获希望"的理念,提出了"让孩子高高兴兴进校,充满希望离校"的工作要求。

(一)办让每一个孩子满意的教育是我们最大的良知

毫无疑问,我们办教育的出发点和落脚点都是为了让学生健康成长,教育的理想就是让所有的学生成为幸福的人。现实中曾有人高喊"一切为了学生、为了一切学生、为了学生的一切",眼睛却只盯着领导和家长,而把孩子给忘记了,"办人民满意的教育"往往成了"办领导和家长满意的教育"。现行教育撕毁了孩子的幸福:考试后疯狂撕书的行为就是对现行教育发泄不满的最直观的注解。

看了上面的案例《他们为什么要撕书?》,我越来越深刻地认识到:做教育首先是心存良知。每个人只有一次生命,孩子只有一次青春,如果我们的教育没有让孩子生命更加活泼,青春更加绚丽,那我们寝食难安,心受煎熬。对于教育者来说,满足孩子的个性发展,帮助每个孩子找到自己,成为最好的自己,是最大的功德;办让每一个孩子满意的教育,让他们享受成长的快乐,是最大的良知。

(二)让每一个孩子的名字都充满神圣和庄严

(1)建设身边的希望工程,营造亲情校园。

爱是庐中人的精神底色。 东庐中学选择教师的第一标准就是看他(她)爱不爱孩子,别人经常说,对学生的爱是一种师德的体现。我并不这样认为。爱的情感是人类的天性,尤其是成人对孩子的爱,是人类天性的自然流露。所以我认为,强调对学生的爱是教师的职业道德,其实是降低了教师作为人的人格。一个对孩子没有感情的教师是做不好教育工作的。因为教师所面对的学生出自不同家庭,继承不同的血缘,有着不同的成长背景、不同的家庭经济条件。他们的品德、个性、习惯、知识、能力、观念包括长相都会有巨大差异。不会每个学生都十分令人喜爱。有的学生的品行可能会令人讨厌,有的学生学习可能会非常差,有的学生的习惯可能会非常糟糕,有的学生可能长得不那么可爱,等等。如果我们的教师只喜爱那些在他们看来是可爱的学生,那么教育就不称其为教育了。

东庐中学从不拒绝任何学生。早在春秋时期,孔子就提出了"有教无类",如果到了今天,我们的教师认同的还是对学生的选择,那么,在祭拜我们的祖师爷时,我们会觉得太没有脸面。在孔子那么多的关于教育的箴言中,"有教无类"是对我们的最伟大的人道主义教诲。在这里我们应当不厌其烦地阐明爱在教育中的地位。当一个教师厌恶或冷淡被教育的对象时,我们可以想象得出教育的效果。一个冷酷的人是不能做教师的。爱是教育的起点。因为只有爱,才能做到一视同仁,才能做到公正,才能做到善待学生,才能宽容学生在成长过程中犯的种种错误,才能严格要求学生培养良好习惯并鼓励他们面对未来。

开展身边的希望工程。为帮助我校生活困难的孩子,我们积极争取社会各界进行捐资助学。同时,我们开展"身边的希望工程"活动,全校师生积极参加献爱心活动,用实际行动去解决身边的特困生的衣食住行问题,用"童心母爱"帮助身边的特困生确立自信,走向自强。

营造亲情校园。从增强学校的吸引力、班级的凝聚力、教师的亲和力入手,积极营造"亲情校园",巩固控辍的首道心理防线。学校要对每名学生的经济状况、学习、生活,以及心理变化等方面展开调查,建立有辍学倾向学生的资料档案,学校领导、任课教师都要寻找关怀对象。对经济困难的学生,捐助一点;对失去亲人的学生,关怀一点;对学习困难的学生,帮助一点。在一件衣物、一顿饭菜、一次促膝长谈的"校园亲情"中,增强学生克服困难的信心,促成勤学、乐学的氛围,克服辍学逃避的消极思想。

(2)不分好差班,实行"班内走课制"。

面对学生的差异,采用分层教学、分班教学、分流教学的目的是因材施教、提优补差。可由于"分"的标准难以把握,给学生贴上了"好"与"差"的标签,这就造成了人与人之间的矛盾加剧,导致班级和年级组教学的团体动力丧失,往往好班"补差",差班"提优",效果更差,最大的问题是伤了师生乃至家长的自尊。东庐中学不分好差班,不仅是实现教育均衡的需要,更是对人的尊重。

为了因材施教,我们吸收了"走班制"的优点,整合小组学习,推行"生生小组长,师师班主任"的"班内走课制"。既消除了分好差班的弊端,又使差异成了教育资源,调动师生的积极性。

(3) 善待"问题"孩子,杜绝找借口将其推给社会。

当前,青少年犯罪已经成为一个必须正视的社会问题。那么,是什么让这些花季孩子走上了犯罪之路?学校教育应该承担多少责任?这是我们每一个教育工作者必须认真思考的问题。成长过程中的青少年极易犯错误,尤其是那些"问题"孩子(单亲家庭孩子;学习差、行为习惯差的孩子;留守儿童)更容易犯错误。当一个孩子犯错误后开始主动认错或经过教育之后开始认错时,我们做的第一件事就是宽容——多给孩子改正错误的机会,这样他们才会健康成长;否则,他们必然会受到各种无休止的惩罚,特别是心罚,人格就会被扭曲,流向社会之后极易走上犯罪道路。在"转换一名'问题学生'比提高升学率更重要"的理念下,对犯错误的孩子我们始终坚持一个原则:不处分,不找借口将他们推向社会;善待,宽容,多给孩子改正错误的机会。

(三) 让校园生活回归常态

学习本来就应该是一种生活状态。人活一辈子,就是不断学习的过程,不断地学习,就是自身不断成长的过程。每一次的学习和提高就是把过去的东西放下、重新开始一段新的经历的过程。生命就是在不断的开始中得以延长,最终实现自我的圆满和超越。其实每个孩子都是喜欢学习的,这是人的天性。孔子说:"学而时习之,不亦说乎?"但为什么我们的孩子会对学习失去了兴趣?孩子的学习与我们的生活脱节,远离了我们的生活场景与需求,努力学习的结果纯粹就是为了获得一个好分数,学习的过程枯燥、乏味,孩子们并没有从中享受到学习的快乐,相反感受到的更多是学习带来的痛苦和折磨。案例《他们为什么要撕书?》中,学生这种带着复仇情绪的告别让我们觉得他们不是刚刚结束了一段学习历程,而是结束了一场心理折磨。学生学习的过程多半都伴随着不同程度的压抑,这种压抑甚至始终伴随着学生的成长生涯。长期的压抑会给孩子的成长带来严重的负面影响,甚至会影响孩子以后的成人生活。因此，只有让乡村孩子热爱学习，才能让他们更加热爱生活。学生热爱生活了，不仅做学生时不会厌学，将来也会更热爱学习。

（1）丰富的生活内容。

观念的价值在于改变生活，成就生活。东庐中学之所以连续几年没有因厌学而逃学、辍学的学生，之所以所有学生都能获得身体、心理、智力等诸多方面和谐的发展，源于学校生活回归到了适应和满足学生正当要求的正常的状态。学校上半年有全校性的田径运动会，师生全员参与，不做运动员的也悉数到场围成一圈，以班级为单位，拉横幅，挂彩旗，吹着欢呼哨，为运动员呐喊助威；运动会结束，赛场不见一片纸屑；有开幕式、闭幕式等完整程序，运动会变成了全校的狂欢节，其盛况和秩序在许多学校可谓难得一见。每年一届的"五月歌会"，虽然歌咏比赛时间只有半天，但意义在过程，在长期而认真的准备过程、学唱过程中，校园里歌声荡漾，乐声悠扬。学校坚持上半年、下半年各举办一次全校师生室内大型报告会，有重要的时事或学术报告，有精彩的师生演讲，有隆重的表彰仪式。毕业典礼规范而隆重，毕业生依次走上主席台，从校长手中接过毕业证书，并拍照留存。上半年还有全校性的美术、书法比赛；下半年的文体活动格外丰富，有全校文娱汇演、初一拔河比赛、初二篮球联赛、初三足球联赛、英语口语演讲大赛，还有多种球类师生擂台赛等。校园小广播每日一播，以本校新闻和好人好事为主。学生文化长廊不停地展出学生的各种艺术作品，学生自编的《征帆报》让百科知识在此汇聚交流，学校鼓号队、排球队、美术班、舞蹈队等常年开展活动。

作为乡村孩子，东庐中学的学生享受的是家里也不一定有的优越条件。近几年，学校还与加拿大的大学举办英语夏令营，时间长达十多天，甚至二十天，为学生创造学英语用英语的良好语言环境，让师生有机会接触和了解北美文化和异国风俗。教师每学期举行篮球赛、男女乒乓球赛、羽毛球联赛、卡拉OK赛、文艺联欢等活动。东庐的教师暑假也不只是游山玩水，而是将休闲、观光与到各地名校、友好学校考察交流有机结合起来。东庐的校园生活就是这么丰富多彩，自然而然。就连大小树木也是品种繁多，生物多样性十分明显；学校很少去修剪那些旁逸斜出的枝枝丫丫，让一切都呈自然之态，弥漫着生机和活力。

朴素而又丰富健康的校园生活，创设了一种温暖、宁静的氛围。大课间的太极拳，让师生修身养性；书法棋艺让师生陶冶情操；经典阅读让师生厚重人格；讲学稿为载体的教学使学生有灵气、教师有锐气、学校有生气。

在东庐中学，另一类"常态"尤为可贵，那就是人心的和谐、人际的和谐，那就是相互的感动、相互的温暖。校领导认为，教职员工是教改舞台的主角，承担了最繁重、最艰辛的教育教学工作，因而校领导怀有感民之心；教师认为，校领导为教师的成功搭建舞台，压力重、风险多，因而教师常怀感激之情。东庐，没有上下尊卑之别，只有分工的不同，更准确地说，所有人心中只有一种观念："我们都是庐中人，我们都是一家人。"同事间谁家有个事，都会相互凑个份子，送点心意，不图多少，只图个热闹、图个人气，体现了一种浓郁而极富生命力的地域文化、人际文化。如今，东庐的福利待遇依然不高，但学校却在教改推动下成为广大教职员工实现价值的舞台，成为心灵诗意栖居的家园，它是温暖的，让人依恋的。

（2）朴素的生活理念。

东庐人对生活富有激情，也富有理性，他们认为：校园生活的常态就是教育的本来面目。东庐人追求的是一种包括教育教学在内、各种元素相合相融、既团结又紧张、既严肃又活泼、既仰望星空又脚踏实地的真实而有意义的生活；校园生活的回归常态其实是教育本质的回归，是人性需求和人的发展状态的回归；追求朴素的教育就是追求朴素的生活，朴素意味着真实和自然；学校的发展、人的发展，既不是遥不可及，也并非一蹴而就，而应是全程的幸福相随。

二、让每个孩子自信有才

（一）激励孩子自信

我们让学生明白："外因是变化的条件，内因是变化的根据。"就学生的学习而言，真正发挥决定性作用的是学生，而不是老师。老师只是促使学生变化的重要外部条件之一，"要学，主要靠自己学"。想学就能学好，世界上没有"学"不好的学生。激励学生树立自信心，激发学生的主观能动作用。

（二）让每个孩子学有所得

《纲要》指出："要以学生为主体，以教师为主导，充分发挥学生的主动性，把促进学生健康成长作为学校一切工作的出发点和落脚点。关心每个学生，促进每个学生主动地、生动活泼地发展，尊重教育规律和学生身心发展规律，为每个学生提供适合的教育。"办让每一个孩子满意的教育，就要"为每个学生提供适合的教育"，使所有学生都能接受适合于自身发展的教育,使所有学生的潜能都能得到最大限度的开发。这其实就是孔夫子的"有教无类,因材施教"思想。为此,我们庐中人一直将"让乡村孩子享有城里孩子、名校孩子同样的阳光""潜心培养爱生活、会学习、营养全、不缩水、有潜力的东庐学生"作为我们坚定的教育理想和矢志不渝的教育目标,我们一直努力实现的是:在校园里,每一位师生都能追求真知、奉献爱心、实现自我、感受欢乐和成功;师生结伴成长,大家对学校都充满着一种感激之情,一种眷恋之情;在校园里,人人都享受着一份爱,人人都拥有发展的机会;人人都体验着追求的快乐。我们一直在现有的条件下,积极地进行探索与实践,构建适合于每个学生自身发展和教师专业发展并使二者相互融合的学校课程,努力创造适合于每个学生的教育。

(1)每一个门课程都很重要。

常听得人们言及主课与副课的话题。何为"主课"?词典、辞海上难找解释,这种提法是传统的应试教育的产物。在人们心目中,无非计入升学总分的学科即为主课,余为副课,还有一些会考学科自然介于这主副之间。由于学校、社会、家庭、教师、家长、学生都一个劲儿地围绕升学转,势必形成重"主"轻"副"现象,致使"副课"老师课难教、待遇低、地位卑。显然"副课"成了苦差事。我们认为,素质教育是以"素质"为目标,它具有综合性、整体性、基础性。人的全面素质涉及生理、心理、社会文化等范畴,人的各项素质无主次之分,学生所学的课程当然门门重要。我们努力消除片面追求升学率带来的影响,不给课程划等级,做到所有的课程必开、凡开的课程必考,实现了课程面前门门平等。

(2)将国家课程校本化。

在"合融教育"理念指导下,我们结合学生能力培养重点,对国家课程教学内容和教学方式进行重组。"讲学稿"是将国家、地方课程校本化后的课程载体,它的开发过程实质上是在教师之间、教师与学生之间进行互动,不断将国家课程化为"教师理解的课程"和"学生经验的课程",并使两者逐步融合。在此过程中,由于参与主体多元、师生参与程度充分,又因其贴近学校实际、尊重师生独特性和差异性,故教学效益显著,更为重要的是教学成为学生和老师幸福的重要历程。

(3)力促校本课程精品化。

校本课程是对国家课程的一种补充,它更能凸显学校的办学特色。我校校本课程开设的原则是:贴近学生、贴近生活;体现学科知识的拓展与应用,体现合融教育"乡土气、书卷气并重"的课程理念。经历八年的开发与整合，我校校本课程正朝着精品化发展的目标稳步推进。

（4）让德育和综合实践活动课程化。

我们以课程形式整合、设计德育工作和综合实践活动，让德育过程逐步实现课程的全覆盖，建立有序列、有层次的德育系统；让德育和综合实践活动课程化，在丰富多彩、形式多样的活动中有目标、有计划、有组织地建构知识，提高学生的综合素质和能力。

（5）让实践课程生活化。

"合融教育"始终关注学生的生活体验，为了让学生把课堂所学与社会实践紧密结合起来，我们有针对性地设计了"爱心行动""国防教育实践""南京社会实践""社区社会实践""牡丹园社会实践"等五门常规性的社会实践课程，主题为"走进社会，体验生活，丰富情感，提升能力"。这些课程从道德、心理、体能等方面全方位地锻炼和培养了学生的自立自理能力、自主管理能力、群体生活能力、团结协作能力和人际交往能力。

形式多样的活动，丰富多彩的校本课程，让每个孩子学有兴趣，学有所得。

（三）让每个孩子学有奔头

（1）让乡村孩子学无奔头的教育是劣质的教育。

陈玉琨教授在他的演讲《学习的代价》中说：有人认为学习是没有代价的，或者代价是很小的。自学的代价是书费，学校学习的代价主要是学费，人们需要支出的并不多。其实，这是严重的误解。事实上，人的学习主要是以生命的消耗，有时也以心灵的折磨为代价。"科教兴国"是我们的基本国策，但这只是讲了半句话，全面地说，应当讲"科教兴国，劣教误国"。"科教兴国"本意上是讲用科学技术和教育振兴国家与民族。我讲的是，科学、优质的教育可以兴国，错误、劣质的教育则可能误国。

在20世纪80年代末至90年代中期，我们学校也跟风，加班加点，苦学、苦教、苦管。结果不仅教学质量不稳定，还由于除了升学外没有其他的追求，学校以加重学业负担为手段，以考试为杠杆，以升学为目的，非中考科目不开，使不少农村的子女丧失展示才华的平台，没了学习兴趣。加上农村初中客观条件的限制，使农村青少年走进大学特别是重点大学的人越来越少，他们升不了学，走上社会后不少人思想迷茫,技能缺乏,种不了地,也打不了工。

显然,这种让乡村孩子学习无兴趣,生活无奔头的教育就是"错误的、劣质的教育"。

(2)坚持进行创业教育。

农村教育的"出口"问题,是农村学生辍学现象和农村教育走不出低谷的核心问题。怎样解决"出口"问题,让受教育的农村学生有一个满意的"归宿"呢?我们的做法是:进行创业教育。构建适合每个学生自身发展和教师专业发展并使二者相互融合的学校课程,主要是让每个学生对学习有兴趣,进行创业教育是为了让每个学生学有奔头。为此,我们开设了校本课程《创业之路》,通过这门课的学习,帮助学生认识自我,做好职业生涯规划,了解职业教育,掌握一些必备的就业创业技能,使得每个孩子都有才,从而生活有奔头。实现了新生劳动力培训转移,推进社会主义新农村建设,促进了地方经济建设。

第三部分　我们的实践:改革教学,点燃孩子学习的热情

要让乡村孩子热爱学习,就要为他们以及他们的老师提供实实在在的帮助,解决他们在教与学中的困难。

从1999年开始,我和同事们立足于学校实际,进行"以人为本、教学合一"的教育教学改革,催生了"讲学稿",形成了以"讲学稿"为载体的教育教学方式。

讲学稿是一种融教师的教案、学生的学案、分层次的评价练习为一体的、师生共用的、探究活动的文本,是将国家课程、地方课程充分整合后的校本课程。讲学稿的本质是促进学生主动地学,教师积极地教,让师生在互动中共同成长。

一、"以人为本,教学合一"的改革的提出

"我热爱我学习与工作了二十六年的东庐中学,多年来我一直在苦苦思索着东庐中学为什么和兄弟学校总有一段差距。我认为要使东庐中学充满生机,办出自己的特色,从内部来讲,还是要转变观念,深化教育教学改革,强化教育教学管理,进一步提高教职工的积极性,形成'全员管理,全员育人'的良好氛围。还应不断从外部注入'活力',认真解决好师源、财源、信息源等多方面的问题。这样才能使东

庐中学的教育事业兴旺发达起来。"这段话是我 1999 年 4 月述职时说的，我正是在这样的思索中郑重地接过了校长聘书，走上校长岗位，肩负起改变校园环境和提高教学质量的双重压力的。

带着学校发展中的问题与困惑，除了自己自费参加了研究生进修等多项培训，我还组织教师到改革富有成效的学校取经。在考察学习中开拓了视野，接受了新思想、新理念；学习了许多先进经验，又认识了前人早就实践过而并不成功的东西。在此基础上，重新审视学校多年来已经习以为常的教学行为，反思曾经进行的一些改革，认识到：

（一）教育改革必须走素质教育之路

我们的许许多多顾虑实际上来自"应试教育让人爱恨交加，素质教育让人心动而不敢手动"的心态。素质教育是教育走向现代化、走向世界、走向未来的必由之路，也是学校面对教育重新"洗牌"的必然选择。因此，对素质教育不仅要心动，更要行动。这必然要求我们提高教育教学质量不能陷入功利主义，要重视教育理论和教育科学，遵循教育教学规律，遵循少年儿童身心发展规律，要以人为本，核心是以师生的发展为本。于是，我们提出了"一切为了孩子的发展，一切为了民族的振兴"的办学思想、"播下自信，收获希望；学会创造，迈向成功"的教育教学目标和"关爱学生，让每个同学都得到发展；善待教师，让全校老师都获得成功；尊重家长，让诸位乡亲都感到满意；融入社区，让方方面面都引以为荣"的管理目标。

（二）教育改革成功与否的关键在于"以人为本"的理念能否转化为实实在在的行为

（1）全面育人与应试升学。

从西方 300 余年的现代教育发展一直到中国百余年现代教育的发生、发展过程看，必须处理好全面育人与应试升学的关系。

不断进行的教育改革的目的，几乎没有跳出解决"人的自由发展与人的社会化、统一的基本素养要求与个性差异、书本知识与实践经验的关系、教师本位与学生本位"等基本矛盾，只不过是改革或左或右而已。或左或右都将偏离素质教育之路或与"以人为本"的教育理念相背。因此，全面育人与应试升学的关系处理得如何，直接影响素质教育的实施。

我们认为：既要志存高远，又要脚踏实地。实施素质教育，不能一讲现实就忘了方向，也不能一提方向就忘了现实。要在素质教育的框架下应对考试升学，以符合教育规律和成长规律的科学的合理的方式帮助学生获得更多更好的升学机会、就业机会。实行课程改革，不能回避现实一味盲从理论，不能不顾条件一味追逐理想。理论求新奇、求纯粹，理想求高远、求完美，实践工作却必须求实际、求可行、求有效。因此，改革的出路应该是在矛盾的两方之间寻求平衡，并找到其规律所在，即寻找结合点或者说寻找中间地带。

（2）学生的“学”与教师的“教”。

从各校非常重视研究，也是教师最感兴趣的课堂教学问题看，必须优化课堂教学。实现学生的“学”与教师的“教”的整合是优化课堂教学的关键。在教学中，很多教师往往知识技能高度重视，过程与方法基本忽略，情感态度价值观视而不见。在课堂上表现为：教学目的不够明确，教学重点和难点定得不够准确，教学进度的控制有些主观，课堂反馈及评价意识不够强，课堂上引导学生暴露问题的意识不强。通常在教学中有这样两种情形：其一，当学生出现失误的时候，多数老师往往采取“堵”的办法，将学生的思路一下子给掐断了。其二，尽管学生并没有出错，但他们所提的问题却超出了教师的预料，教师会采取“快刀斩乱麻”的策略，压制了事。“堵”和“压”的办法固然省事，但给学生造成的心理创伤及对其学习积极性带来的负面影响是显而易见的。其最大问题，就是忽略了学生的独立人格，忽略了学生在学习中的主体地位，没有将学生视作学习的主人。从一定程度上讲，“堵”和“压”的做法部分地剥夺了学生自主学习的权利。实际上，教师的“教”是为学生的“学”服务的，教学内容、方法、手段的选择，教学过程的设计，教学进程的安排，应该以学生的需要为转移，不能机械地、教条地一成不变，而应视教学中的具体情况进行调控。因此，教师对学生在学习中出现的种种失误（有些是正常、可以理解的）必须持一种宽容、谅解的态度，循循善诱地帮助学生解决疑难。那么他们为什么不这样做呢？面对学生学习中的失误，不去启发引导，却要“堵”和“压”，让启发式教学、自主、合作、探究学习成了“口号”呢？有些教师为什么想将“激情、微笑、趣味、爱心、鼓励”带进课堂，然而却不敢做或难以做到呢？

一是“双基”教学的重要性，使得“讲完”成了他们上课的首要任务。很多教师引导学生暴露问题的意识不强，当学生暴露出教师所未能预见的问题时，有的教师不认为是倾向性问题，或认为不是主要问题，不需要让学生继续提问；有的教师心中没底,不让学生继续提问。但主要原因在于担心影响教学进程。因为,如果在课堂上面对学生的错误反应进行纠错,对学生暴露出的、教师所未能预见的问题予以解决,无疑要花费若干时间,这可能影响原定教学计划的实施。

二是教师的预见性较差。课堂上学生提出的问题超出了教师的预料,在一定程度上反映了教师对教材"吃"得不透,对学生学习的预见性较差,也就是备课还不十分符合学生实际。

三是学生的学习方法存在着很多问题。主要表现在如下三个方面:其一,学习的主动性差,养成了依赖教师的习惯;其二,学生的问题意识不强,受传统观念的影响,认为提问是教师的专利;其三,很多学生对于各科的学习程序运用得不好(有的不注重预习,致使听课无的放矢;有的不注意复习,致使学习遗忘率高;还有些学生不注意及时总结、梳理,不注重学习计划的制定)。

因此,教学必须直面教师实际、学生实际和课堂实际。其中,课堂实际来自学生实际与教学实际的综合。教学要从学生"学"的需要出发,而不是从教师"教"的需要出发,坚决克服单纯任务观念,实现学生的"学"与教师的"教"的整合,从而优化课堂教学。

教师在学生的"学"与教师的"教"的整合中处于主导地位,必然要求教师有较高的教育智慧。我们认为:教师在学生的"学"与教师的"教"的整合中处于主导地位。首先,"主导"和"主体"二者之间是辩证的关系,"教为主导"不是以教师为中心,它是以确认学生的主体地位为前提的"主导";"学为主体"也不是以单一的"学生为中心",它是以发挥教师的主导作用为前提的"主体"。其次,要处理好"主导"和"主体"二者之间的辩证关系,需要教师用教育智慧处理好教师的主导作用和学生的自主发展的关系、统一要求与因材施教的关系、"教"的方法与形式和"学"的实际效果相统一的关系、教师的"讲导"和学生的"学思"和谐进行的关系。因为,学生的"学"与教师的"教"的整合是一个动态的、在教学活动过程中进行的教育实践,所以,这里讲的教育智慧指的是教师的实践智慧。教师的实践智慧从何而来? 当然是从实践中来。这就需要我们引导教师在实践中反思,不断地发现问题、研究问题、解决问题,将教师的学习研讨、反思提升和教师的教学实践融为一体,才能不断增长教师的教育智慧。

学生的学习品行在很大程度上决定着学生学习的成效,而学生学习品行的养成又与学校德育工作有关,这就需要处理好"德育的首要地位"与"教学的中心地位"的关系,提高德育工作的实效。德育应是"随风潜入夜,润物细无声"式的教育,因学生在校大部分时间是在课堂上的,也就是说"寓德于教"是处理"德育的首要地位"与"教学的中心地位"的关系、提高德育实效的必然选择。

要"寓德于教"就要"全员育人"。然而,在教学工作中教师往往将知识变成了没有灵魂的点、线、纲,知识传授失去精神、文化、智慧、情感,即使偶尔重视了德育也只是将其看作孤零零的与教学毫无关联的枯燥说教。他们大都有这样的困惑:为什么小学生一进入初一突然间整体显得少年老成,成绩下降了呢? 我们布置大量的作业、天天考试是为了让学生学好、考好,可学生为什么不领情呢? 有的学生不仅不领情,还冲撞老师。为什么德育工作的力度越来越大,而实际效果往往与期望之差越来越大? 为什么我们"充满爱"而学生感觉不到"爱"? 严格要求与关心爱护、奖励与惩罚的尺度如何把握? 为什么家长常常不理解? 究其原因:一是教师眼里没有"人",将学生看成是教师教的被动接受者,将自己看成是教材的被动执行者;二是教师心里没有"爱",将学生看作教师实现功利的工具,将自己看成是工厂里的工人。

"具有教育效果的不是教育的意图,应是师生间的相互接触",因此,建立起民主平等的师生关系,是实现"寓德于教""全员育人"的关键。一方面要求教师把学生看作孩子,看作活生生的人,看作有生命价值和人格尊严的人,充分尊重学生的人格,理解学生的需要,相信学生的潜能,爱护学生的身心;把学生当作自己的挚友,对学生全方位关心,使之对教师产生亲情感;对学生一视同仁,厚爱后进生、残疾生,特别关注特困家庭学生,尤其是特困单亲家庭学生,把每一个学生都视为好学生,使之对教师产生信任感;把学生视为教师工作的合作者,共同实现心中的理想,使之对教师产生敬重感;教育中要杜绝破坏师生平等关系的用语,多用鼓励、激励的语言,并能善解人意,创造和谐氛围。另一方面,学生的幸福是教育的终极目的,尊重学生,以平等的人格与学生交流,实现师生关系的和谐,使课堂教学展现出人性的美,营造生态课堂,是教师应当追求的境界。这就要求每位老师在课堂教学中对学生平等、理解、尊重、欣赏、肯定、激励,与学生建立起民主平等的师生关系,这样才会激起学生对教师的信任感、亲近感,从而乐于接受教师所讲的道理,达到"亲其师,信其道"的教育境界。

基于以上考虑,我们认为在教育教学改革中必须致力于"教"与"学"和谐的研究,也就是学生的"学"与教师的"教"、教科研与教学实践、教师培养培训与教学实践、德育工作与学科教学的和谐研究，我们称之为"教学合一"的研究。

为面向全体学生，全面推进素质教育，1999年我们在学校教学工作中明确提出了实行"以人为本，教学合一"的教学改革。

（三）"以人为本，教学合一"改革的目的

我们实行"以人为本，教学合一"，目的是通过探索农村初中提高课堂教学效果的最佳途径，在农村初中积极寻求实施素质教育的最佳切入点和结合点，力求在减轻学生课业负担的同时提高教育教学质量，从而寻求一条改变农村初中教育观念落后、教育教学水平低下的局面的有效途径。

实施素质教育的最佳切入点是课堂。提出这一观点，首先是我感到：实施素质教育，学校要做的事很多，最好是全面铺开，方方面面都搞好，这对我们这样的农村初中是不可能做到的，那就要抓住主要矛盾，先做牵一发而动全身的事，也就是寻找最佳切入点。其次，通过对《中共中央 国务院关于深化教育改革全面推进素质教育的决定》的学习，根据学校实际和自己近二十年的教学和管理实践，以及对其他学校经验的学习研究，提出了这一观点。

实施素质教育的结合点是课堂教学的实效（有效且高效）。提出这一观点，首先是我认为实施素质教育是对以前的应试教育的合理超越，两者不是割裂的，更不是对立的，只是要我们在素质教育的框架下应对考试升学，以符合教育规律和成长规律的科学的合理的方式帮助学生获得更多更好的升学机会、就业机会。其次是在教学实践中，不少老师面对素质教育是"听听激动，看看感动，回去一动不动"，"应试教育让人爱恨交加，素质教育让人心动而不敢手动"，这样的心态为什么难以改变，根本原因是他们的课堂教学效率不高，不得不进行"课内损失课外补"。要处理好"全面育人与应试升学"的关系，就必须优化课堂教学，提高课堂教学的效率。学校改革，包括正在进行的课程改革的核心应是教学的实效性。

二、"以人为本，教学合一"的教学改革的实践

（一）改革备课模式

如何提高课堂教学的实效？若从人财物的角度出发，就要挖教师，争生源，拼设施。这不符合我校的实际，更不是我们的追求。我们追求本色的学校，本真的教

育,致力于创造适应师生的教育,而不是选择适应教育的师生。我们是依据教学规律,从教学流程来分析的,这自然而然就想到了备课。

首先,备课的指导思想是教学观念的体现,从实施素质教育的高度来研究备课,必须树立正确的备课指导思想,必须把备课从单纯备考点、猜题型和为少数人升学服务的桎梏下解脱出来;树立把为每一个学生全面主动发展、特别是培养学生的创新素质作为备课的出发点和归宿的素质教育备课观。备课是教学过程(备课—上课—辅导—作业批改及考试)的基础和前提,担负着完成教学任务的总策划和总设计的重任;从备课的广度、深度来研究备课,备课是一个系统工程,备好课既要过好学生关,又要过好教材关,显然,这是提升教师的好途径;备课还是解决教师(教学能力)、学生(认识水平)与教材(教学内容)三者之间的矛盾的主要途径。所以,实现"教学合一",抓好备课是关键。

第二,教案只是教师个人施教的方案。教案中的教学目标、教学内容、教学方法、课堂教学步骤、作业布置等内容环节,教师自己是清楚的,但是学生却不甚明了,他们只能跟着教师走,缺少应有的主动权,这样就难以落实"以学习者为中心"的主体参与、自主学习的要求。教案从教学目的要求、教学重点难点、教学方法步骤到作业布置等大多是以程度中等的学生为对象来设计的,很难顾及优等生和后进生。上课则是执行教案的过程,教师顺利完成教案即完成了教学任务,教师成了"教案剧"中的主角,学生则扮演配合教师完成教案的配角。判断课堂教学效果仅仅看学生掌握教案所规定的知识和技能的程度,而学生智力的开发、能力的培养、品行的形成、情感的升华和科学精神的熏陶等都被淡化,甚至完全被抛弃。

第三,在教学实践中,备课项目及要求繁琐,每堂课都要填得很全,有不少教师抄现成的教案,应付检查。造成备课与课堂教学实际、与学情严重脱节。规定过多过死的备课对经验丰富的中老年教师来说是无效劳动,更不利于青年教师、新教师的成长。许多年来,完成那本写得很整齐,内容像剧本一样具体的教案,成了教师备课的全部。教师要花很多时间去抄写,抄完了,备课也完成了,甚至不敢(也不必)去修改(至少很普遍)。这样的备课形同虚设不说,还养成了很多教师不去思考的习惯。久而久之,便成了教书匠。而学校对教师备课的检查、评比,则更多地流于形式,不能真正反映教师的备课情况,有时甚至到了真假不辨、是非颠倒的地步,优秀教案不等于优质课,出好教案不等于出好成绩,更为严重的是检查导致了重"写"轻"备"。

经过上面的反思，我们明确提出备课重在学生。要备讨论题：要提出什么问题，应该让哪些学生回答？把学生名字写入教案；提问要有思维的强度、梯度、清晰度；要备练习题：巩固练习准备几道什么题目？如何优化组合？不同难度的试题让哪些学生解答？把学生名字写入教案；要备与学生交流的时间与空间：教师在学生讨论、练习的过程中的行走路线是什么？主动关心哪些学生？要备现代教育技术的运用：准备采用哪些教学辅助工具？在哪些环节运用？并把改革备课模式作为"教学合一"改革的突破口。为此，我们在探索中不断地实践。

（二）创建"以人为本，教学合一"讲学稿

在传统的课堂教学模式中，教师总说学生参与不进来，学生提不出高质量的问题，为什么？没预习。学生不知预习什么，学生不会预习，学生不能预习，为什么？缺少帮助他们学习的拐杖。家长不能监督其预习，老师无法检查其预习，为什么？不能使预习作业具体化、显性化。学生合作不起来，没有讨论的课题，为什么？没有好的媒介使其合作。

于是，我们在总结、反思自己所进行的一系列实践研究的基础上（从抓备课组建设入手，进行集体备课研究；以培养青年教师为目的，实行"师徒结对制"；为提高学生的学业成绩，从1996年起数学和化学学科进行了"目标教学"实验；为提高学生的学习兴趣，进行了"数学教学中的期望教育"和在课堂教学如何"开好头、收好尾""突破难点"的研究；为搞好预习，进行了运用"导学卡"预习的尝试；为上好复习课，进行了"不让初三学生厌烦总复习"的探索；为有效使用教辅资料，1998年全校教师进行了自编"同步练习"和"单元测试卷"的尝试；为减负增效，进行了"减轻学生不必要的学习负担，让课后练习少而精"的探索），决定在数学组进行"统一教案、师生共用"的实验。即先让业务素质高、教学能力强的教师主备教案，然后集体讨论后共同使用，同时将这种教师使用的教案，略加变动，让学生也有一份。这样，教师的教案既可以是学生的学案导学卡，又可以成为课堂笔记、课堂练习，还可作为课后的复习资料。这样既明确学习目标，又可减轻课堂笔记和学生的课后作业抄题的负担，提高学生听课和教师板演教学形式的效益，同时，还能更好地发挥投影等电教设备的作用，可以一举多得。

在数学组实验的基础上，后来在化学组中也进行了试验。一段时间后，我们欣喜地发现，两个组的青年教师成长了，教师之间教学水平的差距缩小了，整体教学

质量明显提高了。于是,这两个组就开始试行这种做法,并将这一师生共用稿称之为"讲学稿",第一次真正将教师的"教"和学生的"学"结合起来了。

令人惊喜的是,在 1999 年的中考中,试行"讲学稿"的两门学科取得了非常理想的效果。这极大地增强了学校在各门学科中推行"教学合一"改革措施的信心。

(三)"讲学稿"的实施与效果

"讲学稿"的出现,越来越受到教师们的青睐,越来越受到学生们的欢迎,越来越被家长认可。其他教研组看到数学组、化学组的变化后,也都要求这样做。于是,2000 年,在调研和座谈讨论的基础上,为系统总结这些实验的得与失,我们提出了初中教学备课模式改革研究——"讲学稿"备课模式的研究。

备课模式改革研究即在教师个人备课的前提下如何使个人备课与集体备课有机结合,使集体备课落到实处,以缩短新教师的培养周期和加速骨干教师的成长;备课模式的改革研究就是通过对备课的改革探索,使教学过程得到优化,减轻学生过重的课业负担,同时减少教师的无效劳动。从而把教学"五认真"中的备课这一最基本的环节落到实处,全面提高教育教学质量;备课模式的改革研究,就是要把备课时的隐性思维转化为显性思维,把教师静态的个人行为转化为动态的教学研讨,以使备课这一教学业务工作上升到教学研究的高度。

新备课模式:提前备课、轮流主备、共同讨论、优选教案、师生共用;教案形式:讲学稿;备课流程:教研组长、备课组长确定主备人、审核人——主备教师备初稿——备课组长向组员发放初稿——备课组长组织组员集体审稿(说课:述和评)——主备教师修改初稿,审核人审稿——教研组长交稿,分管领导审定后印发——科任教师阅稿后上课(课前二次备课)——科任教师写课后记。

为防止教师留恋旧思维,依赖老办法,穿新鞋走老路,保证初中教学备课模式改革研究——"讲学稿"备课模式的研究。我们紧接着实施了不订教辅资料,不补课、开齐课程、开足课时,不分好差班、取消竞赛辅导班,实行"周周清"等配套改革措施来规范办学行为,力求在动态中把教育观、教学观、学生观扭转到位。

"讲学稿"的出现,除了越来越受到教师们的青睐、越来越受到学生们的欢迎、越来越被家长认可外,无疑为教学提供了很好的施工蓝图。但从美好的蓝图到美丽的大厦,还必须有精心的施工。"讲学稿"的实施策略也就成为大家探讨的热点。于是,"小组合作"的形式、"周周清"的做法等都成为教师研究的课题,教师的"教"

和学生的"学"也有了更深层次的合作。

第三次全国教育工作会议后，中共中央、国务院颁发了《关于深化教育改革全面推进素质教育的决定》，2001年国务院又召开了全国基础教育工作会议并颁发了《关于基础教育改革与发展的决定》，教育部也颁发了《基础教育课程改革纲要》。这一系列文件的学习，进一步促进了我们教育理念的转变，更坚定了东庐中学把改革推向深入的信心。从此，"教学合一"改革的载体——"讲学稿"的研究与推广也就一发而不可收。

我们对以"讲学稿"为载体的教学研究经历了从数学组、化学组到语文、英语、物理、政治组，再到历史、地理、生物组的逐步推广过程。与此同时，进行了"讲学稿"的定位、"讲学稿"的研制、"讲学稿"的使用、"讲学稿"的评价等专题研讨。由此，研制使用"讲学稿"成了东庐中学师生日常的学习生活。

东庐中学进行的"以人为本，教学合一"的教学改革的意义远不止于诞生了具有实用价值的"讲学稿"文本，远不止于获得了优秀而稳定的教学质量，它的核心价值在于充分体现了符合素质教育要求的办学思想和办学方向，在于全校教工不断探索农村初中教育教学质量的提升途径，探索出了一条教育观念新、教学方法活、学生负担轻、教学质量高的教改新路，形成了以"讲学稿"为载体的教育教学方式，构建了以校本教研为中心，教学、教研、培训三位一体的体系，营造了和谐向上的育人氛围，减少了教师的无效劳动，为教师搭建了飞翔的舞台，使其专业素养不断提升，一批骨干教师迅速成长，减轻了学生因过重作业产生的身心负担，提高了教育教学质量，引起了学校生活的深刻变化，校园生活回归了常态，所有学生都获得身体、心理、智力诸方面和谐的发展，学校成为教师发展的沃土，学生成长的乐园，步入了健康发展的轨道。这些都源自**讲学稿的本质是促进学生主动地学，教师积极地教，让师生在互动中共同成长**。从而，构筑了师生学习共同体。

具体而言，以"讲学稿"为载体的教育教学方式具有以下教育效果：

第一，促进了师生互动。

运用"讲学稿"的教学活动实现了由教师带着书本走向学生到教师（"讲学稿"）带着学生走向书本，学生带着问题（"讲学稿"）走向教师的转变。学生认真的预习与教师的精心备课、学生积极的提问与教师的及时辅导珠联璧合，从而整合、优化了传统的教学过程，更好地实现了"师生互动，教学相长"，其教育教学过程如下表所示。

教学活动教育教学过程

	课下			课上				
学生活动	自主学习阶段 （尝试体验）			发展学习阶段 （交流感悟）				
	收集知识信息	预习基础知识	提出问题	质疑释疑	交流讨论	积极思维	寻求结论	力求突破
教师活动	设置问题情景	编发"讲学稿"	设疑导学	辨疑解难	启导发现	启迪思维	引导迁移	鼓励创新
	指导教学阶段 （设计引导）			合作教学阶段 （启发点拨）				

第二，两案合一，有效地避免了教与学两张皮的现象。

在课堂教学中，教与学常会产生很多矛盾。比如，课堂上教师讲得多了，学生练得就少了；课后作业布置少了，就会担心学生的知识不能巩固。怎么找到教与学的一个最佳结合点，这是教育理论工作者和一线教师多年来苦苦探求的一个问题。为了上好一堂课，教师要认真备课，这是教学常识。但是，教师的教案往往是"讲案"，只考虑教师怎么讲，很少考虑学生怎么学，即使教案中设计了一些"双边"活动，也往往是自导自演、自问自答。如有的教师在教案中写道："师问：……生答：……"就像一个设计好的话剧脚本，上课时只要把它演出来就行了，效果主要是看教师讲得生动不生动，学生配合得好不好。有些教师的教案不允许学生看，因为学生一旦看了教案，教师在教案中设置的一些"包袱"就泄底了，上课时教师就没法展示教学的艺术。

实际上，这种传统的教学方式，教与学还是两张皮，教师讲的东西不一定是学生想学的东西，也不一定是学生不会的东西。东庐中学的"讲学稿"，教师的"教案"同时也是学生的"学案"。"讲学稿"是以学生的自学为主线，按照学生学习的全过程来设计的，充分体现了课前、课上、课后的发展和联系，主要包括四大环节：课前预习导学，课堂学习研讨，课内训练巩固，课后拓展延伸。"讲学稿"在课前就发给学生，让学生自学课本。实际上，课本的大部分基础知识学生在课前就学会了，上课时教师按照"讲学稿"检查和点拨，以学定教。学生已经学会的，教师就不再讲；学生不会的，教师进行点拨。这样，教师教的东西就是学生想学的东西，学生不会的东西正是教师要点拨的东西，学生感兴趣的东西也是教师要补充的东西。没有多余的废话，没有多余的活动，没有故弄玄虚的东西，课堂效率高，真正实现了陶行知先生所说的"学生学的法子，就是先生教的法子"。我们多年来苦苦探索的教与学的最佳结合点的问题，在"讲学稿"中得到了体现，在学生的自学和教师的点拨中得到了落实。这是提高课堂教学效率和减轻学生课业负担的奥妙所在。

第三，两本合一，减轻了学生的课业负担和经济负担。

在大多数中小学中，每门课学生至少需要两个本子，一个是课堂笔记本，学生要把教师讲的东西记下来，以备复习和考试用；另一个是课后作业本，作业本还往往不是一个。除此之外，学生还要自行购买各种复习资料、练习册，而这些往往是东拼西凑的东西，很难做到精选题目和符合当地学生的实际情况。实际上，我们说的学生课业负担过重，主要是指学生的课后作业和家庭作业负担过重，有很多学校，学生做作业要做到晚上的十一二点。而东庐中学的学生上课只有教师发的一张"讲学稿"（一般是8开的一张纸）。课前预习用的是这一张纸，上课看的还是这一张纸，听课时听到需要记录的东西，就写在"讲学稿"的空白处，没有专门的课堂笔记本。课后，学生复习时用的还是这张纸，没有专门的作业本，也不买社会上泛滥的各种复习资料和练习册。过一段时间，学生把"讲学稿"装订起来，就是精选的复习资料，考前也不再专门出备考题。有些"讲学稿"中还有"中考题回顾"，提醒学生在以往的中考中有这类的题。另外，"讲学稿"中还补充一些相关的知识和资料，如初中语文《曹刿论战》一课的"讲学稿"中，补充了文言文《小港渡者》，让学生随堂练习，开发课程资源。在课堂上掌握得好的学生课后不需要做作业，他们有更多的课余时间发展自己的爱好和特长。在东庐中学，学生的个性得到张扬，素质教育落到了实处。课业负担和经济负担也得到了有效的减轻。

第四，极大地提升了学生的学习激情。

在教学中运用讲学稿，把学生的"不待老师教，自己能自学"的自主性学习变成了可操作的程序，使学生由原本陷入题海战转为按二先二后（先预习后上课，先思考后提问）的学习程序去学习。

课堂上做到以下五个转变：由教师权威转变成互相尊重，相互信任；由强调苦学转变为乐学，激发学习兴趣；由单纯的说教转变为多向情感交流；由一味批评学生转变为以表扬为主，让学生品尝成功；由害怕学生在课堂上出错转变为允许学生出错，极大地提升了学生学习的自信，增加了学生学习的愉快体验。

"讲学稿"给了孩子们一个学习的好理由。其实学习是没有理由的，是与生俱来的一种生命状态。婴儿的牙牙学语、蹒跚学步就是原始生命赋予的一种积极的学习状态。然而，在一个人的成长过程中，这一品质恰恰不是与日俱增的，相反，从一定意义上讲，这种原始的学习积极性是呈下降趋势的。这就需要给孩子们一个学习的理由。愉快是最好的学习理由。"讲学稿"符合儿童认知特点，它让孩子们在学习的过程中感到愉快，在结果中享受成功，在学校生活中充满信心和希望。以政治课教学为例，政治课教学过程是"读、讲、议、练"的过程，编写讲学稿时可多设置几个精炼的小事例、小案例让学生自由讨论，在讨论过程中学生畅所欲言、精神放松、兴趣盎然。政治课的理论性较强，如果教师所用的方法单一而要求学生完全理解其中的含义，那么确实不易，而在讲学稿中多设置一些生动活泼的简短故事、恰当运用有趣的比喻和精彩的名言警句等，就会有效地突破教学中的难点问题，从而紧紧抓住学生的注意力和兴趣，给学生留下深刻的印象。

第五，营造了学校和谐发展的氛围。

学校从 1999 年开始尝试进行"以人为本，教学合一"的教学改革，除了形成以"讲学稿"为载体的教育教学方式，构建以校本教研为中心，教学、教研、培训三位一体体系，更为重要的是这一改革不仅减少了教师的无效劳动，还为其搭建了飞翔的舞台，使其专业素养不断提升，一批骨干教师迅速成长，而且减轻了学生由过重作业带来的身心负担，提高了教育教学质量，引起了学校生活的深刻变化，校园生活回归了常态，所有学生都获得身体、心理、智力诸方面和谐的发展，学校成为教师发展的沃土，学生成长的乐园，步入了健康发展的轨道。

1. 向上的师生心态

教师们尝到了不补课的甜头，把大量的补课时间节省下来研究如何增效。教师的功夫花在课外，课内精讲精练，不说废话。在观念和感情的天平上由倾向于"老黄牛"式的勤奋和辛苦，对单打独斗的个人行为的认同，对"高投入，低产出"的欣赏和模仿，对"高投入，高产出"的宽容和同情，转而追求"低投入，高产出"的常态教学，追求"学者型"的教学研究，追求平等合作，共谋发展，达到了"低投入，高产出""轻负担，高效率"的效果。

以"讲学稿"为载体的课堂教学改革，体现了尊重学生主体，遵循学生个体差异等原则，把学生从繁重的课业负担中解放出来，从而也使着眼于学生全面发展的素质活动得以正常开展，学生的特长得到发挥，能力得到培养，潜力得到开发。同学们能轻松参加课外活动，充分享受活动带来的乐趣：中午的写字课没有安排专职教师,但学生依然能做到认真自觉;运动员训练、节目排练,不仅没有教师、学生、家长来找校长要求不参加,而且还有部分家长到场观看比赛和演出。

2. 师生情谊得到深化

东庐中学办学理念中有"关爱学生,让每个同学都得到发展"的内容。在东庐中学,师生是学校人际关系中最基本的要素,它以师生彼此互相尊重、互相学习为基础,体现了教学的社会属性。工作中,坚持全面贯彻教育方针,面向全体学生,对学生全面负责,积极建立民主、平等、信任的师生关系,做到:教育中要杜绝破坏师生平等关系的用语,多用鼓励、激励的语言,并能善解人意,创造和谐氛围;把学生看作孩子,看作活生生的人,看作有生命价值和人格尊严的人,充分尊重学生的人格,理解学生的需要,相信学生的潜能,爱护学生的身心;把学生当作自己的挚友,对学生全方位关心,使之对教师产生亲情感;对学生一视同仁,厚爱后进生、残疾生,特别关注特困家庭学生,尤其是特困单亲家庭学生,把每一个学生都视为好学生,使之对教师产生信任感;把学生视为教师工作的合作者,共同实现心中的理想,使之对教师产生敬重感。

课堂洋溢人文关怀。东庐中学的课堂教学是紧张的,学生思维密度大,师生互动频率高,压力处处可见,但师生关系是和谐的。学生人格受到充分尊重,个体差异受到高度关注;师生可以畅所欲言,可以相互质疑,甚至学生可以当堂指出老师教学中的差错,教师与学生可以协商确定课堂教学的主要内容及进度。课堂能经常听到这样的征询意见:"同学们,我这样讲课行不行?""老师,我们认为这道题可以这样解。""这是××同学给我的启发",课堂成为一个强力磁场,紧紧凝聚着师生的饱满而愉悦的情绪。

课外充满师生情义。东庐中学的师生随时随地可以聚在一起,探讨问题,如同在课内一样,照样争得面红耳赤。师生经常举行同台竞技活动,如元旦师生足球赛、卡拉 OK 赛等,师生有时是伙伴不分彼此,有时是对手各不相让。学校不设"校长信箱",学生有看法有想法可以直接找校长,当面提建议、提意见;班主任与学生长期坚持开展以周记为主要形式的"心灵之约"交流活动,学生乐于向老师说真话,叙真情,老师以评语形式真情回复,疏导心理,指点迷津,引导做人。

师生评价客观公正。一般来说,师生之间的评价是一大难题。而我校由于师生共用"讲学稿",双方给了对方更多的关注和期待,也使相互的评价具有了更切实的依据和更科学的标准,摒弃了只凭个人印象和好恶的主观臆断。根据学生使用"讲学稿"的情况,教师能对某个学生三维目标达成度等方面做出客观评价;学生亦可借此对教师的学识、方法、师德等诸方面做出大致准确的评判。由于"讲学稿"已成为教学的中介、师生的纽带,所以,在东庐的课堂上、校园里,人文关怀、相互尊重、关系和谐,不再是一个挂在嘴边的理念,而是已然融入校园生活、日常教学的方方面面。

3. 同事关系更加和谐

在东庐中学,没有激烈的人际冲突,没有重大的原则分歧。校长的主要精力不再用于做棘手的思想工作,协调关系,化解矛盾;教师对干群关系也不再敏感,不再担心领导心存偏见,厚此薄彼。

原有的教学管理带来的是教师、领导都觉得累、觉得怪。教师时刻都在担心什么时候、什么行为会被扣分,造成了行为与精神的双重紧张;领导则忙于监督、考核、计分、协调,更多地成为行政上、事务上的领导。在教学中运用讲学稿,这样的改革打破了以"权"为本、权力至上的模式和以"章"为本,形式主义泛滥的局面,建立了以备课组为中心的两级教学管理机制。更多地关注学生、注重过程、尊重多元、注意反思,初步形成了全面发展的评价机制。

现在,教职工逐渐感到无效劳动减轻了,有形的约束减少了,但无形的约束和责任却时刻存在。每个人都自觉地意识到自己的行为不再是做给领导看,而是在树立和维护自己在学校群体中的形象,是为了体现角色地位和人生价值,也是为了给学生树立榜样。学校领导也从检查员、考核员、统计员的角色中走了出来,而将更多的精力投入到更深层次的管理之中:一是管理关口前移,变中途督查、终端考核为重事前的指导、服务,抓住了教学的源头;二是管理对象下移,更多地围绕学生做文章,学生的主体地位进一步凸显;三是管理标杆上移,把日常的教学工作提升为事业追求、价值实现的过程。

4. 融合了家校与各方的感情

东庐中学优化与社会各界的关系,并不依赖情感"公关",而是以自身的努力和实力打造形象,社会各界的反映是检验学校形象的"试金石"。

家长信赖学校。东庐中学小学理念中有:"尊重家长,让父老乡亲感到满意",工作中坚持:接待家长有一张笑脸、有一声问候、有一张座位、有一杯茶水、有一番恳谈、有一条建议;要多换位思考,从家长的角度,思考我们该如何做,家长希望子女享受什么样的教育,经常与家长沟通,及时处理或耐心解释家长提出的意见与问题。东庐中学对各类学习辅导用书说"不",对双休日和寒暑假补课说"不",家庭的经济负担大为减轻;对具有歧视性的快慢班说"不",学困生受到充分尊重;家长看到自己的孩子在学校既学到了知识又学会了做人,都说:"放孩子在东庐中学读书,我放心!"

社区感激学校。东庐中学与社区交往的原则是:依托社区,服务社区,引领社区风气。学校体育设施、电教设备等资源慷慨地对社区开放。学校积极参加社区公益活动,学校教工篮球队、工间操队等作为镇代表队参加全县比赛获得冠军,为社区争了光。

领导支持教改。党委、政府、教育主管部门对东庐中学的改革给予了高度肯定、充分信任和全力支持。教育主管部门领导利用不同的场合和机会,深刻阐释庐中教改的意义,倾力打造对外交流的窗口,使庐中经验越来越成熟,越来越具示范意义,并在人事调配、招生政策、教师培训等诸多方面提供优惠政策。省厅、市局、市县镇党委、政府和各有关部门也纷纷为学校发展保驾护航。各级领导的关心、支持和指导为东庐中学深化教改、加快发展创造了优越的环境。

"东庐人爱学生,爱得大,也爱得小;爱得深,也爱得细。孩子们在大大小小、长长短短的爱中慢慢懂事,知道了尊重、回报、上进、自强……只有爱,才能直抵人心,才是塑造灵魂的力量。"

"如果你是东庐的学生,你会被老师感动。如果你是东庐的老师,你会被学生的懂事、纯真感动,会被校长的关怀、热忱感动,会被家长的信任、感激感动。如果你是东庐的校长,你会被教工的拼搏、理解感动。如果你只是个局外人,当你深入了解了这一切的时候,你也会被深深地感动。感动,是东庐校园的精神底色;感动,才是东庐师生教学精进的力量本源。"

东庐中学以"讲学稿"为载体,实施"以人为本、教学合一"的教改,其核心价值在于:激活了应当发展、需要发展、也可以发展的人。这里全是乡村的孩子,但他们不畏缩,而是面容灿烂,灵气十足,找到了生活的自信;这里的教师并不来自知名学府,但他们不卑微,而是恪守信念,满怀激情地登上了一方价值实现的舞台。全体"庐中人"将继续牢记"两个务必",不趋时,不求时尚,不急功近利,静心教书、爱心育人,潜心守望乡村教育。让乡村孩子自信而进取,博学而大气,是庐中人坚定的信念和不懈的追求!

当代平民教育的楷模

教育部中学校长培训中心/刘莉莉

尊敬的主持人,各位校长,大家好。

聆听了陈康金校长教育思想讲述,我们也许会觉得,一个讲学稿就真的能让学生自主去学习吗?也会有一些怀疑,觉得他有些理想和浪漫,但听了校友、家长和学生那生动的描述之后,我相信大家会感觉到真实、朴素,也在这些朴素的话语当中,感受到沉甸甸的责任。这种沉甸甸的责任,使我仿佛想到了20世纪30年代的平民教育家晏阳初。我想说,陈校长是当今社会的晏阳初。之所以说他是这样一位平民教育家,是源于他对教育的思考和践行。那么在教育的思考和践行当中,我有几个方面想和大家来分享。

第一个方面,我想说,发展农村教育,陈校长的教育思想具有特殊的时代意义。梁漱溟曾经说过,农村的建设支撑着整个中国。我想说,农村的教育也支撑着整个中国的教育。1.5亿的农村孩子,他们热爱学习,对于这个时代其意义是深远的。我特别想说,农民是支撑着希腊神庙的柱子,托着整个大厦。我真的特别想说,我们作为教育工作者,特别是作为乡村的一位教师,一位校长,他就向我们昭示了,他们十多年是怎样执着地支撑着农村的教育的。

从社会学来讲,社会的公平决定着每个人都有一样的受教育的机会,不仅有上学的机会也有上好学校的机会。但是事实上呢,特别是我们农村的孩子,没有那样好的机会。那么,在这个过程当中,我们也看到了,出现了一种新的社会现象,叫无直接相关利益者的冲突。而这种无直接相关利益者的冲突就是由于处于弱势群体的一些人,对社会有了仇视,甚至以各种暴力的手段来抗拒着社会。其实我们看到了,对于农村弱势群体的关注,意义是十分深远的。那么我们怎样去关注他们?怎样支撑着这样的农村教育呢？

第二个方面，我觉得陈校长从另外一个层面让我们看到了正确的价值引领。正确的价值是怎样引领着乡村中学呢？我想陈校长对于这样一个农村中学，他有三个方面的关注。第一，是让孩子有自信。第二，是让孩子学有所得。第三，是让孩子有奔头。这又想起了晏阳初的话，对孩子来说很重要的，让孩子，第一是要识字，第二要做公民，第三要学会生计。用一句话来说，就是要扫除文盲，做世界公民。那么我们陈校长，在这个新的时代，他提出来了让乡村的孩子热爱学习，生活在希望之中。其实，我十分感动的就是这样一种追求，正是这样一种价值的选择和追求，才能引领着一个乡村中学的发展，才让孩子们真的有了希望。在这个过程当中，他是以讲学稿为载体，构筑这样一个师生学习和成长的共同体，才撑起了这样一份希望。

第三个方面想跟大家分享的，就是以讲学稿为载体，构筑了师生学习和成长的这样一个共同体。那么讲学稿是怎么神奇地支撑起了这样一个学习和成长的共同体的呢？我想第一个层面，讲学稿是一种实施学习的载体。那么作为实施学习的载体，其实每个学校都有备课组的活动，都有学校教师各种各样的互动。但是陈校长他们改革备课模式，开展了一系列的教研活动都具备这样的一些特点，让我们觉得它有它的独特性。

第一个特点，讲学稿是基于学情的、对教材的一种开发。因为东庐中学的孩子们是来自乡村的孩子，那么这些孩子与我们面对的城里孩子不同。就像陈校长讲的，厨师要做菜，那么在选料的时候，特别要考虑东西南北的差异。其实这就是对于教材的重组，对于教材的重组，对国家课程的重新思考，是基于学情的。那么这样一种基于学情的考虑，会让教学更有针对性。

第二个特点，讲学稿是基于对规律的重新思考。也就是说，基于这样一个学生，老师们会考虑用什么样的方法更有效。

第三个特点，讲学稿让实施的合作，有了一个更有效的载体。讲学稿是一个载体，那么教师的相互的备课活动，需要有一个更直接更有效的抓手。就是不断地编纂、审定、修改，在这些过程当中，教师在不断地成长。我们看到了，这种讲学稿，虽然只是一张纸，甚至我们觉得谁不会做呢？但是，它背后折射的是教师最有效的互动和最自主的发展和追逐。我真的感受到了，基于学情，思考教师这样一种专业的成长，也是我们真正需要关注的，就是讲学稿精神背后的东西，是教师有效的合作，讲学稿真的是教师集体智慧的结晶。

第四方面想分享的是，它是一种学生和学生之间相互学习的反应。学生和学生相互学习，首先基于学生自己能够先学。学生一开始会学吗？其实学习本来也是一种本能，正像陈校长刚才所说的，用手机，即便没人指导你也会用。我自己的孩子，他才只有六岁，但会开电视，也会用电脑。从心理学来说，学习是人的一种本能。我们能不能唤起这种本能很重要。如果你总对他说，你不要乱动啊，他就不会自己开电视，他也不会去开电脑，但是你放手让他动，他就会自己开电视，也会开电脑。那么我想说的是，这种活生生的学习，是基于学生能够先自主地学，而这种学生的自主学，是源于老师给学生的这份信任。特别是，我们感受到了，当学生有了这样一种自主学习的机会之后，如果他们在开电视的过程当中，在开电脑的过程当中，有不会的，他自觉地或不自觉地问别人，而这种互助，就变成一种不自觉的行为。孩子有自主学习的机会，又有不自主的互动和交流。那么我们说，真正的孩子们在互动和交流当中成长，是师生学习最有效的一个载体。

这种以"讲学稿"为载体的课堂不过就是对答案吗？不就是老师和学生围绕着一张纸吗？其实这样的课堂首先改变了师生之间的关系，教师和学生角色的转换，师生关系的转换，我也就想起了刚才我们的老师说起的徐成。我也听过徐成老师的数学课，我感触最深的就是他说的一句话："教师和学生可能角色不能改变，这是物理距离的不能改变，但是心理距离可以改变的。"我们感受到了，师生角色改变的过程当中，其实教师也会有更大的挑战，因为学生已经自主学习了，教师要应对孩子产生的质疑，这样教师就会在挑战中成长。

学生也会在老师点拨当中不断地成长。对于老师来讲，讲学稿是新的一个阶段的一种挑战，老师要组成团队，成为互相学习的支撑。讲学稿虽然只是一个载体，但在这样的实践探究中给我更多的体会和启示是，东庐中学用关爱和宽容，让孩子们找回了自信。孩子们也是可以自己探究、自己自学的，虽不很完美，但是这种给孩子的宽容、关爱，让孩子找回了自信，让他们从失望走向了希望。

重要的是，陈校长用激励和体验，提升着孩子们人生的追求。孩子们都介绍了自己在学校里面丰富多彩的活动，包括那位阳光的战士。孩子们之所以能对东庐中学有这样的感动，就是源于这样的一些激励，这样的一种肯定，让他们有了对人生新的追求。

第五个方面，陈校长将学习能力的培养作为孩子乐观生活的一种支撑。其实不管做什么,学习能力都是十分重要的,无论是自己创业也好,做其他的选择也好,都离不开一种生存的能力,即学习能力。正是孩子们热爱学习,对人生有了美好的憧憬,他们才会走得那样的坚定而执着。我相信东庐中学的孩子,在陈康金校长和他的团队的引领下,会更加自信而执着地发展。我也同时想到了,有人说农村的教育支撑着整个中国的教育,其实农民最需要的是唤醒,而唤醒最重要的是先自立才能更生。所以,孩子们只有真正热爱学习,有了学习的本领以后,我们的教育才真正地走向希望,我们整个中国才会有更美好的发展。

谢谢大家!

刘莉莉,华东师范大学教育学部教授,博士生导师,教育部中学校长培训中心副主任。郑州市人民政府督学。先后主持教育部人文社会科学规划课题、全国教育规划课题、上海教育科学规划重点课题等 6 项。

目前主持全国教育科学规划国家级课题"卓越校长个性特质与成长机制研究"和上海市教育规划重点课题"集团化办学的路径选择与政策设计"。先后出版专著两部,2006 年和 2016 年先后获得第二届和第五届全国教育科研成果三等奖和二等奖,发表论文 40 多篇。主要研究领域为教育人力资源管理和学校经营与管理,为本科生和研究生开设"学校公共关系""教育人力资源管理""有效沟通"等课程。

后记：追寻生命的真谛

王　俭

习近平总书记在党的二十大报告中指出：“培养什么人、怎样培养人、为谁培养人是教育的根本问题。”教育的本质是需要我们不断追问与追寻的过程，也就是人不断追寻真情、真理与真谛，学做真人的过程。

本书收录的 9 篇名校长教育思想的文稿，是 2012 年教育部中学校长培训中心在天津耀华中学举办的教育思想论坛上 9 位校长的发言稿。由于种种原因，拖到今天才与大家见面，作为编者的我，很是愧疚。好在这些校长的教育思想对当今的教育改革与学校发展，依然具有很大的参考价值；专家们的点评对于理解当下的教育热点与难点问题，仍然很有启示。

书名定为《教育：师生共同追寻生命的真谛》，一方面是来自于对名校长思想的领悟，另一方面，是编者自身从事培训工作近 40 年、向全国近 5 万名中小学幼儿园名校长名园长学习的感悟。诚然，毕竟这些思想文稿是十多年前的，为此，如何发展性理解这些名校长的教育智慧还是十分重要的。为此，编者结合自身的感悟，以及最近十多年来对校长教育思想文稿的理解，提出几个观点，与大家一起分享。

一、理念凝炼、体系构建与实践转化

对于“理念凝炼与体系构建”，在代序里已经做了较为全面的论述，虽然近几年在培训过程中有所发展，但是总的来说，变化不大。这里之所以加上“实践转化”，是在近年的培训中，发现校长的教育思想是重要的，但是有了思想后，如何将思想转化为实践也同样重要。因为，从本质上说，校长是“有思想的实践者”。没有思想的实践往往是盲目的，然而，有了思想，在实践中不能贯彻落实，那这个思想也就成了“空想”。因此，目前与校长们一起探讨形成的思想文稿中要加上“实践转化”的思考。

形成思想文稿的过程，大体可以说经过这样三个过程：

第一，"多—少—精"的过程。办学实践中的做法是多样的，凝炼的过程就是从多种做法中找到关键的做法，在此基础上，再找到"关键之关键"，即"精"。因此，这个过程也就是一个取舍的过程，所谓不舍不得，小舍小得，大舍大得，舍得不能再舍的，就是需要凝炼的理念。

第二，"外—内—核"的过程，也就是由表及里的过程。就是要把一些外在的做法，向内思考，找到做法背后的思维，再不断地向内追问，找到思维背后的价值，即"核"，内核，也就是自身的价值立场。真谛总在内核中。

第三，"史—思—事"的过程。史，就是要有历史的思考，也就是说思想文本要交待思想从何而来？它的历史基础是什么？又是如何发展而来的？思，主要是指对当下面临问题的思考，如果思想对当下的问题没有把握、没有批判，那么就没有什么时代价值。事，是指未来之事。思想是用来引领未来发展的，所谓思想力，既是解决当下问题的力量，更是引领未来发展的力量。历史可以昭示未来，而当下是历史与未来的节点。

二、实践转化、路径选择及与时俱进

思想指向未来，就是说，思想的文稿中应该包括对"思想如何引领未来的发展"有所思考。这既是为了避免"为思想而思想"的问题，更是为了体现思想本身的意义与价值。因此，在思想文稿的最后部分，就需要有"对解决当下问题的未来行动"的阐述。同时，也是为了把校长个人的教育思想，通过一些关键路径与举措将校长的教育思想转化为全校师生的共同认同，才能真正形成学校改革与发展的动力。正如《辞海》在解释"思想"条目时所指出的："正确的思想一旦为群众掌握，就会变成巨大的物质力量。"

一般而言，根据办学过程中的关键路径，校长将其思想转化为全体师生共同认同的实践路径大体有三条：

第一，编制学校发展新规划。校长规划学校发展的能力，在校长专业发展六条标准中，是第一条能力要求，可见其重要性。几乎所有学校都有发展规划，但是否所有的规划都是在思想引领下的规划？"规划规划，纸上画画，墙上挂挂，一到现实都变鬼话"的现象还时常可见，这种状况是十分不正常的。其原因可能是多方面的，但是其中最为主要的原因，就是校长自身的教育思想或者办学思想不清晰。学校自主规划,就是要在清晰学校的价值主张基础上,明确学校育什么人、举什么旗、走什么路,把全校师生的认识统一起来,这时学校的发展就有了共识,有了合力,校长因此从权力的领导,转变为道德的领导、价值的领导。

第二,凝聚学校(价值)文化宣言。理念是高度凝炼的,因此,同一个表述的理念可能会有多种理解。为此,我们需要在同一理念下形成一些基本的共识,这些共识除了反映在"一训三风"中,我们还可以凝聚办学价值的共识或者称之为共同的文化宣言,就如杜威的教育信条、生命·实践学派的教育信条一样。一般而言,办学的教育信条或者文化宣言的内容,需要从学校层面上,就教育"培养什么人、怎样培养人、为谁培养人"作出回答,主要包括:学校的育人目标、核心课程与育人方式、师生关系等等,以便学校的师生在认同共同理念的基础上,认同的面更广更宽。

第三,思想引领课程改革。众所周知,教育改革的关键在课程改革,课程改革的关键在课堂教学改革,课堂教学改革的关键在教师专业发展。如果思想不能融入到指导具体的课程改革、课堂教学改革与引领教师成长,那么势必产生"两张皮"现象。在强调"五育融合""教学评一致"的当下,我们都需要思考:"五育"何以能"融合"?"教学评一致"指向哪里? 笔者以为,"五育融合"的前提,就是每个教师,无论从事什么领域的教育,都要清楚地知道"育什么人、做什么样的教育",否则,"五育"无法并举;"教学评一致"的最终指向应该就是育什么人。

同时,与时俱进是指思想的发展性,思想来源于历史、形成丁当下、发展于未来。

三、心怀感恩、用心感悟与真心感谢

带着感恩的感悟,才有可能产生智慧。经过感悟的感谢,才能显示真心与真情。追寻生命真谛的过程,就是始终怀有一颗感恩心,用心感悟成长过程的人与事,用自身的行动感谢生命中的贵人与感动。在后记中,编者还想谈三点:

第一,感恩源于敬畏与愧疚。周国平先生说得好,敬畏生命是信仰之端。当人开始对未知、对生命有"敬畏"之时,大体就开始"爱智""天问"了,从而自身的教育哲学也就萌生了。当我们怀着一颗感恩生命的敬畏之心,就会察觉到人性的美好,一切美好都来源于感恩他者的馈赠。感悟是一种深度学习,然而,悟的立场十分重要,是带着感恩的感悟,还是带着竞争的感悟? 其结果是完全不同的。因为感恩祖国,所以才能有为中华崛起而读书的追求;因为感恩人生相识相逢的缘分,所以才会真心相处……而如果带着竞争的感悟,那么悟出来就是阴谋或者是伎俩,从而导致内卷内卷再内卷……

第二,感悟需要丰富经历。丰富的经历是感悟的养料。在近40年的培训生涯中,我在结合自身经历的基础上,也悟到了一些自以为的"哲理",借此机会,与大家一些分享,供大家批判。

"没有生活,就没有教育;没有校长,就没有中心;没有控制,就没有发展。"

生活即教育,是著名教育家陶行知先生的主张。从根本上说,教育改革与发展的目的,就是为了解决人民群众对美好生活的向往与发展不平衡不充分之间的矛盾,美好生活需要教育的美好。对于培训而言,就是要促进校长的培训生活更有意义与价值。"没有校长,就没有中心",这是中心历任主任都特别强调的,校长培训中心之所以能在全国有影响力,除了依托教育部的领导、上海的优势与华东师范大学的学术力量外,就是来中心参加培训的校长自身的影响力。同时,这句话的培训价值在于强调"没有学生,就没有学校",这是每个校长也必须牢记的。"没有控制,就没有发展",科学发展就是一种"控制的发展观",对于培训的意义与价值在于:培训中,专家要尊重校长的主体地位,办学最终还是靠校长,培训起着启迪思维、拓展视野、提升境界的作用。

"经历即人,人即学校,学校即梦。"

这是从2009年开始中心举办全国优研班以来的感悟。优研班一项重要的工作是要求校长凝炼理念,有校长说你总要我们凝炼,那么,你的感悟呢? 于是,我悟了这三点。"经历即人",据说释迦牟尼曾曰:"我是我经历之集。"我的理解是,一个人之所以成为这个人,是因他过去经历所成就的。用现在课程的观点,就是说课程成就人生。"人即学校",就是"一个好校长,就是一所好学校""一个好班主任,就是一个好班级""一个好老师,就是一门好课程",这些判断虽有些主观,却也可以从很多办学成就中找到佐证。"学校即梦",学校应是保护孩子们梦想、以中国梦引领其成长的地方。"没有爱就没有教育,没有兴趣就没有学习,没有梦想就没有未来。"

"不扎根,就没有生命力;不嫁接,就没有竞争力;不创新,就没有发展力。"

扎根中国大地办教育,十分重要。对于校长或者教师而言,只有深深扎根于办学与课堂教学的实践,贴地而行,接地气,方能体现与彰显生命力。虽然我反对教育的竞争,但竞争是客观存在的,只有向他人学习,才能在更广的视域中拓展眼界,从而促进自身更深刻的反思。但是,我们也应该清晰地认识到,向他人学是重要的,但向他人学的指向最终在于提升自身的思维力与创新力,学校的最终发展靠自身的创新,因为创新是第一动力。

第三,带着感悟的真心感谢。时代楷模陈立群校长有本专著,《教育的真爱、假爱与错爱》。我认为,真爱一定是经过理性与感情、功利与伦理等深刻思考后的爱。在此,我要真心感谢我从事培训过程中相遇相识的校长,是你们让我学会了培训,并加深了对教育的理解。同时,要感谢中心的领导,让我有机会能主编这个文集,还是感谢中心的同仁,尤其是中心邓睿博士,对本书的出版,给了很大的支持与帮助。最后,真心感谢华东师范大学出版社,感谢本集子的责任编辑彭呈军老师及其他老师,正是你们真情的付出与认真的工作态度,才保证了本书的质量。

最后还是要感谢本书收录的9位校长与点评专家,是你们的智慧奉献,才有了这本书的出版。由于出版时间较紧,文中有些提法,没有与你们进一步沟通,编者就作了修改,加上我水平有限,不当之处,在所难免,请你们多多包涵。

教育是永无止境的事业,教育思想也是不断完善与发展的。凝炼理念、构建体系与实践转化的过程,在很大程度上,就是一个"上天入地、顶天立地与开天辟地"的过程。上天入地,就是要求我们校长不断地上下求索、向下追问与向上追求;顶天立地,就是要求我们校长,一方面要扛起振兴中华的责任,另一方面一定要深深扎根中国大地办教育;开天辟地,就是要不断地创新,始终坚守"为党育人、为国育才"的价值立场,以习近平总书记指出的"中国特有的教育家精神"引领自己,促进育人与办学的高质量发展,为教育强国作出自己应有的新的更大的贡献。

2024 年 2 月 29 日